U0575754

物流系统仿真

（第 2 版）

主　编　邱小平　马啸来
副主编　付　焯　杨　丽　陈怡静

中国财富出版社有限公司

图书在版编目（CIP）数据

物流系统仿真／邱小平，马啸来主编；付焯，杨丽，陈怡静副主编 . —2 版 . —北京：中国财富出版社有限公司，2024.4

ISBN 978 - 7 - 5047 - 8081 - 2

Ⅰ.①物… Ⅱ.①邱… ②马… ③付… ④杨… ⑤陈… Ⅲ.①物流—系统仿真—高等学校—教材 Ⅳ.①F252-39

中国国家版本馆 CIP 数据核字（2024）第 025380 号

策划编辑	郑欣怡　雷晓玲	责任编辑	刘斐　赵晓微	版权编辑	李　洋
责任印制	尚立业	责任校对	杨小静	责任发行	敬　东

出版发行	中国财富出版社有限公司		
社　　址	北京市丰台区南四环西路 188 号 5 区 20 楼	邮政编码	100070
电　　话	010 - 52227588 转 2098（发行部）	010 - 52227588 转 321（总编室）	
	010 - 52227566（24 小时读者服务）	010 - 52227588 转 305（质检部）	
网　　址	http://www.cfpress.com.cn	排　　版	宝蕾元
经　　销	新华书店	印　　刷	北京九州迅驰传媒文化有限公司
书　　号	ISBN 978 - 7 - 5047 - 8081 - 2/F・3642		
开　　本	787mm×1092mm　1/16	版　　次	2024 年 4 月第 2 版
印　　张	20.5	印　　次	2024 年 4 月第 1 次印刷
字　　数	425 千字	定　　价	59.00 元

版权所有・侵权必究・印装差错・负责调换

内容简介

　　本书共分十章，前六章主要介绍物流系统仿真的相关原理及其应用，后四章以 AnyLogic 为例介绍运用系统仿真软件进行系统仿真的步骤与方法。

　　通过本书的学习，读者不仅可以初步掌握物流系统仿真的基本原理，还可以掌握实际系统仿真的步骤与方法，同时展开基于认识论、实践论和方法论课程思政的探索。

　　本书可以作为高等院校经济管理、物流工程、物流管理、工业工程、系统工程等相关专业本科生教材，还可以作为物流企业管理技术人员的学习资料。

前　言

仿真是利用模型研究系统的重要方法之一，仿真技术已有超过半个世纪的发展历史，在宇航、军事、自动化、电力等领域得到了广泛和有效的应用。随着计算机技术的发展和人们对各个领域的深入研究，系统仿真技术日臻成熟，应用领域不断扩大。

近年来，现代物流得到了人们广泛的关注。物流具有覆盖面宽、综合性强、涉及面广的特点。它覆盖了工业、农业和服务业；综合了管理与工程的多个领域；涉及交通运输、仓储、包装等多个过程。物流的发展不仅关系到企业自身的发展，对整个国民经济的发展也起到了至关重要的作用。因此，推动传统物流向现代物流的转变成为人们追求的共同目标。

将系统仿真技术引入现代物流的研究，能够辅助人们科学地规划设计物流系统、科学地控制物流运行过程、科学地调配物流资源，从而促进物流系统的整体优化。同时，物流产业的蓬勃发展也将促进系统仿真技术的发展并为系统仿真的应用开拓一个全新的领域。

为了方便教学和读者自学，我们将系统仿真基础理论与软件操作指导汇集在一起。

第一章至第六章介绍基础理论。其中，第一章是概论，主要介绍系统仿真技术的发展、特点、应用以及相关技术等内容；第二章介绍系统仿真基本知识，包括连续系统和离散事件系统的基本概念、离散事件系统仿真方法、排队系统、库存系统等内容；第三章介绍随机变量与随机数，包括确定性系统与随机系统、随机变量与随机数的相关概念、随机数发生器、随机数性能测试以及随机变量的产生方法等内容；第四章介绍输入数据模型，包括数据的收集与处理、数据分布的分析与假设、参数的估计等内容；第五章介绍系统仿真策略，包括事件调度法、活动扫描法和进程交互法；第六章介绍仿真结果分析，包括终止型仿真的结果分析、稳态仿真的结果分析、参数的优化方法等内容。

第七章到第十章介绍 AnyLogic 软件的使用。该部分内容的编写遵循从单一到综合、从学习到应用的原则。第七章介绍 AnyLogic 软件下载与安装方法、主要功能等内容；第八章用多个实验体现 AnyLogic 软件的三类建模方法；第九章则是针对 AnyLogic 软件中多种建模方法的综合实验，对步骤讲解得十分详细；第十章是对 AnyLogic 软件的仿真建模应用，仅给出了基本步骤和特殊操作，督促同学们自主思考、运用所学内容。

本教材由西南交通大学邱小平教授、马啸来讲师任主编，西南交通大学付焯老师、四川现代职业学院杨丽老师、成都工业学院陈怡静老师任副主编，西南交通大学研究生李娟、游彬慈、兰聪、陈炯、吴燕姣、郑克梅、王宁、刘海翔、王铮、李鹏飞等参与编写。

由于编者水平所限，书中难免有不足之处，欢迎选用本书的广大读者提出批评和建议。

编　者

2024 年于成都

目　录

第一章　概论

⊙ **学习目标**

知识目标

1. 掌握系统、系统模型的基本概念。

2. 掌握系统仿真的概念，熟悉系统仿真技术的特点。

3. 掌握现代物流系统的仿真需要，了解仿真技术的发展趋势。

技术目标

1. 理解系统仿真的基本思路。

2. 掌握物流系统的仿真需求与分类。

3. 了解系统仿真技术的发展历程。

职业能力目标

1. 明确系统、系统模型的内涵，明白相关的定义、分类、特征等要点。

2. 从认识论、实践论和方法论角度洞悉本课程学习。

3. 培养全局意识，掌握系统仿真的出发点。

⊕ **物流聚焦**

系统仿真到底有何用？

某物流园区正在考虑对园区设施、布局等进行整体规划改造，但不确定改造后带来的经济效益是否值得投入相应的建设费用。显然，一般人认为只有在改造完成并投入运营后才能知道结果。

系统仿真研究可以很好地解决这个问题，通过假设该园区已经改造完成并开始实际运营，该园区可以依据仿真结果决定是否进行改造。

那到底是怎么做到的呢？

通常，一个系统的存在有其必要的目的，即系统的目的性。不可否认，此目的是人为确定的，谁都知道任何事情的推进都是为人服务的。系统仿真则是根据系统的目的，分析系统的各组成要素及其相互之间的关系，由此建立能描述系统结构关系或行为过程的模型，该模型称为系统模型。

有了系统模型，就可以拿去仿真了吗？那不一定，原因是什么呢？

仿真模型的建立依赖于仿真平台（也称为仿真软件）。系统模型的所有组成要素及相互间的数量或逻辑关系，能够完全在仿真软件上体现出来，那是最好！但由于不同的仿真软件提供的要素构件不同、实现的仿真功能不同，所以到底系统模型能不能有效地仿真出来，还有待验证。

好了，总结一下吧！人根据所面临的问题，会在客观世界中选择某些对象，这些对象的集合可称为系统，建立系统模型的过程其实是人们认识世界的过程，即从现实世界到信息世界，建立起概念模型，为了能让机器帮我们，再建立仿真模型，实现从信息世界到机器世界。可以看出，这是认识论、实践论和方法论的综合体现，即在初步认识的基础上通过仿真实践加深认识，而这个仿真实践过程就是本课程重要的方法论内容。

这个过程是不是有点意思？那我们从基础的概念开始学习吧！

系统仿真的目的在于利用人为控制的环境条件，改变某些特定的参数，观察模型的反应，研究真实系统的现象或过程。

在对一个已经存在或尚不存在的系统进行研究的过程中，要了解系统的内在特性，必须进行一定的实验；由于一些原因（未存在、危险性大或者成本高昂），无法在原系统上直接进行实验，只能设法建立既能反映系统特征又能满足系统实验要求的系统模型，然后在该模型上进行实验，以达到了解或设计系统的目的。

第一节　系统与系统模型

"系统"这个词来源于古希腊语，有"共同"和"给以位置"的意思。现代社会关于系统的定义不是很统一，一般可以理解为系统是由两个或两个以上相互区别或相互作用的单元有机结合起来完成某一功能的综合体。系统是一个非常广泛的概念，自然界、人类社会、一个企业，甚至一个人都可以看作一个系统。系统中的每一个单元也可以看作一个子系统。系统与系统的关系是相对的，一个系统可能是另一个更大系统的子系统，也可以继续分成更小的系统。从系统的定义可知，系统的形成要具备以下条件：系统是由两个或两个以上的要素组成的；各个要素都具有一定的目标；各要素之间相互联系，使系统保持相对稳定；系统具有一定的结构，以保持系统的有序性，从而使系统具有特定的功能。系统具有以下特征。

（1）整体性。组成系统的各个要素不是简单地集合在一起，而是有机地组成一个整体，每个要素要服从整体、追求整体最优，而非每个要素最优。

（2）相关性。组成系统的各个要素相互关联并相互作用。系统各个要素之间相互关联、相互支援和相互制约，使之有机结合成有特定功能的系统。

（3）层次性。系统的层次性是指系统的每个元素本身又可看作一个系统，人们称为系统的"子系统"。以交通系统为例，它又可分为民航系统、公路系统、铁路系统、水运系统等。

（4）目的性。任何系统都是有目的的。如教育系统的目的是提高教学水平、提高人的素质。其目的是通过系统的功能实现的，因此任何系统都具备某种功能。

（5）对环境的适应性。任何系统都处于一定的环境之中，系统总要受到环境的影响和制约，系统也会对环境的变化产生某种反应。人们把环境对系统的影响称为刺激或冲击，而系统对环境的反应称为反响。系统对环境的适应性表现为环境对系统提出的限制和系统对环境的反馈控制作用。

系统分为两大类，即工程系统和非工程系统。前者如航空、航天、核能、工业过程控制的系统分析、系统设计、系统测试、系统功能实验和人员模拟操作训练等。后者如社会、经济、企业管理、农业、生态环境等系统的预测、控制和决策等。

系统模型反映系统内部要素的关系、系统某些方面的本质特征以及内部要素与外界环境的关系。系统模型主要分为两大类，一类是形象模型，另一类是抽象模型。

形象模型是将系统的物理或几何特征提取出来建立的模型，可以是等比例的，也可以是实物的。例如，按比例缩小的建筑木模、风洞实验中的飞机模型等，大多数物理模型是形象模型。抽象模型也称为符号模型，包括图表模型、数学模型、逻辑模型、仿真模型等。

 知识链接

在我们所学习的知识中，接触到的数学模型其实不少，它还可以细化为如下种类。

（1）按变量分为确定（性）模型、随机（性）模型。

（2）按变量间的关系分为线性模型、非线性模型。

（3）按变量取值分为连续模型、离散模型。

（4）按时间分为静态模型、动态模型。

（5）按功能用途分为结构模型、评价模型、工程设计模型、预测模型等。

那我们关注的物流系统模型，通常属于上述哪类模型呢？

第二节　系统仿真概述

系统仿真方法是建立系统模型，在模型上对系统进行实验研究的方法。

系统仿真是建立在系统理论、数理统计理论、控制理论、信息理论、相似理论和计算理论等基础之上的，以计算机和其他专用物理效应设备为工具，利用系统模型对真实或假想的系统进行实验，并借助专家的经验知识、统计数据和系统资料对实验结果进行分析研究，进而做出决策的一门综合性和实验性的学科。

古时候，我们的先人就懂得了系统仿真的基本原理。中国象棋是对古代战争进行仿真的游戏，军事沙盘可用来仿真两军对阵，建筑中用木模研究实际建筑物的结构与承载性能等。20 世纪 40 年代，冯·诺依曼正式提出了系统仿真的概念。1952 年，美国成立了国际建模仿真学会，1963 年，仿真领域最具权威性的学术刊物出版后，系统仿真逐渐成了一门独立的学科。

人们在研究一个较为复杂的系统时，通常会采用两种方法：一种是直接在实际系统上进行研究；另一种是在系统的模型上进行研究。在实际系统上研究固然有其真实可信的优点，但是很多情况下是不合适甚至不可行的。这主要有以下几方面的原因。

（1）安全性。在研究重要的、涉及人身安全或设备安全问题的系统时，不允许在实际系统上进行实验，如航天系统、核能系统、航空系统等。

（2）系统的不可逆性。有很多系统是不可逆的，如已经发生的灾害、生态系统等。

（3）投资风险过大。一些重大的工程项目、重大的设备系统很复杂，投资巨大，不允许在实际系统上进行破坏性的实验。

（4）研究时间过长。多数情况下，在实际系统上研究问题往往需要历经较长时间，如研究复杂的生态系统需要历经数十年，研究一个交通运输系统至少需要研究数天甚至数月的运行情况。

（5）实际系统尚未建成。在系统规划设计阶段希望评价方案的优劣时，显然无法在实际系统上进行。

出于以上原因，利用模型来研究系统不仅是必要的，在某些情况下甚至是唯一可行的方法。

系统仿真有多种分类方法。按系统状态变化与时间的关系可分为连续系统仿真、离散事件系统仿真和混合系统仿真，它们都属于定量仿真，与之相对应的是定性仿真，多用于复杂系统。按仿真的实现方法和手段可分为物理仿真与数学仿真。根据人和设备的真实程度，可分为实况仿真、虚拟仿真和构造仿真。

连续系统仿真是指其状态随时间连续变化的系统的仿真。离散事件系统仿真则是指其状态只在一些时间点上发生变化的系统的仿真。在系统仿真技术的发展历史中，连续系统仿真较早得到发展和成熟的应用，最为成熟的领域包括自动控制、电力系统、航空等。离散事件系统仿真是随着管理科学的不断发展和先进制造系统的发展，逐渐被重视和发展起来的。目前在交通运输管理、城市规划设计、库存控制、制造物流等领域都开展了离散事件系统仿真理论和应用的研究。

物理仿真是建立系统的物理模型。最早的仿真起源于物理仿真，如航空领域用空洞实验研究气流对飞机飞行的影响。数学仿真则是通过建立系统的数学模型进行研究。数学仿真又分为模拟仿真和数字仿真。其中，数字仿真就是建立系统的数字模型。由于数字仿真需要处理大量数据，要求能快速计算，因此数字仿真是随着计算机的发展而形成和不断成熟起来的。随着计算机的发展，数字仿真的研究和应用在系统仿真中占的比重越来越大。

补充阅读

中国围棋是我国古代模拟双方对垒的仿真战场。需说明的是，"琴棋书画"之"棋"，指的就是围棋。晋朝人张华在《博物志》谈及"尧造围棋以教子丹朱，以闲其情"。即围棋是尧发明的，用来教育儿子。《论语》中也提到了围棋游戏，称之为"博弈"，《孟子》中有对于围棋高手奕秋的记载。作为一种传统智力竞技游戏，围棋已有四千多年的历史。2008 年，围棋由北京棋院申报，入选第二批传统体育、游艺与杂技项目。2023 年 10 月，《国家级非物质文化遗产代表性项目保护单位名单》公布，《围棋》项目评估合格，中国围棋协会获得该项目保护单位资格。

专门的军事仿真系统在近年发展起来。

美军从 1984 年开始研制的基于网络的分布式坦克训练模拟系统 SIMNET，将美国本土及欧洲的 10 个地区作战环境置于系统之内。到了 1990 年，已有 200 辆装甲车辆可异地参加统一指挥的可交互的模拟演练。每个模拟器以美国的 M1A1 主战坦克为单位，提供作战区域内精确的地形起伏、植被、道路、建筑物、桥梁等信息。坦克手可以在模拟器中看到由计算机实时生成的战场环境以及其他战车图像。1991 年，美国为海湾战争"东经 73"计划的实施提供了一套供 M1A1 主战坦克使用的战场环境仿真系统，将伊拉克的沙漠环境用大屏幕展现在参战者面前，进行身临其境的战场研究，为最终取胜奠定了关键的基础。

2011 年 4 月，中国国防大学开发"模拟战争"系统，实现了军队战略指挥和战略训练从单纯理论研究、静态思辨到实际模拟对抗、多方互动的演练。战略对抗演习变两方对抗为多方角力，不断锤炼学员国际视野下的危机事件处理能力、战略决策能力和战略指挥能力。参演各方都由学员扮演，各方根据导演部提供的初始情况，结合相关因素自主决定以何种程度介入"红""蓝"对抗之中。每一回合对抗，参演各方根据导演部提供的初始情况，按时间推移逐步输入政治、外交、经济、军事等各领域的决策措施，导演部根据其决策措施内容，经新闻编辑、图形标绘和系统模拟后，分别以声像虚拟新闻、态势图、文字显示和模拟数据等不同形式，通过媒体墙不断反馈给参演学员，并视情况插入一些事件，从而形成某一时刻的新态势，各方据此继续做出决策处置，推动演习不断发展。

第三节　系统仿真技术的特点

系统仿真技术是模型的建立、验证和试验运行技术。

系统仿真技术的特点可归纳为以下几点。

（1）系统仿真技术是一门通用的支撑性技术。在决策者们面对一些重大的、棘手的问题时，能以其他方法无法替代的特殊功能，为其提供关键性的见解和创新性的观点。

（2）系统仿真技术学科的发展具有相对独立性，同时又与声、光、机、电，特别是信息技术等众多专业领域的发展相互促进。因此，系统仿真技术具有学科面广、综合性强、应用领域宽、无破坏性、可重复、安全、经济、可控，以及不受气候条件和场地空间的限制等独特优点，这是其他技术无法与之比拟的。

（3）系统仿真技术的发展与应用紧密相关。应用需求牵引、系统带技术、技术促系统、系统服务于应用，这是一个辩证的关系，应用需求是推动系统仿真技术发展的原动力。系统仿真技术应用效益不但与其技术水平的高低有关，还与应用领域的发展密切相关。大量实例表明，系统仿真技术的有效应用必须依托于先进的仿真系统，只有服务于应用的仿真系统向前发展了，才能带动系统仿真技术的发展。

（4）系统仿真技术应用正向"全系统""系统全生命周期""系统全方位管理"方向发展，这些都基于仿真技术的发展。

📝 知识链接

在物流系统仿真过程中常用的综合仿真软件有美国公司的 AutoMod、Arena，英国推出的面向对象的仿真软件 WITNESS，以色列公司开发的关于生产、物流和工程的仿真软件 eM-Plant 等。

AnyLogic 是一款应用广泛的，对离散事件、系统动力学、多智能体和混合系统建模及仿真的工具。它的应用领域包括供应链、制造生产、交通运输、仓储运作、医疗、业务流程、资产管理和市场营销等。AnyLogic 是一个专业虚拟原型环境,用于设计包括离散、连续和混合行为的复杂系统的软件。AnyLogic 能够快速地构建系统的仿真模型(虚拟原型)和系统的外围环境,包括物理设备和操作人员。AnyLogic 以最新的复杂系统设计方法论为基础,是第一个将 UML(统一建模语言)引入模型仿真领域的工具,也是唯一支持混合状态以及能有效描述离散和连续行为的语言的商业化软件。

第四节 物流系统仿真和技术

仿真本质上是一种知识处理的过程,典型的系统仿真过程包括系统模型建立、仿真模型建立、仿真程序设计、仿真实验和数据分析处理等,它涉及多学科、多领域的知识与经验。随着现代信息技术的高速发展,以及军用和民用领域对仿真技术的迫切需求,系统仿真技术得到了飞速的发展。

系统仿真技术发展到今天,已经越来越多地运用到重要运作的决策中。系统仿真技术在汽车、烟草、医药、化工、食品、电子、电器等各个行业得到了广泛的应用,且应用贯穿于产品设计、生产过程、销售配送,直至产品寿命结束废弃以及回收阶段。离散事件系统仿真在各行各业的物流管理中已占据了不可替代的地位。

早期的物流系统仿真主要通过建立数学模型进行处理,即一般仿真技术中的数学仿真。因此,物流系统的数学仿真一般过程与物流系统模型的建立过程类似。

现代物流过程更加注重整体的效益。物流作为一个多因素、多目标的复杂系统,追求其整体的优化是一个复杂的系统分析问题。现代物流越来越多地强调物流的系统化和综合化,现代物流与传统物流的本质区别逐渐显现出来。正是由于现代物流的这一特点,尤其需要运用系统分析的方法对其进行分析研究。

传统的经验分析和人工调度已不能适应复杂系统和现代管理的要求。过去,一家企业有十几辆或几十辆车,负责产成品的运输。车辆的调度完全依靠管理人员和调度人员的已有经验。如今,企业物流逐步走向社会化,企业要降低成本、缩短供货期,则对物流提出了更高的要求,物流不光要满足车辆的调配需求,更要合理选择运输路线、合理配载、合理规划返程货物搭载等。而且,由于生产逐渐多样化,服务客户化,不再会有一成不变的计划生产。随着市场不断变化的生产和供应,需要管理人员动态调整计划,人工的、经验式的管理方式必须用科学的控制管理方式替代。系统仿真正是适应了物流系统的复杂化、物流目标的多样化的发展需要。

用系统仿真方法研究物流系统可以分为以下几类。

（1）物流过程的仿真研究。物流过程是指运输、仓储、装卸、包装等物流的功能过程。研究目的归结为回答如下问题：在时间的进程中，这些过程是如何推进的？推进过程中发生了哪些事件？这些事件引起系统状态发生了哪些变化？用仿真工具研究这类物流问题，我们归结为物流过程的仿真研究。例如，通过公路运输系统过程的仿真研究，可以分析公路运输过程中公共运输的规划与效率、交通事故的影响、迂回路线的选择等问题。通过自动化物流过程仿真可以分析自动化物流系统设备布局的合理性、设备运行的效率、系统的生产率、系统中设备的利用率等。

（2）物流管理的仿真研究。物流管理的仿真研究为物流管理的决策服务，如运输网络的布局规划、物流园区规划、供应链的控制策略等。

（3）物流成本的仿真研究。物流成本的计算是一件极其细致、复杂的事情，传统的制造业中，往往将物流成本与供应或销售的成本混在一起计算，因此无法准确掌握物流成本，也就无法根据物流成本的计算改进物流的流程和操作。目前，还很少有利用计算机仿真进行物流成本计算的案例。应该说在统计作业状态的同时，统计其成本的仿真是事半功倍的。

第五节　仿真技术的发展趋势

现代仿真技术的发展是与控制工程、系统工程和计算机技术的发展密切相关的。控制工程是仿真技术较早应用的领域之一，控制工程技术的发展为现代仿真技术的形成和发展奠定了良好的基础。系统工程的发展进一步完善了系统建模与仿真的理论体系，同时使系统仿真广泛应用于非工程系统的研究和预测。

仿真技术的发展离不开应用需求的推动。当前各应用领域对仿真技术提出了许多新的要求，主要有：①提高仿真的逼真性、可靠性和精确性；②提高建模与仿真的效率；③改进仿真系统的体系结构。为满足这些要求，一系列新的技术方案被相继提出，这些新技术代表了仿真技术发展的主要趋势。

1. 建模与仿真的校核、验证与确认技术（Modeling and Simulation Verification Validation and Accreditation，M&S VV&A）

在早期的仿真技术中，重点是如何利用数学模型求解，侧重于研究建模过程中数学模型的结构特征，以及操作数学模型所利用的数学工具和手段。如今计算机功能越来越强大，仿真技术的应用领域有了很大的拓展。从建模方法角度讲，除了继续研究如何利用抽象的数学模型描述系统外，还要研究能够充分利用计算机功能的新型建模方法。

建模与仿真的校核、验证与确认技术，即系统模型的校核、仿真模型的验证以及仿真结果的认可技术，其应用能提高和保证仿真可信度，降低由于仿真系统在实际应用中的模型不准确和仿真可信度水平低所引起的风险。这已成为复杂系统建模与仿真技术中的重要课题，尤其受到军事部门的高度重视，并正从局部的、分散的研究向实用化、自动化、规范化与集成化的方向发展。

2. 面向对象仿真（Object Oriented Simulation，OOS）

面向对象的思想就是使分析和研究系统的建模方式与对客观世界的认识过程尽可能一致。在面向对象的仿真中，系统是由相互作用的对象组成的，对象是一个独立的实体，对象的属性及其变化规律即对对象的操作完全封装在对象内部，计算机辅助仿真封装了对象相应的数据和数据操作的程序模块，整体行为则由对象通过接口相互交换信息的联系来描述，外部的作用必须通过对象的操作接口来实现。面向对象的仿真系统的运行是通过对象之间相互发送消息来实现的。

面向对象的仿真在理论上突破了传统仿真方法观念，为人们研究现实世界提供了一种更为自然的框架，使建模过程更接近人的自然思维方式，可以用直观、易于理解的形式构造现实系统的仿真模型。鉴于其系统与模型具有直接的对应关系，能使人在一个具有实际含义的层次上观察模型的行为，所建立的模型具有内在的可扩充性和可重复性，有利于建立可视化建模仿真环境，提高仿真软件设计的安全性和可靠性，从而为大型复杂系统的仿真分析提供方便，这是仿真领域新兴的研究方向之一。

3. 人工智能（Artificial Intelligence，AI）与计算机仿真

近年来，人工智能在知识获取、知识表示、问题解答、定理证明、程序自动设计、自然语言理解、计算机视觉、机器人学、机器学习和专家系统等方面取得了令人鼓舞的成果和进展。人工智能技术与计算机仿真相结合的应用已经引起仿真领域的普遍关注。

基于建模与仿真技术研究人类智能系统机理，以及各类基于知识的仿真系统已成为仿真技术的重要研究与应用领域。典型的如基于仿真的嵌入式智能系统。目前，应用智能体（Agent）对复杂社会系统进行仿真是这一领域的研究热点。基于 Agent 的仿真技术中也存在着挑战，例如，如何控制 Agent 的自治能力以保证它的可信度。其中知识模型及其表示标准化的研究，尤其是对面向 Agent 的模型、面向本体的模型、面向分布式推理的网络模型、面向移动通信的推理模型、能演化的模型、自组织模型、容错模型、虚拟人等的研究将是智能系统建模进一步研究发展的重点。

4. 虚拟现实（Virtual Reality，VR）技术

虚拟现实技术是在系统仿真技术、计算机图形技术、传感技术、显示技术等多种学科技术的基础上发展起来的。它以仿真的方式使人置身于一个虚拟世界中。三个"I"是虚拟现实的基本特征，即沉浸（Immersion）、交互（Interaction）、构

思（Imagination），现实世界中的人通过头盔显示器、数据手套等辅助传感设备，可以沉浸到一个由计算机系统所创造的虚拟环境中，与虚拟环境发生交互作用，并得到与实际的物理参与联试所能获得的相同或相似的感受。进一步的研究包括虚拟环境建模、分布式可交互环境数据库、虚拟环境显示、虚拟测试、分布式多维人机交互及标准化等。

5. 分布交互仿真（Distributed Interactive Simulation，DIS）技术

分布交互仿真技术是仿真技术的最新发展成果之一，它经历了各个阶段后，又提出了高层体系结构（High Level Architecture，HLA），即建立了一个应用广泛的、分布在不同地域上的、各种仿真系统可实现互操作和重用的框架及规范。分布交互仿真是一种基于计算机及高速通信网络的仿真训练系统，它将分散于不同地点、不同类型的仿真设备或系统集成一个整体，使之面对每个用户时皆表现为一个逼真的浸入环境，并在此环境下支持高度的交互式操作。

HLA 的基本思想就是使用面向对象的方法，设计、开发及实现系统不同层次和粒度的对象模型，以获得仿真部件和仿真系统高层次上的互操作性与可重用性。进一步的研究包括系统总体结构和体系结构、标准和规范及协议、虚拟环境、支撑平台与工具、人的行为描述、实时决策与演练管理、仿真管理、安全管理、网络管理。

HLA 只是分布交互仿真技术发展的新起点，它还存在不足之处，但它必将随着仿真需求、仿真技术和各种支撑技术的发展而得到进一步的发展。特别是随着互联网（Internet）、网格计算（Grid Computing）等网络技术的发展，其技术内涵和应用模式将得到不断的扩展和丰富。

6. 综合自然环境仿真技术

综合自然环境仿真包括对地理（地形、地貌和地质）、海洋、空间、大气、电磁等环境信息的仿真。在环境模型基础上进行的仿真应用体现了自然环境对实体运行和决策行为产生的影响。综合自然环境的建模采用静态或动态的多维数据场拟合方法，并对虚拟自然环境与实体的交互进行检测。当前，综合自然环境仿真技术向着多学科融合、实时动态化和分布式协同化方向发展，同时出现了相关的设计标准（综合环境数据表示与交换标准，SEDRIS）、规范和实现技术［地理信息系统（GIS）、基于图像的绘制（IBR）、体绘制（Volume Rendering）等］。

 知识链接

1995 年以来，由于互联网的迅速发展，利用面向对象的互联网程序语言 Java 开发

了多种面向 WWW（World Wide Web，万维网）的仿真系统，如美国海军研究院的 Simkit 可以在浏览器的支持下进行分布式仿真，用 Simkit 建立的仿真模型可以在世界任何地点的网络用户机上运行，分布在各网点的用户仿真模型可在其他网点上运行或进行全球范围内总体仿真模型的分布式仿真运行。近年来，利用面向 WWW 的程序语言开发离散事件仿真系统、基于 WWW 的仿真建模以及互联网上的仿真运行已成为系统仿真研究工作的热点之一。

随着相关科学研究的不断深入、科学技术的快速发展，现代仿真技术也在不断发展，相关的仿真软件不断出现，吸收了仿真方法学、计算机、网络、图像、多媒体、软件工程、自动控制、人工智能等技术所取得的新成果，仿真软件得到了很大的发展。针对现代物流的整合优化需求，仿真技术也将得到进一步的提升和发展。

 专业术语

1. 工程系统（Engineering System）
2. 非工程系统（Non-engineering System）
3. 系统模型（System Model）
4. 形象模型（Representational Model）
5. 抽象模型（Abstract Model）
6. 系统仿真（System Simulation）
7. 连续系统仿真（Continous System Simulation）
8. 离散事件系统仿真（Discrete Event System Simulation）
9. 混合系统仿真（Hybrid System Simulation）
10. 定性系统仿真（Qualitative System Simulation）
11. 物理仿真（Physical Simulation）
12. 数学仿真（Mathematical Simulation）
13. 数字仿真（Digital Simulation）
14. 仿真技术（Simulation Technology）

【基础练习】

一、填空题

1. 物流系统仿真主要分为_____、_____和物流成本的仿真研究。

2. 按仿真的实现方法和手段，系统仿真可分为两种，即_____、_____。

3. 20 世纪 40 年代，_____正式提出系统仿真的概念。

4. _____是仿真技术较早应用的领域之一，_____技术的发展为现代仿真技术的形成和发展奠定了良好的基础。

二、选择题

1. 下列（　　）不是系统仿真对应的分类。

A. 连续系统仿真 　　　　　　　　　B. 物理仿真

C. 化学实验 　　　　　　　　　　　D. 数学仿真

2. 系统仿真技术应用正向"全系统""系统全生命周期""（　　）"方向发展，这些都基于仿真技术的发展。

A. 系统全面化 　　　　　　　　　　B. 系统全方位管理

C. 系统管理 　　　　　　　　　　　D. 系统仿真全局优化

3. 按仿真的实现方法和手段，系统仿真技术可分为（　　）。

A. 物理仿真、数学仿真

B. 连续系统仿真、离线事件系统仿真、混合系统仿真

C. 实况仿真、虚拟仿真、构造仿真

D. 模拟仿真、数字仿真

三、简答题

1. 拟建一个立体仓库，并对其进行仿真分析，应该是连续系统仿真，还是离散事件系统仿真？请给出原因。

2. 通常，选择对某一系统进行仿真，可能的原因是什么？

【软件实践】

课后熟悉第七章内容，弄清楚 AnyLogic 软件的基本组成部分，每个组成部分的作用或功能，明白各部分之间的关系，了解 AnyLogic 软件提供了哪些物流系统中的实体。

第二章 系统仿真基本知识

学习目标

知识目标

1. 掌握连续系统和离散事件系统的联系与区别。

2. 熟悉离散事件系统的五个基本要素、仿真钟及其推进方式。

3. 熟悉排队系统与库存系统的基本概念、主要特征、输出参数/主要参数。

4. 掌握排队系统与库存系统在四个方面的区别。

5. 掌握离散事件系统仿真的基本步骤。

技术目标

1. 运用离散事件系统仿真模型的组成与仿真的基本步骤等开展相应仿真工作。

2. 根据离散事件系统组成特征与仿真目标确定仿真结果中的关键指标。

3. 结合自身工作和生活实际,估计排队系统或库存系统的输出参数。

职业能力目标

1. 具备从宏观角度看物流系统的能力。

2. 按照步骤的内在联系提高仿真的能力。

3. 具备区分系统模型与仿真模型的能力。

物流聚焦

排队系统例子

一个拥有单个服务窗口的银行服务系统,顾客相隔 1~8 分钟随机到达服务窗口,每个到达时间间隔取值具有相同的发生概率,如表 2-1 所示。服务时间在 1~6 分钟之间变化,其概率如表 2-2 所示,通过仿真 100 位顾客到达和接受服务情况来分析该系统,相关记录如表 2-3 所示。其中 54 位顾客到达后立即接受服务,其余顾客排队等待接受服务。

典型离散事件系统仿真的排队系统的评价指标:

顾客的平均等待时间=顾客在队列中等待的时间/顾客总数=174/100=1.74;

顾客必须在队列中等待的概率＝等待的顾客数/顾客总数＝46/100＝0.46；

服务窗口空闲的概率＝服务窗口空闲总时间/仿真的总运动时间＝101/418≈0.24；

平均服务时间＝总服务时间/顾客总数＝317/100＝3.17；

有等待的顾客平均等待时间＝顾客在队列中等待的时间/等待的顾客数＝174/46≈3.78；

顾客花费的平均时间＝顾客花费的总时间/顾客总数＝491/100＝4.91。

表 2-1   到达时间间隔分布

到达时间间隔	概率	累积概率	随机数字分配
1	0.125	0.125	001~125
2	0.125	0.250	126~250
3	0.125	0.375	251~375
4	0.125	0.500	376~500
5	0.125	0.625	501~625
6	0.125	0.750	626~750
7	0.125	0.875	751~875
8	0.125	1	876~1000

表 2-2   服务时间

服务时间	概率	累积概率	随机数字分配
1	0.10	0.10	01~10
2	0.20	0.30	11~30
3	0.30	0.60	31~60
4	0.25	0.85	61~85
5	0.10	0.95	86~95
6	0.05	1	96~100

表 2-3   100 个顾客到达和接受服务情况记录

顾客	到达时间间隔	到达时间	服务时间	服务开始时间	排队时间	服务结束时间	顾客花费时间	空闲时间
1	—	0	4	0	0	4	4	0
2	1	1	2	4	3	6	5	0
3	1	2	5	6	4	11	9	0
4	6	8	4	11	3	15	7	0
5	3	11	1	15	4	16	5	0
6	7	18	5	18	0	23	5	2
7	5	23	—	23	0	27	4	0
⋮	⋮	⋮	⋮	⋮	⋮	⋮	⋮	⋮
100	5	415	2	416	1	418	3	
合计	415	—	317	—	174	—	491	101

仿真结论：

大约半数的顾客必须等待，平均等待的时间并不太长，同时服务窗口的空闲时间可接受。排队是日常生活中常出现的事件，排队系统的本质是研究服务窗口与顾客之间服务与接受服务的效率问题。

本章将学习两类典型的离散事件系统，即排队系统和库存系统。学习时可结合自身社会生活经验来理解，如遵守秩序文明排队是一种良好的行为习惯，它是社会公德和个人素质的体现；家庭日常存储是维持人们正常生活需要的普遍做法，能否在理解库存系统知识的情况下做得更好呢？学习后试着从认识论、实践论和方法论三个方面来总结自己的收获与心得体会。

第一节　连续系统和离散事件系统

连续系统（Continuous System，CS）是指服从于物理学定律（电学、力学、热学），其数学模型可表示为传统意义上的微分方程或差分方程的系统。其状态变量随时间而发生连续变化。多数工程系统属于连续系统，如电力系统、机电工程系统、航空发动机系统、液压系统等。

离散事件系统（Discrete Event System，DES）是指系统的状态在一些离散时间点上由于某种事件的驱动而发生变化的系统。其数学模型很难用数学方程表示出来，常见的社会系统是离散事件系统，如交通系统、物流系统等。

连续系统和离散事件系统的模型可表示为：

$$M = (T, U, X, Y, \Omega, \lambda) \tag{2-1}$$

式中，T 为时间基，U 为输入变量，X 为状态变量，Y 为输出变量，Ω 为状态转移函数，λ 为状态空间。

两类系统间的联系与区别主要表现在以下几个方面。

（1）时间基：连续系统的时间基是一个确定值。例如，研究一个液压系统，一般是在一个确定的时间间隔内对其液体压力、流量等进行研究。这个时间间隔的起始点是系统初始启动的时刻，而中止时刻可以选择系统达到稳态后的任何时刻。离散事件系统的时间基则是可变的，而且随着时间基的变化，仿真结果也各不相同。例如，仿真一个仓库系统时，时间基可以定为仓库开门的时刻至关门的时刻，也可以定为开门后一小时至关门的时刻。显然，这两种仿真，系统的初始状态不同，仿真的结果也不相同。这是因为离散事件系统仿真的结果是一个统计的结果，它与统计的区段有关。

（2）输入变量和输出变量：连续系统的输入变量通常是一个确定性变量，而离散事件系统的输入变量往往带有随机性，因此离散事件系统的模型也被称为随机模型。输出变量与输入变量情况相同。

（3）状态变量：连续系统的状态变量一般是一个连续变量，而离散事件系统的状态变量则可能是非连续的，如仓库货位的状态是空或非空。

（4）状态转移函数：在连续系统中，存在一个状态转移函数，可通过其推出状态变量的变化过程。而对于离散事件系统，人们无法找到一个函数来表达状态变化的规律。

（5）状态空间：状态空间是状态变量的集合所表述的空间。研究连续系统时，引进不同组合的状态变量，可以构造不同的状态空间模型。这一点离散事件系统是相同的。

随机性的存在是离散事件系统与连续系统的主要区别。连续系统仿真借助数字积分算法和离散相似算法等来求解表征系统变量之间关系的方程；离散事件系统仿真则是建立系统的概率模型，采用数值方法"执行"仿真模型。系统的变量反映系统各部分相互作用的一些确定事件或者随机事件；系统模型则反映这些事件和状态的值集；仿真结果，也就是"执行"的结果是产生处理这些事件的时间历程。本章主要介绍离散事件系统仿真方法。

第二节　离散事件系统仿真方法

一、离散事件系统的基本要素

一个离散事件系统包括五个基本要素：实体、属性、事件、活动和进程。

1. 实体

在离散事件系统中的实体可分为两大类：临时实体和永久实体。在系统中一直存在的实体称为永久实体；只存在一段时间的实体称为临时实体，这类实体由系统外部到达系统，通过系统，最终离开系统。临时实体按一定规律不断地到达（产生），在永久实体的作用下通过系统，最后离开系统，整个系统呈现出动态过程。

2. 属性

属性即实体所具有的特性，又称实体属性。这里需要强调的是，实体可能具有若干特征，但是并不是所有的特征都被称为仿真系统的属性。只有那些与系统仿真相关的特征，才称其为属性。例如，存入仓库的物品具有大小、形状、颜色、重量等固有的几何和物理特征，同时它们在作为出入库存放对象时，又具有到达时间间隔、到达批量等动态特征。显然在对库存系统进行仿真时，我们所关心的是后面所列举的特征。

因此，在库存系统仿真时，后者被称为物品的实体属性。

3. 事件

描述离散事件系统的另一个重要概念是"事件"。事件就是引起系统状态发生变化的行为。从某种意义上说，这类系统是由事件来驱动的。在一个系统中，往往有多类事件，而事件的发生一般与某一类实体相关联，某一类事件的发生还可能引起其他事件的发生，或者成为另一类事件发生的条件等。为了对系统中的事件进行管理，仿真模型中必须建立事件列表，表中记录每一个发生了的或将要发生的事件类型和发生时间，以及与该事件相关的实体的有关属性等。

4. 活动

离散事件系统中的活动，通常用于表示两个可以区分的事件之间的过程，它标志着系统状态的转移。

5. 进程

进程由若干个有序事件及若干个有序活动组成，一个进程描述了它所包括的事件及活动之间的相互逻辑关系及时序关系。

事件、活动、进程三个概念之间的关系如图 2-1 所示。事件是发生在某一时刻的行为，活动和进程则是发生在某个时间段的过程。

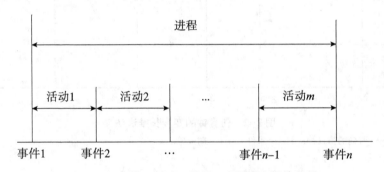

图 2-1　事件、活动、进程三个概念之间的关系

二、仿真钟

仿真钟用于表示仿真时间的变化，离散事件系统的状态是在离散时间点上发生变化的，并且由于引起状态变化的事件发生时间的随机性，仿真钟的推进步长也是随机的：如果两个相邻发生的事件之间系统状态不发生任何变化，则仿真钟可以跨过这些"不活动"周期。从一个事件发生时刻推进到下一个事件发生时刻，仿真钟的推进呈现跳跃性，推进速度也具有随机性。可见，仿真模型中时间控制部件是必不可少的，以便按照一定规律来控制仿真钟的推进。

仿真钟的推进有两种经典的方法：固定步长推进法和变步长推进法（或称为下一事件推进法），通常变步长推进法应用较多。

1. 固定步长推进法

确定一个固定的增量，以此增量逐步推进仿真钟。每推进一个增量，就在被推进的时刻观察有无事件发生。如果没有事件发生，则继续以相同的增量推进仿真钟；如果有事件发生，则根据事件类型进入事件处理子程序，对事件发生后的状态变化进行相应处理，然后继续推进仿真钟。

如果恰好在推进的增量中间时刻有事件发生，一般采取简化的方法，把该事件假定为是在增量推进的时刻发生的。

2. 变步长推进法

变步长推进法，即事先没有确定推进步长，而是根据随机事件的发生而进行随机步长的推进，推进的步长为最后已发生事件与下一事件之间的时间间隔。图2-2解释了变步长推进法的推进机制，由于离散事件系统的状态多数是随时间离散变化的，在仿真时不需要考虑那些没有发生状态变化的时段。因此，变步长推进法的节奏性与系统状态变化更加吻合。

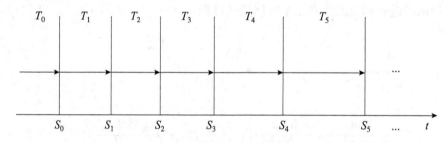

图 2-2　仿真钟的变步长推进法

注：T_i——i 时刻的仿真钟；S_i——事件 i；t——时间轴。

三、离散事件系统仿真模型的组成部分

图 2-3 所示为变步长推进法的控制流。对于大多数采用变步长推进法的离散事件系统仿真模型，通常包含如下组成部分。

（1）系统状态：某特定时刻，用来描述系统的一组必要的状态变量。

（2）仿真钟：提供当前仿真时刻的变量。

（3）事件列表：即系统中发生的随机事件集合，通常按其发生时间排序，在变步长推进时，每一次循环都要先找到截至当前尚未发生的下一个最早事件。

（4）统计计数器：一组用来记录系统运行的统计信息的变量。

（5）初始化程序：在系统时间为 0 时，用来初始化仿真模型的子程序。

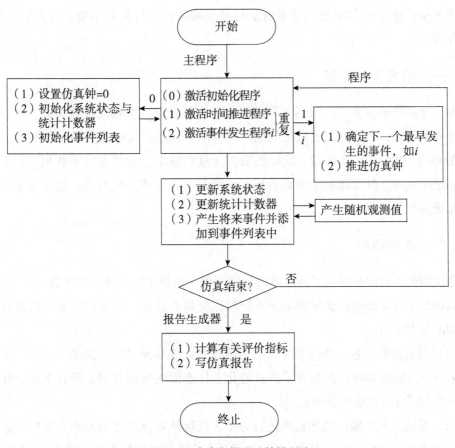

图 2-3   变步长推进法的控制流

（6）时间推进程序：用来推进时间的子程序，它根据事件列表确定下一时刻要发生的事件，并将仿真钟推进到要发生这一事件的时刻。

（7）事件发生程序：用来更新系统状态的子程序，当某类型的特定事件发生后，根据该事件的类型，进行相应的系统状态更新。

（8）随机观测生成程序库：一组用来根据概率分布产生随机观测值的子程序。

（9）报告生成器：用来计算由某种方法对系统运行绩效进行的评估结果，并在仿真结束时生成仿真报告。

（10）主程序：用来唤醒时间推进程序以确定下一个发生的事件，然后将控制转向相应的事件发生程序，并对系统状态进行相应的更新，主程序还能检查仿真的终止并在仿真结束时激活报告生成器。

四、离散事件系统仿真的基本步骤

离散事件系统仿真的基本步骤为：确定仿真目标；系统调研；建立系统模型；确

定仿真算法；建立仿真模型；模型验证与模型确认；运行仿真模型；仿真结果分析；仿真结果输出。

（一）确定仿真目标

对一个系统的仿真目的可以各不相同。例如，研究一个物流配送中心，可以提出各种不同的问题，如管理调度策略问题、设备配置问题、运作流程协调问题等。针对不同的问题，建立的系统模型、设定的输入变量和输出变量等都各不相同。因此，在进行系统仿真时，首先要确定仿真目标，也就是仿真要解决的问题，这是系统调研和建立系统模型的依据。

（二）系统调研

系统调研的目的是深入了解系统的总体流程、各种建模参数，以便建立系统模型。系统调研是了解系统运行状况和采集系统数据资料的过程，其所期望获取的资料主要包括如下几个方面。

（1）系统结构参数：描述系统结构的物理参数或几何参数。例如，对于一个自动化立体仓库系统的调研，首先要了解自动化立体仓库的平面布局、设备组成、存放的物品形状和尺寸等静态的参数。

（2）系统工艺参数：描述系统运行的工艺流程及各流程之间的相互逻辑关系，如自动化立体仓库每种工件入库和出库经过的设备、工序，在每个工序滞留的时间等。

（3）系统动态参数：描述系统在运行过程中的动态变化的一些参数，如自动化立体仓库中堆垛机、运输机的加速度、速度，出入库物品的到达时间间隔，运输车的装卸时间等。

（4）系统逻辑参数：描述系统运行过程中各种流程和作业之间的逻辑关系，如自动化立体仓库系统中堆垛机三个方向运行之间的相互关系，运输机与堆垛机之间的衔接关系，自动化立体仓库与分拣系统运作之间的时序关系等。系统逻辑参数还包括各种优先级的约定、排队规则的设定、各种情况的解决原则（如出现死锁时的应对措施）等。

（5）系统状态变量：描述状态变化的变量，如自动化立体仓库中堆垛机的工作状态是"闲"还是"忙"，货位的状态是"空"还是"满"，物品排队的队列长度等。

（6）输入变量、输出变量：输入变量分为确定（性）变量和随机（性）变量。如果是随机（性）变量则需要确定其分布和特征值。输出变量是根据仿真目标设定的，仿真目标不同，输出变量也不同。

（7）事件列表：列举了系统运行过程所发生的各种事件的类型与描述、事件发生的时间及其相关性。

（三）建立系统模型

系统模型由模型和模型参数两部分组成。离散事件系统仿真模型最常用的是流程图模型，也被称为流程模型。流程模型中应包含临时实体到达模型、永久实体服务模型和排队模型。

（四）确定仿真算法

仿真算法是控制仿真钟推进的方法，是系统仿真的核心。常用的仿真算法有事件调度法、活动描述法和进程交互法。

（五）建立仿真模型

系统模型仅仅是对系统的抽象化描述，无法使其在计算机上运行。为此还需要建立计算机可运行的模型，即仿真模型。

建立仿真模型的过程是将系统模型规范化和数字化的过程，同时需要根据计算机运行的特点增加一些必要的部件。

仿真模型的主要部件：初始化模块、输入模块、仿真钟、随机数发生器、状态统计计数器、事件列表、事件处理子程序和输出模块等。

（六）模型验证与模型确认

模型验证主要检验所建立的仿真模型（包括系统组成的假设、系统结构、参数及其取值、对系统的简化和抽象）是否被准确地描述成可执行的模型（如计算机程序）。

模型确认则是考察所建立的模型及模型的运行特征是否能够代表所要研究的实际系统。

（七）运行仿真模型

本步的关键问题是运行仿真模型时需要确定终止仿真的时间。

一般有两种终止方法：一种是确定一个仿真时间长度，另一种是确定仿真事件的数量。

（八）仿真结果分析

可以从两种角度分析仿真结果：一种是从系统优化的角度考虑，即对照仿真目标考察对仿真结果是否满意，如果满意表明系统的参数无须再做改动；另一种是从仿真结果可信度的角度考虑，也就是说考察仿真结果以多大的可信度和精度反映我们所研究的真实系统。

根据研究目的和系统特征的不同，常见的系统可分为非终止型系统和终止型系统两类。非终止型系统是指运行时间足够长的系统，终止型系统是指运行时间确定的系统。

仿真结果分析采用统计学方法对仿真结果的可信度和精度进行分析。增加仿真次数（或仿真时间）可以提高统计结果的可信度和精度。

（九）仿真结果输出

仿真结果输出有实时在线输出和在仿真结束时输出两种方式。当对系统进行动态分析时，往往需要了解各种中间变量或输出变量的实时变化情况。对于这些变量可以设定在仿真钟推进的每一时刻或某一时刻输出该变量的瞬时值，即实时在线输出结果，输出的是仿真阶段性的结果。最后在仿真结束后，需要输出最终的仿真结果。目前成熟的仿真软件大都可以提供多种仿真结果输出形式，如表格输出，直方图、饼图、曲线图等图形以及数据文件的输出。

 知识链接

参数是表征各种系统变量的值，参数也叫参变量，是一个变量。

属性即事物本身所固有的性质，是物质必然的、基本的、不可分离的特性，又是事物某个方面质的表现。

第三节　排队系统

一、排队系统的基本概念

排队是日常生活中经常出现的事件。例如，到银行办理业务，银行工作人员逐个接待顾客，当顾客较多时就会出现排队等待的情况。在队列中等待服务的顾客和服务台就构成了一个排队系统。排队系统可以用临时实体（顾客）的数目、到达模式、服务模式、系统容量和排队规则来描述。物流活动中排队系统的例子：等待装运的物料与运输车辆之间、等待包装的商品与包装设备之间、等待入库的成品与堆垛机之间等。表 2-4 给出了一些排队系统的例子。

表 2-4　　　　　　　　　　　　　　排队系统举例

系统	顾客	服务台	系统	顾客	服务台
接待前台	来客	接待员	机场	飞机	跑道
检修设施	机器	检修人员	道路	车辆	交通灯
医院	患者	医生	公共交通	乘客	公交或地铁
仓储	托盘	起重机			

图 2-4 的模型描述了排队系统的含义。排队系统的本质是研究服务台与顾客、服务与接受服务的效率问题。服务台与顾客之间存在相互依存又相互矛盾的关系。系统设计的总体目标是以最少的服务台满足最多的顾客服务需求。

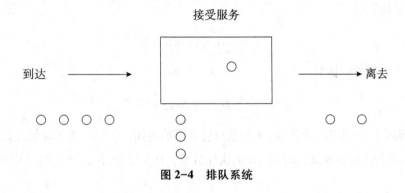

图 2-4　排队系统

排队系统的三个基本组成部分如下。

(1) 到达模式，指临时实体的到达规律。

(2) 服务模式，指同一时刻有多少服务台可以接纳临时实体，需要多少服务时间。

(3) 排队规则，指服务台对下一个临时实体进行服务的选取规则。

二、排队系统的主要特征

到达模式、服务模式、服务流程和排队规则是排队系统的四个主要特征。到达模式指顾客到达时间间隔，通常到达时间间隔是一个随机变量。服务模式指服务台为顾客服务的时间，一般也是一个随机变量。服务流程指顾客在系统中接受服务的过程，如需要经过哪些服务台、经过的顺序如何等。排队规则是系统规定的各个顾客接受服务需要遵循的排队的顺序规则。排队规则一般有先入先出（First in First out，FIFO）、后入先出（Last in First out，LIFO）和按优先级排队等。为了加快物品的流动，减少由于物品积压造成的空间浪费和资金呆滞，FIFO 是物流系统中最提倡的方式。在优先级相同的情况下，一般采用 FIFO 的原则处理各种服务。LIFO 最典型的例子是堆栈。优先级的设定是排队系统中最为灵活也十分重要的特征。例如，物流配送中心对顾客订单进行排序，一般要为每个顾客订单制定一个优先级，以保证达到系统预定的客户服务水平和系统运行效率。

三、排队系统的输出参数

（1）平均等待时间：

$$d = \lim_{T \to \infty} \sum_{i=1}^{n} \frac{D_i}{n} \tag{2-2}$$

（2）平均通过时间：

$$w = \lim_{T \to \infty} \sum_{i=1}^{n} \frac{D_i + S_i}{n} \tag{2-3}$$

（3）平均队长：

$$Q = \lim_{T \to \infty} \int_{0}^{T} Q(t) \, \mathrm{d}t / T \tag{2-4}$$

（4）平均滞留实体数：

$$L = \lim_{T \to \infty} \int_{0}^{T} \left[Q(t) + S(t) \right] \mathrm{d}T / T \tag{2-5}$$

上述各式中，i 为第 i 个实体，t 为系统仿真当前时间，$Q(t)$ 为 t 时刻仿真系统中的队列长度，T 为系统仿真运行时间，n 为实体数量，D 为等待时间，S 为接受服务时间。

✎ 知识链接

排队系统的输出参数中，平均等待时间与平均通过时间的区别在哪里？平均队长与平均滞留实体数的区别是什么？

其实，它们的差别在于是否计入了接受服务的时间或个体。试着查阅相关资料，了解更多关于排队系统的知识。

第四节　库存系统

一、库存系统的基本概念

库存系统是一大类离散事件系统，极具代表性。在库存系统中，顾客需求和订货（库存补充）的不断发生使库存量呈动态变化。

库存系统模型如图 2-5 所示。模型中圆形所代表的是一种广义的对象，可以是物质实体，如企业的各种原材料、半成品、成品，或商品库里的各种商品，也可以是管理意义上的各种对象，如人员、信息、数据等。

研究库存系统的目的是比较各种订货策略，以降低原材料成本，保证供应，防止缺货，减少流动资金积压。

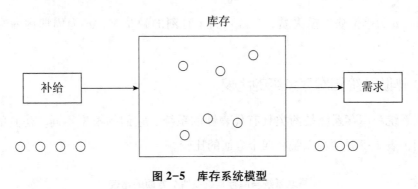

图 2-5　库存系统模型

二、库存系统的主要特征

补给模式、需求模式和成本代价是库存系统的主要特征。

补给模式是指物品补给的数量、时间和特点。例如，一般企业的原材料库中，原材料的补给与供应商的生产批量和时间有关，与运输的批量、方式、距离等也有关系。如果批量大，单件成本会降低，但是可能会造成库存积压。

需求模式是指顾客对物品出库的数量、频率和时间等的要求。

成本代价是指当库存欠缺或盈余时需要付出的代价。为了不影响生产，让紧急订货的价格高于正常订货的价格等都是仓库面临的代价。但是库存的盈余同样要付出代价，包括积压资金、占用库房的空间及增加库存管理工作量。

三、库存系统的主要参数

（一）保管费

$$C_1 = \int_0^n hI(t)\,\mathrm{d}t/n \tag{2-6}$$

式中，h 为单位货物的单位时间保管费，$I(t)$ 为 t 时刻的库存量，n 为周期内库存量变动次数。

（二）订货费

$$C_2 = K + mZ \tag{2-7}$$

式中，m 为单位数量的订货费用，Z 为订货量，K 为固定订货费。

（三）缺货损失费

$$C_3 = \int_0^n p \,|\, I(t)\,|\,\mathrm{d}t/n \qquad (2\text{-}8)$$

式中，p 为单位缺货损失费，$I(t)$ 为 t 时刻的缺货量，n 为周期内库存量变动次数。

四、排队系统和库存系统的比较

排队系统和库存系统是两类具有代表性的系统。它们的模型不同，仿真的目标也不尽相同，表 2-5 是两种系统在四个方面的比较。

表 2-5　　　　　　　　　　排队系统与库存系统在四个方面的比较

评价项目	排队系统	库存系统
要素	服务台、顾客	订货、需求
目标	提高服务台服务顾客的效率	保证供应的前提下降低库存
主要性能指标	平均队长、平均等待时间、平均通过时间、平均滞留实体数	订货费、保管费、缺货损失费
评价	效率指标（时间）	效益指标（费用）

 补充阅读

李雯，齐晓杰，王强，等．大数据时代 MOOC 环境下微课程教学研究——以"物流系统建模与仿真"课程为例 [J]．黑龙江交通科技，2015（12）：200-201．

第五节　双通道排队系统仿真

一、问题描述

本章开篇部分给出的例子是一个单通道排队系统，银行服务系统只有单个服务窗口。本节考虑双通道排队系统，即银行服务系统有两类服务窗口，到达银行的顾客根据自身需求前往相应的服务窗口排队，等待接受服务。顾客的到达是随机的，每两个先后到达的顾客的到达时间间隔是不确定的，银行服务窗口为每个到达的顾客服务的时间是随机的，本节通过仿真得到银行服务窗口（银行工作人员）的利用率和顾客在银行花费的时间。

二、建立仿真模型

建立仿真模型是要把上述排队系统中顾客不断到达、等待、被服务和离开等过程，用一系列的离散事件表示出来，并按照已知的某种概率分布，展示整个系统的动态演变过程。

在该系统中，银行工作人员是永久实体，顾客是临时实体，队列是一个没有容量限制的缓冲站。仿真建模主要完成以下内容。

（1）根据已知的到达时间间隔的概率分布，用随机数发生器生成符合该概率分布的一系列时间间隔值，按照这种间隔，不断地产生顾客并将顾客输入系统模型中。

（2）用随机数发生器生成每个顾客被服务的随机时间，并使得这些时间符合已知的概率分布。

（3）采用界面或程序语言建模方式完成下列随机事件的逻辑和过程：根据概率分布随机产生的顾客到达系统，即进入排队；如果银行工作人员正在服务，其他顾客则等待，如果银行工作人员空闲，顾客则接受服务，被服务后离开系统。

（4）定义适当的系统输出和仿真报告，运行模型并输出仿真结果。

建立仿真模型时，可以采用仿真语言和通用语言，也可以采用仿真软件，在此以 AnyLogic 仿真平台为例，所建立的仿真模型如图 2-6 所示。

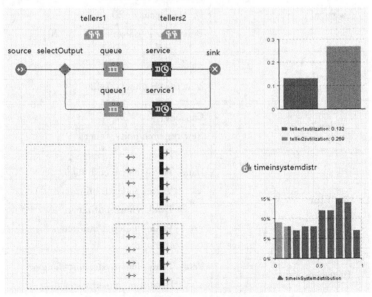

图 2-6 银行排队系统仿真模型

（1）创建银行排队系统流程模型。根据问题描述，顾客进入银行后，以一定的概率（在此设为0.5）分别流向两个服务窗口，用控件"queue"和"service"分别表示顾客排队和接受服务的过程。

（2）建立模型动画。在模型中添加顾客和银行工作人员的实体，添加顾客排队等待区域、接受服务区域以及银行工作人员的工作区域，将上述区域与流程建模中的实体相关联，在模型中添加3D（三维）窗口，以观察模型的三维运行情况。

（3）添加统计图表。在仿真模型中添加条形统计图和直方图，其中条形统计图统计银行工作人员的利用率，直方图统计顾客在银行接受服务所花费的时间。

排队系统仿真模型中各控件的参数设置如表2-6所示。

表2-6 　　　　　　　　　　　**排队系统仿真模型中各控件的参数设置**

控件	参数设置
queue	Capacity：15
queue1	Capacity：15
service	Resource sets：tellers1 Queue capacity：20 Delay time：triangular（3，5，20）
service1	Resource sets：tellers2 Queue capacity：20 Delay time：triangular（3，5，20）
tellers1	Capacity：4 New resource unit：Teller
tellers2	Capacity：4 New resource unit：Teller
Bar Chart	Data：Title：teller1sutilization 　　　Value：tellers1. utilization（） 　　　Title：teller2sutilization 　　　Value：tellers2. utilization（）
Histogram	Data：Title：timeinsystemdistribution 　　　Histogram：timeinsystemdistr

三、模型运行结果

编译并运行建立的模型，运行过程的某时刻动画界面如图 2-7 和图 2-8 所示。

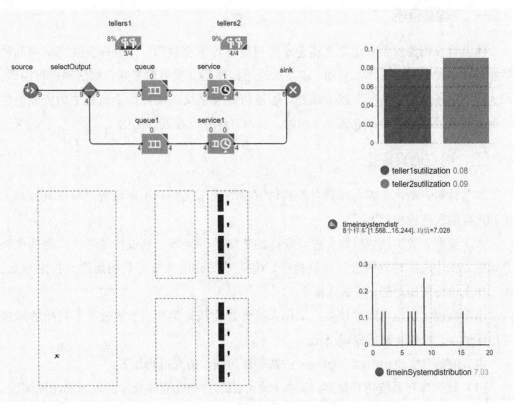

图 2-7　银行排队系统仿真模型运行效果（二维）

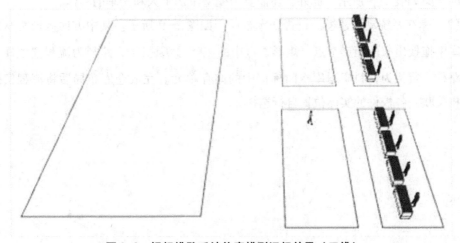

图 2-8　银行排队系统仿真模型运行效果（三维）

第六节　单品种库存系统仿真

一、问题描述

本节旨在构建一个自动化立体仓库的离散事件系统模型，该仓库负责完成单品种货物的在库储存和出入库等活动。本实验通过构建仿真模型对实际仓储活动进行模拟，最大限度地还原实际情况，减少误差。通过仿真模型反映实际作业流程中的资源使用情况、任务处理时间、作业成本等问题，从而对作业流程进行优化。

二、建立仿真模型

本节针对自动化立体仓库储存单品种货物的入库流程和出库流程进行仿真，其入库和出库的大致流程如下。

入库流程。货物到达后首先进入仓库的货物等待区域，通过传送带将货物输送至仓库后，工作人员对货物进行质量检验，确认无误后用叉车将货物运送至指定地点，由工作人员将货物上架，完成入库。

出库流程。发出出库申请后，工作人员将货物从货架取出，通过叉车将货物运送至出库地点，打包装载后完成出库。

本节的仿真实验仍旧以 AnyLogic 仿真平台为例，仿真过程如下。

（1）建立库存系统仿真模型，根据上文介绍的自动化立体仓库的入库和出库流程，在 AnyLogic 中分别建立入库流程和出库流程，如图 2-9 所示。库存系统仿真模型中各控件的含义如表 2-7 所示。此外，还需要为模型添加工人和叉车的实体。

（2）库存系统动画建模。设置仓库布局，如图 2-9 所示。其中方向区域为从流程建模库中拖拽出来的矩形节点，矩形节点中的 ⟨⋄-→⟩ 为吸引子，路径为流程建模库中绘制的路径，货架为物料搬运库空间标记中的储存单元。完成仓库布局后将流程实体与动画相关联，各控件的实体位置自行选择。

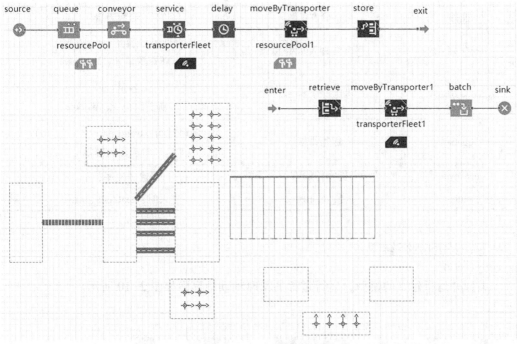

图 2-9 库存系统仿真模型

表 2-7 库存系统仿真模型中各控件的含义

控件	含义	参数设置
source	货物到达	到达速率：3
service	工作人员进行货物检验服务	资源池：resourcePool1 延迟时间：triangular（15，20，30）
delay	等待叉车装载货物	延迟时间：triangular（3，5，10） 勾选最大容量
moveByTransporter	叉车装载货物到指定地点	车队：transporterFleet 装载时间：triangular（5，10，15）
store	工作人员上架货物	智能体移动：通过资源 资源池：resourcePool1
exit	货物货架储存	离开时：enter. take（agent）
retrieve	工作人员从货架取得出库货物	智能体移动：通过资源 资源池：resourcePool1 下降速度：1
moveByTransporter1	叉车装载货物到指定出库地点	车队：transporterFleet1 装载时间：triangular（0.5，1，1.5）
batch	出库货物打包	批大小：5

控件	含义	参数设置
resourcePool	仓库管理人员资源	容量：4 新资源单元：Manager
resourcePool1	仓库工人资源	容量：20 新资源单元：Worker
queue	货物排队	延迟时间：triangular（3，5，10） 勾选最大容量
conveyor	货物传输带	输送速率：3
enter	货物进入	进入时：exit. put（agent）

三、模型运行结果

编译并运行建立的模型，运行过程的某时刻动画界面如图 2-10 所示。

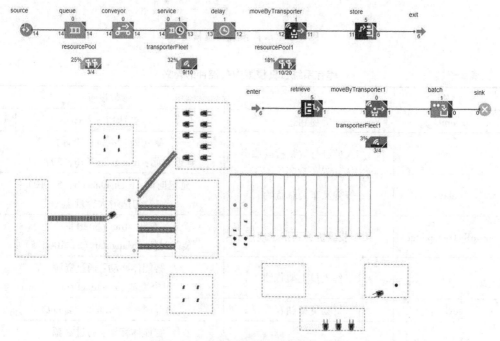

图 2-10　库存系统仿真模型运行效果

 案例分析

1. 设有一个离散事件系统：某修理店只有一名修理工人，每天工作 8 小时。所有来修理的顾客都只被这一名修理工人服务，且顾客到达时间是随机的，每两位先后到达的顾客的时间间隔不确定。对于这样一个离散事件系统，它的五个基本要素分别是什么？它们之间有怎样的关系？

2. 某医院手术室根据病人来诊和完成手术时间的记录，任意抽查 100 个手术小时，每小时来就诊的病人数 n 的出现次数，又任意抽查了 100 个完成手术的病历，所用时间 v（小时）出现的次数，分别如表 2-8、表 2-9 所示。

表 2-8 每小时到达病人数的出现次数统计

到达的病人数（n）	出现次数（f_n）
0	10
1	28
2	29
3	16
4	10
5	6
6 及以上	1
合计	100

表 2-9 病人完成手术时间的出现次数统计

为病人完成手术时间（v）	出现次数（f_n）
0.0~0.2	38
0.2~0.4	25
0.4~0.6	17
0.6~0.8	9
0.8~1.0	6
1.0~1.2	5
1.2 以上	0
合计	100

请结合本章知识构建仿真模型并运行，求出以下内容。

（1）每小时病人的平均到达率和每次手术平均时间。

（2）该系统的利用效率。

（3）病人在病房中的停留时间。

（4）病人的排队等待时间。

专业术语

1. 排队系统（Queuing System）

2. 库存系统（Inventory System）

3. 实体（Entity）

4. 属性（Attribute）

5. 参数（Parameter）

6. 事件（Event）

7. 活动（Activity）

8. 进程（Process）

9. 仿真钟（Simulation Clock）

10. 系统状态（Status of System）

11. 事件列表（Event List）

12. 统计计数器（Statistical Counter）

13. 报告生成器（Report Generator）

14. 主程序（Main Procedure）

【基础练习】

一、填空题

1. 连续系统与离散事件系统的主要区别在于_____。

2. 排队系统的三个基本组成部分包括到达模式、_____、_____。

3. 库存系统仿真的主要参数有保管费、_____和_____。

4. 服务窗口到达的顾客数目通常属于_____分布。

二、判断题

1. 连续系统存在状态转移函数，而离散事件系统不存在状态转移函数。（   ）

2. 使用固定步长推进法来推进系统仿真钟，不能处理在推进的增量中间时刻发生的事件。（   ）

3. 排队系统关注效率，库存系统关注效益。（   ）

4. 离散事件系统的基本要素包括实体、属性、活动、事件、进程和仿真钟。（   ）

三、选择题

1. 离散事件系统仿真模型的组成部分不包括（   ）。

A. 事件推动程序   B. 初始化程序

C. 事件发生程序   D. 报告生成器

2. 离散事件系统仿真模型采用变步长推进法推进仿真钟时，需要开始时初始化、循环时发生变化、结束时生成报告，需要用到（   ）。

A. 仿真钟   B. 系统状态

C. 统计计数器   D. 事件列表

四、简答题

1. 简述事件、活动与进程三要素的区别和联系。

2. 连续系统和离散事件系统的模型怎么表示？说明其参数的含义。

3. 结合第三节、第四节的案例说明排队系统与库存系统的区别。

4. 举例说明交通与物流领域中的离散事件系统。

【软件实践】

学习并完成第八章第一节、第八章第二节实验。

第三章　随机变量与随机数

学习目标

知识目标

1. 了解确定性系统与随机系统的区别。

2. 理解随机变量、随机数的相关概念。

3. 掌握随机数、随机变量的生成方法。

技术目标

1. 掌握几类常见随机分布及其典型适用场合。

2. 掌握随机数性能测试的方法。

3. 运用逆变换法来产生随机变量。

职业能力目标

1. 善于观察物流系统中存在的随机性。

2. 捕捉物流系统中不同随机性的特点。

物流聚焦

利用随机数学模型解决配送中心选址的问题

随着现代经济的迅速发展，物流产业在市场经济的竞争中运作的质量越来越高，规模也越来越大。物流配送中心与生产、零售企业及众多的消费群体连成一体，成了供应链的核心。要想提高效率、节约成本，就必须对配送中心进行合理的选址。在传统的物流配送中心选址模型中，多数情况下都假设各个需求点对某种商品的需求量是已知的常数而实际上却并非如此，它们往往由一系列存在一定关系的随机变量组成。针对这种情形下的选址问题，我们应该采取怎样的选址方法呢？有学者提出了随机数学模型的选址方法。根据模拟的试验数据对随机数学模型的有效性和适用范围进行研究，对模型进行调整，从而将该模型应用在实际物流配送中心选址上，能够大大提高物流配送中心的效率，节约物流成本。

第一节　确定性系统与随机系统

一、确定（性）系统与随机（性）系统概述

在离散事件系统中，有些事件的发生是确定的，即预先可以知道和确定在某个离散时间点上会发生某个事件。也有些事件的发生是不确定的，该事件所发生的时刻，以及该事件发生给系统带来的量的改变，或者逻辑状态的改变都是不确定的。对于一个离散事件系统而言，如果状态变化及其间隔可以预先完全确定，则称这个系统为确定（性）系统；如果状态变化及其间隔具备某种不确定性，则称这个系统为随机（性）系统。

二、确定（性）系统与随机（性）系统的区别

下面用例子说明确定（性）系统与随机（性）系统的区别。

系统有两台同样的设备，对单一品种的零件进行加工。假设该系统存在确定（性）和随机（性）两种情况（见表 3-1），系统连续工作 16 小时后，两种情况会有什么差别？

表 3-1　　　　　确定（性）系统与随机（性）系统的系统参数

系统参数	确定（性）系统	随机（性）系统
加工设备台数	2	2
加工次序	先到先加工 轮流使用两台设备	先到先加工 选择排队最少的设备加工
零件到达 时间间隔（min）	2	$EXPO$（2）
每个零件 加工时间（min）	2	U（2，1）

对于确定（性）系统，很容易推算系统的事件和状态随时间推进的演变过程，也很容易计算系统的加工量、利用率和排队情况。对于随机（性）系统，可以用仿真方法来分析系统随机事件和状态的演变情况，以及对系统进行统计分析。确定（性）系统和随机（性）系统的对比如表 3-2 所示。

两个系统的运行情况有很大的差别，设备前工件的等待情况也有明显差别，确定（性）系统根本没有等待，而随机（性）系统有时会存在每台机器前都出现零件排队的现象。

表 3-2   确定（性）系统和随机（性）系统的对比

系统运行状态	确定性系统		随机系统	
	设备 1	设备 2	设备 1	设备 2
共加工零件（个）	240	240	255	251
设备利用率（%）	50	50	53.6	52.0
设备前的最大排队个数（个）	1	1	3	3

对该系统施加一些参数改变。假设零件到达的时间间隔变短，也就是工作任务量增大，确定（性）系统和随机（性）系统各有什么变化？

假设上述加工系统的零件到达时间间隔缩短到 1.2 分钟，即确定（性）系统的时间间隔为常数 1.2，而随机（性）系统的时间间隔缩短到 $EXPO$（1.2）。两种情况下，系统连续工作 16 小时的结果如表 3-3 所示。

表 3-3   缩短零件到达时间间隔后两系统的对比

系统运行状态	确定（性）系统		随机（性）系统	
	设备 1	设备 2	设备 1	设备 2
共加工零件（个）	400	400	406	400
设备利用率（%）	83.3	83.3	84.8	83.3
设备前的最大排队个数（个）	1	1	10	9

零件到达时间间隔缩短后，同样 16 小时的仿真，实际相对考察系统的运行情况长度增加了，直接体现在经过系统的工件数量增多了。而两个系统从总的加工数量和利用率上的差别减小了，但是系统运行过程中出现的系统状态差别却增大了。也就是设备利用率更接近了，但系统运行过程中出现的最大排队个数的差别增大了，确定（性）系统仍是 1 个，而随机（性）系统两台设备前最大排队个数达到 9 个和 10 个。

上述例子清楚地反映了确定（性）系统和随机（性）系统的区别。造成这种区别的根本原因就是随机（性）系统中的随机事件。本章后续章节将讨论与随机事件相关的随机变量与随机数的相关问题。

第二节　随机变量与随机数的相关概念

一、随机事件与概率

概念 1　随机试验：一个可观察结果的人工或者自然过程，所产生的结果可能不止一个，但事先不能确定会产生什么结果。

概念 2 样本空间：一个随机试验的全部可能出现的结果的集合，通常记为 Ω。样本空间 Ω 中的点，即一个可能出现的结果称为样本点，通常记为 w。

概念 3 随机事件：一个随机试验的一些可能结果的集合，是样本空间的一个子集，通常用 A，B，C，…表示。

概念 4 事件发生的概率：设 Ω 为一个随机试验的样本空间，对 Ω 上的任意一事件 A，规定一个实数与之对应，记为 P（A），称为事件 A 发生的概率，满足如下 3 个基本性质。

（1）$0 \leqslant P$（A）$\leqslant 1$。

（2）P（Ω）$= 1$，P（$\varnothing$）$= 0$。

（3）若两事件 A 和 B 互斥，即 $A \cap B = \varnothing$，则 P（$A \cup B$）$= P$（A）$+ P$（B）。

概念 5 概率分布：如果样本空间上的所有随机事件都确定了概率，则 $\{P$（A）$| A \subset \Omega\}$ 构成样本空间上的一个概率分布。

概念 6 事件的独立性：对两个事件 A，B，如果满足 P（AB）$= P$（A）$\cdot P$（B），则称事件 A 和 B 相互独立，简称事件 A 与事件 B 独立。

概念 7 试验的独立性：设有 n 个随机试验，且假定每个试验产生的可能结果及结果的概率不受其他试验结果的影响，则称这 n 个试验是相互独立的试验。

二、随机变量与随机数

概念 8 随机变量：设某一次试验产生的样本空间为 Ω，X 是定义在 Ω 上的实函数，即对于任一样本点 $w \in \Omega$，X（w）为一个实数，则称 X 为一个随机变量。

概念 9 离散型随机变量：若随机变量只能在有限或可列无穷多个（实数）点上取值，则称该随机变量为离散型随机变量。

对于离散型随机变量的所有可能值 $\{x_k, k = 1, 2, \cdots\}$，记其概率 $p_k = P$（$X = x_k$），$k = 1, 2, \cdots$，则 $\{(p_k, x_k), k = 1, 2, \cdots\}$ 称为离散型随机变量的分布列。离散型随机变量的概率分布是由其分布列决定的。通常可用下述三种方式来表示分布列。

（1）公式法。例如：P（$x = k$）$= p_k = \dfrac{\lambda^k}{k!} e^{-\lambda}$（$k = 0, 1, 2, \cdots$），其中 λ 为正常数。

（2）列表法。示例如表 3-4 所示。

表 3-4　　　　　　　　　　列表法示例

x	-1	0	1	2
P	0.1	0.2	0.4	0.3

（3）图示法。将上例列表法给出的分布用图表示，如图 3-1 所示，其中横坐标表示随机变量的可能值，纵坐标表示取到该值的概率。

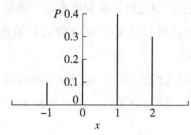

图 3-1　图示法示例

概念 10　连续型随机变量：随机变量 X 在一个或多个非退化的实数区间上可以连续取值，且存在一个非负的实函数 $f(x)$，使得对于任一区间 (a, b)，有 $P\{x \in (a, b)\} = \int_{a}^{b} f(x) \mathrm{d}x$，则称 X 为连续型随机变量。

概念 11　概率密度函数：在上述连续型随机变量的定义中，称 $f(x)$ 为 X 的概率密度函数。

概念 12　随机数：设 X 的概率密度函数为 $f(x) = \begin{cases} 1, & x \in [0, 1] \\ 0, & x \notin [0, 1] \end{cases}$，则 X 为 $[0, 1]$ 上的均匀分布函数。

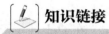
知识链接

根据随机变量确定模型

对具有随机变量的系统进行仿真，首先必须确定其随机变量的概率分布，以便在仿真模型中对这些分布进行取样，得到所需的随机变量。

根据对随机变量特性的了解程度，在确定其模型时，一般会碰到以下三种情形。

（1）随机变量分布的类型已知，需要由观测数据确定该分布的参数。

（2）由观测数据确定随机变量概率分布类型，并在此基础上确定其参数。

（3）由已有的观测数据难以确定该随机变量的理论分布。

分布参数的确定首先需要确定分布参数的类型，根据其物理或几何解释，分布所采用的大多参数可分为位置参数和比例参数两种基本类型。

三、常用分布

概念 13　分布函数：设 X 为一个随机变量，对于实函数 $F(x)$ 有 $F(x) = P$

$(X \leqslant x) = P (x \in (-\infty, x])$，称 $F(x)$ 为随机变量 X 的分布函数，也称为概率累积函数。

下面介绍几种常用分布。

1. 泊松分布

设 X 为非负整数随机变量，$P(X=k) = p(k, \lambda) = \dfrac{\lambda^k}{k!} e^{-\lambda}$，其中 $\lambda > 0$ 且为常数，称 X 服从泊松分布，记作 $P(\lambda)$，$\lambda = E(X)$ 是 X 的数学期望。

泊松分布是一个平稳的独立增量过程。在单位时间内放射性物质放射出 α 粒子的数目、路口通过的车辆数目、服务窗口到达的顾客数目等，都可以用泊松分布来描述。

2. 均匀分布

设随机变量 X 的密度为：

$$f(x) = \begin{cases} \dfrac{1}{b-a}, & x \in [a, b] \\ 0, & \text{其他} \end{cases} \tag{3-1}$$

则称 X 服从区间 $[a, b]$ 上的均匀分布，记作 $U(a, b)$。

3. 正态分布

设连续型随机变量 X 的密度为：

$$f(x) = \frac{1}{\sqrt{2\pi}\sigma} e^{-\frac{(x-\mu)^2}{2\sigma^2}}, \quad -\infty < x < +\infty \tag{3-2}$$

则称 X 服从正态分布。记作 $N(\mu, \sigma^2)$，$-\infty < \mu < +\infty$，$\sigma > 0$。正态分布的分布函数为：

$$F(x) = \frac{1}{\sqrt{2\pi}\sigma} \int_{-\infty}^{x} e^{-\frac{(u-\mu)^2}{2\sigma^2}} \mathrm{d}\mu, \quad -\infty < \mu < +\infty \tag{3-3}$$

4. 指数分布

设随机变量 X 有概率密度：

$$f(x) = \begin{cases} \lambda e^{-\lambda x}, & x \geqslant 0 \\ 0, & x < 0 \end{cases} \tag{3-4}$$

其中，λ 为正的常数，则称 X 服从指数分布。指数分布的分布函数为：

$$F(x) = \begin{cases} 0, & x < 0 \\ 1 - e^{-\lambda x}, & x \geqslant 0 \end{cases} \tag{3-5}$$

5. 威布尔分布

设随机变量 X 的密度为：

$$f(x) = \begin{cases} \dfrac{r}{\alpha}\left(\dfrac{x-\mu}{\alpha}\right)^{r-1} \mathrm{e}^{-\left(\frac{x-\mu}{\alpha}\right)^{r}}, & x \geqslant \mu \\ 0, & x < \mu \end{cases} \tag{3-6}$$

其中，α 和 r 为正的常数，μ 为实常数，则称 X 服从威布尔分布，记作 $W(\alpha, r, \mu)$。机械零件的实效时间分布常用威布尔分布表示。

6. 复合泊松分布

设 X_1，X_2，$\cdots$ 为一系列独立同分布的非负整数随机变量，N 为与 $\{X_1, X_2, \cdots\}$ 独立的泊松分布随机变量，则称 $Y = \sum\limits_{i=1}^{N} X_i$ 为复合泊松分布。

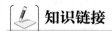 **知识链接**

常见分布的分类

随机变量分为离散型随机变量和连续型随机变量两类。

离散型随机变量的常见分布有两点分布、二项分布、泊松分布等，连续型随机变量的常见分布有均匀分布、指数分布、正态分布等。

离散型随机变量与连续型随机变量或随机分布的区别在于随机变量的取值是否连续。需注意的是离散型随机变量没有概率密度函数，而有分布律或概率质量函数对应连续型随机变量的概率密度函数。但是，两类随机变量都有概率累积函数，即分布函数。

第三节　随机数发生器

在离散事件系统仿真过程中，常用伪随机数（Pseudo-random Number）来模拟客观世界中随机事件的产生规律，它按照一定的计算方法产生一系列数，具有与均匀随机变量类似的性质。计算机仿真模型中的随机数本质上是通过算法模拟出来的伪随机数，那么随机数是怎么被模拟出来的呢？通常先通过计算机仿真模型中的某种算法产生一个 [0, 1] 区间均匀分布的随机数，然后采用逆变法或其他方法产生服从某分布的随机数。

本节首先介绍 [0, 1] 区间均匀分布的随机数的生成，然后介绍如何将这些独立的随机数转换成符合其他分布的随机数，从而实现各种随机过程。

目前常用的随机数发生器有线性同余发生器（Linear Congruential Generator,

LCG）、组合发生器等。

一、线性同余发生器

令：

$$Z_i = (aZ_{i-1}+c)\ (\mathrm{mod}\ m) \tag{3-7}$$

式中，Z_i 为第 i 个随机数，a 为乘子，c 为增量，m 为模数。

Z_0 为随机数源或种子值，将种子值 Z_0 代入，得到一个序列值 Z_0，Z_1，…，Z_i，…，Z_n。再令 $U_i = Z_i/m$，则得到均匀分布随机数 $U\ (0，1)$。

参数应满足 $a<m$，$c<m$ 和 $Z_0<m$。

LCG 有两方面的缺点。第一个缺点是所有随机数发生器都是存在的，即由公式计算得到的随机数序列并不是真正意义上的随机数。不难发现，这样产生的随机数取决于参数 a、c、m 和 Z_0。产生的第 i 个随机数与参数的关系可以用式（3-8）表示：

$$Z_i = \left[a^i Z_0 + \frac{c(a^i - 1)}{a - 1} \right] (\mathrm{mod}\ m) \tag{3-8}$$

为了使利用 LCG 产生的随机数在 [0，1] 区间上表现出均匀分布的特性，必须适当选择参数 a、c、m 和 Z_0。产生的随机数是否满足需求，要用随机数发生器的性能来评价，对随机数发生器性能的评价主要针对随机数发生器的均匀性、独立性和相关性。

LCG 的第二个缺点是所得到的 U_i 序列只能取有理数值 0，$1/m$，$2/m$，…，$(m-1)\ /m$。实际上，U_i 序列只能取到这些数值的一部分，这取决于 a、c、m 和 Z_0 的值。只有当 m 的值够大时，比如 109 或更大，此时在 [0，1] 区间内的取点将十分密集，至少有十亿个数值，这才能够保证在大多数情况下，获得需要的随机数。

LCG 的一个不可避免的行为特点是循环，即产生的随机数具有周期性。从式（3-8）可以看出，当 Z_i 所取的值与以前的某次取值相同时，就会产生相同的序列取值，并无穷重复下去。这个周期的长短称为发生器的周期。由于 Z_i 只取决于前一个取值 Z_{i-1}，并且 $0 \leqslant Z_i \leqslant m-1$，显然，周期最大只有 m。当周期长度就是 m 时，则称为全周期。对于一个全周期的 LCG，给定任何一个初始值 Z_0，都会以相同的顺序产生完整周期长度的随机数。如果 LCG 的周期长度小于全周期，则周期长度取决于 Z_0 的选择，这时就需要考虑随机数发生器周期的种子值。

由于大型的仿真往往需要成千上万的随机数，因此人们希望得到长周期的随机数发生器，以保证在一个周期内，所有的值都被随机地取到过。LCG 的特征主要取决于 a、c、m，那么如何对这 3 个参数进行取值才能保证 LCG 具有全周期呢？LCG 具有全周期的充要条件如下。

（1）m 和 c 互为质数，即唯一公约数是 1。

（2）如果 q 是一个能整除 m 的质数，则 q 能整除 $a-1$。

（3）如果 m 能被 4 整除，则 $a-1$ 也能被 4 整除。

取得全周期只是一个好的 LCG 应该具备的特性之一，我们还希望能有较好的统计特性，如独立性、计算和存储效率、可重复性及划分随机数流的简易性。

只要记录种子值，就可以用该种子值产生完全相同的一组随机数。同时可以分别用不同的种子值来取得不同的随机数流。例如，可分别用 Z_0，Z_{100000}，Z_{200000} 作为种子值来取得 3 段不同的随机数流，这 3 段随机数流是从同一个全周期的随机数流中截取的，彼此没有重叠和重复的部分。

根据不同的参数取值，LCG 又可分为不同的类型。$c=0$ 时称为乘同余发生器；$c \neq 0$ 时称为混合同余发生器。

乘同余发生器选择参数的规则：取 $m=2^j$，j 是某个整数，m 选择在机器所能表示的整数范围内。伪随机数序列周期为 $m/4$。

a 一般取与 $2^{p/2}$ 最接近又满足 $a=8k+3$ 的数，k 为任意整数，p 为机器字长。

例如，若用乘同余发生器产生周期为 8000 的随机数，假定机器字长 $p=16$。

$m=2^{15}=32768$

$p=16$

$2^{p/2}=2^8=256$

$a=8 \times 31+3=251$

取种子值为 5，则：

$Z_0=5$

$U_0=5/32768 \approx 0.00015$

$Z_1=(251 \times 5) \mod 32768 = 1255$

$U_1=1255/32768 \approx 0.03830$

$Z_2=(251 \times 1255) \mod 32768 = 20093$

$U_2=20093/32768 \approx 0.61319$

……

我们需要的是性能可靠的随机数。通过试验证明，合理地选择 m、a、c 参数，可使随机数发生器的均匀性、独立性及相关性达到较优的水平。

二、组合发生器

为了产生具有更长周期和更好统计性能的随机数，采用两个或者更多个独立的随机数发生器，将它们组合到一起生成最后的随机数，从而使最后的随机数的周期长度和性能比其中某个单独的随机数发生器产生的随机数都好。采用组合发生器生成的随机数与"真实"均匀分布的接近程度，至少不低于由构成组合发生器的任何一个独立的随机数发生器产生的随机数。采用组合发生器的不足是：获得每个 U_i 时，会比采用单一的随机数发生器付出更高的计算代价。

有的组合发生器可以由两个独立的随机数发生器构成，也可以由三个独立的随机数发生器构成。在组合发生器所使用的随机数发生器数目确定之后，又有多种不同的产生随机数的机制。最早的组合发生器是采用第二个 LCG 从第一个 LCG 生成的结果中穿插取值（Shuffle）得到最终的随机数流，其方法如下。

（1）由第一个 LCG（建议采用 $k=128$）产生的 kU_i 序列来生成有序向量 $V=(V_1, V_2, \cdots, V_k)$。

（2）由第二个 LCG 生成在整数区间上均匀分布的随机整数 i，则返回 V_i，作为第一个 $U(0,1)$ 变量。

（3）第一个 LCG 用下一个 U_i 代替向量 V 中的第 i 个位置上的值。

（4）第二个 LCG 从更新的向量 V 中随机地选择下一个返回的随机数。

（5）依次类推。

另一种用两个独立的随机数发生器构造组合发生器的方法如下。

（1）由第一个与第二个线性同余发生器分别生成 $Z_i^{(1)}$ 与 $Z_i^{(2)}$。

（2）令 $Z_i^{(2)}$ 的二进制表示的数循环移位 $Z_i^{(1)}$ 次，得到一个新的位于 0 到 $m-1$ 间的整数 $Z_i^{\prime(2)}$。

（3）将 $Z_i^{(1)}$ 和 $Z_i^{\prime(2)}$ 的相应二进制位"异或"相加得到组合发生器的随机变量 Z_i。

（4）$U_i=Z_i/m$。

关于如何由两个随机数发生器组合生成最终的随机数流，人们不断地研究了多种组合机制。研究结果表明，即使两个随机数发生器的性能都较差，采用穿插方法得到的组合发生器仍然能够生成有良好统计性能的随机数流。

组合发生器也可以由多个随机数发生器组合而成，如采用 3 个独立的随机数发生器构造组合发生器（又称三发生器）。人们研究三发生器也是为了得到更长周期、更高速、更简便、更容易在小型机上使用的随机数流。设 U_{1i}，U_{2i}，U_{3i} 是 3 个独立随机数发生器产生的第 i 个随机数，令 U_i 为 $U_{1i}+U_{2i}+U_{3i}$ 的小数部分，这样将得到周期很长的随机数流，且十分简便高效。

除此之外，还有多种不同的组合发生器。

第四节　随机数性能测试

本节讨论随机数发生器的测试方法，检验随机数发生器产生的随机数流在多大程度上接近真实独立同分布的 [0，1] 上的均匀分布变量。

对随机数发生器进行的测试内容主要包括所产生随机数的均匀性、独立性（自相关性），以及产生随机数的速度、效率、计算资源消耗等。

随机数发生器的测试方法有经验测试和理论测试两种完全不同的类型。经验测试中最直接的测试方法就是用该发生器生成一系列的值，然后检验这些值在多大程度上与独立同分布的 U（0，1）相似。理论测试则是通过随机数发生器的数字参数来测试的，并不用该发生器来产生随机数 U_i 序列。

一、随机数性能的经验测试

（一）χ^2 测试

χ^2 测试用来对均匀性进行检验。我们将 [0，1] 分成 k 个等长度的子区间。U_1，U_2，…，U_n，作为一般规则，应满足 $k>100$，$n/k \geqslant 5$；对于 $j=1$，2，…，k，令 f_j 为第 j 个子区间中 U_i 的个数。令：

$$\chi^2 = \frac{k}{n} \sum_{j=1}^{k} \left(f_i - \frac{k}{n} \right)^2 \tag{3-9}$$

当 n 足够大时，有下列判别方法。

如果 $\chi^2 > \chi^2_{k-1,\,1-\alpha}$，则认为在 α 显著水平上产生的随机数是独立同分布的 U（0，1）的假设不成立，否则假设成立。其中 $\chi^2_{k-1,\,1-\alpha}$ 是自由度为 $k-1$ 的 $1-\alpha$ 置信水平下的 χ^2 分布的上临界点。当 k 的取值很大时，可以用式（3-10）来近似计算：

$$\chi^2_{k-1,\,1-\alpha} \approx (k-1) \left[1 - \frac{2}{9(k-1)} + z_{1-\alpha} \sqrt{\frac{2}{9(k-1)}} \right]^3 \tag{3-10}$$

式中，$z_{1-\alpha}$ 是正态分布 N（0，1）的 $1-\alpha$ 置信水平的上临界点。

（二）运行测试

该测试直接用来检验独立性假设是否成立。首先，对 U_i 序列进行连续的子序列排序检验，使得每个子序列在最大可能长度内是 U_i 的单调增序列。例如，对一个序列 u_1，u_2，…，u_{10}：0.86，0.11，0.23，0.03，0.13，0.06，0.55，0.64，0.87，0.10，则该序列的第一个升序子序列是长度为 1 的序列（0.86），第二个是一个长度为 2 的升序子序列（0.11，0.23），然后分别是（0.03，0.13）、（0.06，0.55，0.64，0.87）和（0.10）。

定义：

$$r_i = \begin{cases} \text{长度为 } i \text{ 的升序子序列的个数,} & i = 1, 2, 3, 4, 5 \\ \text{长度大于等于 6 的升序子序列的个数,} & i = 6 \end{cases}$$

则上例中,$r_1 = 2$,$r_2 = 2$,$r_3 = 0$,$r_4 = 1$,$r_5 = 0$,$r_6 = 0$。

测试统计为:

$$R = \frac{1}{n} \sum_{i=1}^{6} \sum_{j=1}^{6} a_{ij}(r_i - nb_i)(r_j - nb_j)$$

其中,a_{ij} 是下列矩阵的第 (i, j) 个元素:

$$\begin{bmatrix} 4529.4 & 9044.9 & 13568 & 18091 & 22615 & 27892 \\ 9044.9 & 18097 & 27139 & 36187 & 45234 & 55789 \\ 13568 & 27139 & 40721 & 54281 & 67852 & 83685 \\ 18091 & 36187 & 54281 & 72414 & 90470 & 111580 \\ 22615 & 45234 & 67852 & 90470 & 113262 & 139476 \\ 27892 & 55789 & 83685 & 111580 & 139476 & 172860 \end{bmatrix}$$

b_i 由下式确定:

$$(b_1, \ b_2, \ \cdots, \ b_6) = \left(\frac{1}{6}, \ \frac{5}{24}, \ \frac{11}{120}, \ \frac{19}{720}, \ \frac{29}{5040}, \ \frac{1}{840} \right)$$

有关这些常数的推导过程请参考相关文献。对于足够大的 n(Knuth 给出 $n \geq$ 4000),在假设 U_i 序列为独立同分布的随机变量下,R 将是一个六维近似 χ^2 分布。

(三)　自相关测试(Autocorrelation Test)

自相关测试用来检验一个随机数流中各个数字之间的独立性。例如,下列的一个随机数流:

0.12	0.01	0.23	0.28	0.89	0.31	0.64	0.28	0.83	0.93
0.99	0.15	0.33	0.35	0.91	0.41	0.60	0.27	0.75	0.88
0.68	0.49	0.05	0.43	0.95	0.58	0.19	0.36	0.69	0.87

测试时,对以第 i 个数字开始的 m 个(m 也称为样本长度)随机数之间的相关关系进行计算。对于共有 N 个数字的随机数流,有 $M+2$ 个长度为 m 的随机数样本:R_i,R_{i+m},R_{i+2m},$\cdots$,$R_{i+(M+1)m}$,其中 M 是满足 $i + (M+1) \, m \leq N$ 的最大正整数,并设 $M+2$ 个随机数的自相关系数为 ρ_{im}。

给出如下假设:

$$H_0 : \rho_{im} \neq 0$$

$$H_1 : \rho_{im} = 0$$

对于足够大的 M,如果 R_i,R_{i+m},R_{i+2m},$\cdots$,$R_{i+(M+1)m}$ 是不相关的,则 ρ 或 $\hat{\rho}_{im}$ 的

分布应近似正态分布。

如果 $M+2$ 个长度为 m 的随机数样本之间是相互独立的，则下式确定的随机数流为一个均值为 0、方差为 1 的正态分布：

$$Z_0 = \frac{\hat{\rho}_{im}}{\delta_{\hat{\rho}_{im}}} \tag{3-11}$$

施密特（Schmidt）与泰勒（Taylor）给出了相关系数和方差的计算公式，即：

$$\hat{\rho}_{im} = \frac{1}{M+1} \left(\sum_{k=0}^{M} R_{i+km} R_{i+(k+1)m} \right) - 0.25 \tag{3-12}$$

$$\delta_{\hat{\rho}_{im}} = \frac{\sqrt{13M+7}}{12(M+1)} \tag{3-13}$$

由式（3-13）得到的 Z_0，如果 $-Z_{a/2} < Z_0 < Z_{a/2}$，说明相互独立的假设成立，反之亦然，如图 3-2 所示。

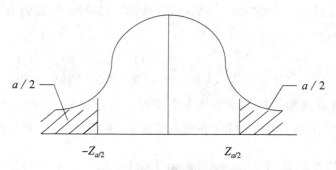

图 3-2　独立性假设的取舍

如果 $\rho_{im} > 0$，表示上述随机数的子段数之间正相关，这意味着在每个 m 样本长度内，较大的数字后面出现更大数、较小的数字后面出现更小数的概率较高。相反，如果 $\rho_{im} < 0$，则表示随机数的子段数之间负相关，也就是在长度为 m 的样本内，较小的随机数有更大的概率跟随较大的随机数，较大的随机数更有可能跟随较小的随机数。当 $\rho_{im} = 0$ 时，则表示为零相关，代表所产生的随机数在长度为 m 的样本划分下，各随机数之间没有关联，相互独立。

例如，对于上面列举的随机数流，检验其第 3，8，13，18，…序列的随机数之间是否相关。取显著水平 $\alpha = 0.05$，这里已知 $i=3$，$m=5$，$N=30$，由 $3+(M+1)5 \leqslant 30$ 可求得 M 为 4，因此：

$$\hat{\rho}_{35} = \frac{1}{5}(0.23 \times 0.28 + 0.28 \times 0.33 + 0.33 \times 0.27 +$$

$$0.27 \times 0.05 + 0.05 \times 0.36) - 0.25$$

$$\approx -0.1945$$

$$\delta_{\hat{\rho}_{35}} = \frac{\sqrt{13 \times 4 + 7}}{12(4 + 1)} \approx 0.1280$$

计算得：

$$Z_0 = \frac{-0.1945}{0.1280} \approx -1.5195$$

对于正态分布 $N(0, 1)$ 有 $Z_{\alpha/2} = Z_{0.025} = 1.96$（查标准正态分布表可得），$Z_0$ 满足：

$$-Z_{\alpha/2} \leqslant Z_0 \leqslant Z_{\alpha/2}$$

因此相互独立的假设成立，即第 3，8，13，18，…序列的随机数之间是相互独立的。

二、随机数性能的理论测试

随机数性能的检验可以通过检验生成的随机数流表现出的特性来实现。也可以不生成随机数流，而是从随机数发生器的结构和参数的定义方面来分析该发生器产生的随机数性能。前者属于经验测试，后者属于理论测试。两者的区别在于，理论测试是全局的，检验的是随机数发生器产生的整个周期的随机数的性能，而经验测试通常来说测试的是全周期中的一部分。

随机数发生器的理论测试方法及其涉及的数学理论非常复杂，这里只做简单的讨论。有时，可以通过发生器的常数定义直接计算出全周期上的均值、方差、相关性。这方面已经有很多的研究成果。例如，对于一个全周期的 LCG，整个周期的 U_i 序列的平均值为 $\frac{1}{12} - \frac{1}{2m}$，当 m 足够大（10 亿以上）时，其平均值非常接近 $\frac{1}{2}$。类似地，可以计算其全周期上的方差，为 $\frac{1}{12} - \frac{1}{12m^2}$，接近 $\frac{1}{12}$，此即为 $U(0, 1)$ 分布的方差。

下面讨论不同发生器的常数取值对随机数性能的影响。最著名的理论测试是 Marsaglia 基于观察样本的研究，发现"随机数主要分布在平面内"，具体说是，如果 U_1，U_2，…是 LCG 发生器产生的随机数流，相互交叠的 d 元组 $(U_1, U_2, \cdots, U_d)$，$(U_2, U_3, \cdots, U_{d+1})$，…将全部落在 $d-1$ 维的超平面内，而这些平面穿过 d 维超单位立方体空间。

例如，当 $d=2$ 时，二元组 (U_1, U_2)，(U_2, U_3)，…所构成的点沿不同的平行线呈菱形（或格栅）排列，这些平行线穿过单位正方形。如一个全周期 LCG，其常数定义为 $Z_i = (37Z_{i-1}+1) \pmod{64}$。

对于上述随机数发生器，由于各点在单位正方形中的分布比较均匀，且充满了整个区域，因此，虽然表现出并非真正的随机，但可能对分析问题影响不大。但是，如果改变随机数发生器常数的取值，情况将发生不可预知的变化。

课程思政

试着对本节知识从认识论、实践论和方法论角度加以总结。

在认识上，"伪"不一定就不好，使用算法生成伪随机数是顺利完成仿真的重要手段，看待事物要了解其出发点或目的，再如仿真模型并非真模型但可以用来研究真模型。

在实践上，由于伪随机数是算法生成的，所以需要对其进行检验，需要随机数满足均匀性和独立性才能拿来使用，从而保证仿真模型的科学性、仿真结论的可信性。

在方法上，由于通过经验测试的随机数是 $U(0, 1)$，而实际仿真时不可能遇到的随机变量都在区间 $(0, 1)$ 上的均匀分布，所以还需要产生其他分布的方法。

第五节　随机变量的产生方法

前面对排队系统和库存系统的讨论充分显示了用统计分布对实际的不确定性活动进行建模的重要性。通常，随机系统中的这些不确定性事件的相关变量，如到达时间间隔、服务时间等，用具有某种统计分布的随机变量进行建模。

本节假定一个已经完全确定的分布，寻找合适的方法生成这个分布的随机变量，以输入仿真模型使用。下面介绍几种被广泛应用的产生随机变量的方法，包括逆变换法、卷积法、合成法和取舍法。

本节所有方法均假设随机数 u_1，u_2，…服从均匀分布 $U(0, 1)$，其概率密度函数和累积分布函数分别为：

$$f_u(x) = \begin{cases} 1, & 0 \leqslant x \leqslant 1 \\ 0, & \text{其他} \end{cases} \tag{3-14}$$

$$F_u(x) = \begin{cases} 0, & x < 0 \\ x, & 0 \leqslant x \leqslant 1 \\ 1, & x > 1 \end{cases} \tag{3-15}$$

一、逆变换法

逆变换法也称为反函数法。如果 $u \sim U(0, 1)$，而 $F^{-1}(u)$ 是 $F(u)$ 的反函数，则是分布函数 $F(x)$ 的反函数，即：

$$x = F^{-1}(u) \sim F(x) \tag{3-16}$$

由均匀分布 $U(0, 1)$ 的随机数可直接生成规定分布 $F(x)$ 的随机数 $\{x_i\}$。算法为：

（1）设随机变量 x 的分布函数为 $F(x)$。

（2）在区间［0，1］上取均匀分布的独立随机变量 x。

（3）由分布函数的反函数 $F^{-1}(u)$ 得到的值即为所需要的随机变量 x。

（4）$x = F^{-1}(u)$ 即为所需的随机变量。

逆变换法可以用来生成指数分布、均匀分布和离散型随机变量等。

（一）利用逆变换法生成指数分布的随机变量

利用逆变换法生成指数分布的随机变量时，指数分布的概率密度函数：

$$f(x) = \begin{cases} \lambda e^{-\lambda x} & x > 0 \\ 0 & x \leqslant 0 \end{cases} \tag{3-17}$$

其分布函数为：

$$F(x) = \int_{-\infty}^{x} f(t)\,\mathrm{d}t = \begin{cases} 1 - e^{-\lambda x} & x \geqslant 0 \\ 0 & x < 0 \end{cases} \tag{3-18}$$

式中，λ 为每单位时间内到达数的平均值。

例如，如果到达时间间隔为 x_1，x_2，x_3，…，服从速度为 λ 的指数分布，则 λ 表示每单位时间内到达数的平均值，那么 $1/\lambda$ 则表示每到达一个数的平均时间间隔。下面生成具有指数分布的值 x_1，x_2，x_3，…。由于指数分布较为简单，可以用解析方法求得其反函数，因此采用逆变换法来生成指数分布的随机变量也很简单，步骤如下。

（1）计算需要的随机变量的分布函数 $F(x) = 1 - e^{-\lambda x}$，$x \geqslant 0$。

（2）在 $x \geqslant 0$ 的范围内，令 $u = 1 - e^{-\lambda x}$，因为 x 为随机变量，所以 $1 - e^{-\lambda x}$ 也是随机变量，u 采用一个 $U(0, 1)$ 的均匀分布。

（3）由 $u = 1 - e^{-\lambda x}$ 得：

$$x = -\frac{1}{\lambda}\ln(1-u) \tag{3-19}$$

（4）生成均匀分布随机数 u_1，u_2，u_3，…，然后由式（3-19）生成所需要的随机变量 x_1，x_2，x_3，…，即：

$$x_i = -\frac{1}{\lambda}\ln(1 - u_i)$$

由于 u_i 为均匀分布，则 $1-u_i$ 也是均匀分布，因此上式可简化为：

$$x_i = -\frac{1}{\lambda}\ln u_i \tag{3-20}$$

（二）利用逆变换法生成均匀分布的随机变量

设随机变量 x 是［a，b］上均匀分布的随机变量，即 $x = a + (b-a)\,u$，可得 x 的概率密度函数为：

$$f(x) = \begin{cases} \dfrac{1}{b-a}, & a \leqslant x \leqslant b \\ 0, & \text{其他} \end{cases} \tag{3-21}$$

求得其分布函数为：

$$F(x) = \begin{cases} 0, & x < a \\ \dfrac{x-a}{b-a}, & a \leqslant x \leqslant b \\ 1, & x > b \end{cases} \tag{3-22}$$

令 $u = F(x) = \dfrac{x-a}{b-a} (a \leqslant x \leqslant b)$，则 $x = a + (b-a)\ u$，用随机数发生器生成 $[0, 1]$ 上的均匀分布随机数，可得 $[a, b]$ 上均匀分布的随机变量。

（三）逆变换法生成离散型随机变量

由于离散型随机变量的分布函数是离散的，无法直接利用反函数求出随机变量的变量值，因此利用均匀分布 $U\ (0,\ 1)$ 的随机数，在随机变量概率分布图上一一对应地进行取样，得到随机变量的取值。

设离散型随机变量 x 分别以概率 $P\ (x_1)$，$P\ (x_2)$，$\cdots$，$P\ (x_n)$ 取值 x_1，x_2，$\cdots$，x_n，其中，

$$0 < P(x_i) < 1, \quad \sum_{i=1}^{n} P(x_i) = 1$$

其生成结果如图 3-3 所示。

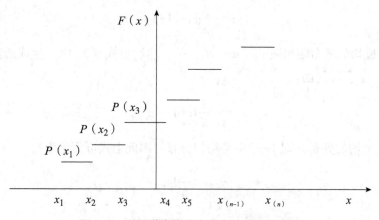

图 3-3 利用逆变换法生成离散型随机变量

首先生成均匀分布 U（0，1）的随机数 u_i，在分布函数中存在 $u_i \leqslant F(x_i)$ 的最小值 x_i，返回 x_i 作为对应 u_i 的随机变量的一个值。即：

$$P(X = x_i) = P[F(x_{i-1}) < U \leqslant F(x_i)]$$

二、卷积法

由两个或更多个独立随机变量的和形成的概率分布称为原始变量的卷积分布。卷积法是通过两个或多个独立随机变量的相加得到新的具有某种所希望的分布的随机变量。卷积法可用于生成爱尔朗分布（Erlang）、近似正态分布和二项式分布的随机变量。假设具有独立均匀分布的随机变量 x_1，x_2，$\cdots$，x_m，令：

$$y = x_1 + x_2 + \cdots + x_m \tag{3-23}$$

称 y 为 X 的 m 折卷积。

例 3-1 用卷积法生成爱尔朗分布。

若 Y 是具有均值的 m 爱尔朗随机变量，则：

$$Y = y = x_1 + x_2 + \cdots + x_m$$

式中，x_i 为独立同分布的指数随机变量，每个 x_i 有参数 β/m。

首先产生具有参数 β/m 的独立同分布的指数变量 x_1，x_2，$\cdots$，x_m，然后计算 y。假设指数随机变量由逆变换法产生，有：

$$X = -\frac{\beta}{m}\ln U$$

其中，U 为独立分布的 U（0，1）随机变量，则：

$$Y = \sum_{i=1}^{m} X_i = \sum_{i=1}^{m} -\frac{\beta}{m}\ln U_i = -\frac{\beta}{m}\ln\left(\prod_{i=1}^{m} U_i\right) \tag{3-24}$$

三、合成法

合成法适用于分布函数 F 为多个分布函数 F_1，F_2，$\cdots$的凸函数的情况。对于任意 x，F（x）可写为：

$$F(x) = \sum_{j=1}^{\infty} p_j F_j(x) \tag{3-25}$$

其中，$p_j \geqslant 0$，$\sum_{j=1}^{\infty} p_j = 1$，每个 F_j 为一个分布函数。

同样，X 的密度函数可写为：

$$F(x) = \sum_{j=1}^{\infty} p_j f_j(x) \tag{3-26}$$

其中，f_j 都是密度函数。一般合成算法如下：

（1）产生一个正随机数 J，使得：

$$P(J=j) = p_j, \quad (j=1, 2, \cdots)$$

（2）计算返回分布函数为 F_j 的 X。

第（1）步可以解释为选择具有概率 p_j 的分布函数 F_j，可以用前面讲到的方法（如逆变换法）来求得。生成 J 后，由第（2）步生成 X，X 独立于 J，X 的分布函数为 F。

$$P(X \leqslant x) = \sum_{j=1}^{\infty} P(X \leqslant x \mid J=j), \quad P(J=j) = \sum_{j=1}^{\infty} F_j(x)p_j = F(x) \qquad (3-27)$$

例 3-2 一个拉普拉斯分布，即双指数分布，其密度函数为 $f(x) = 0.5\mathrm{e}^{|x|}$，密度分布如图 3-4 所示。

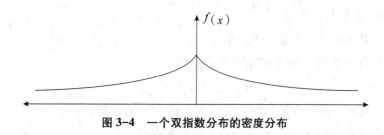

图 3-4 一个双指数分布的密度分布

这个双指数函数可以用如下两个函数的组合来表示。

$$\begin{cases} f(x) = 0.5\mathrm{e}^{x}I_{(-\infty, 0)}(x) + 0.5\mathrm{e}^{-x}I_{(0, +\infty)}(x) \\ I_A(x) = \begin{cases} 1, & x \in A \\ 0, & x \notin A \end{cases} \end{cases}$$

函数 $f(x)$ 是两个函数 $f_1(x) = \mathrm{e}^{x}I_{(-\infty, 0)}(x)$ 和 $f_2(x) = \mathrm{e}^{-x}I_{(0, +\infty)}(x)$ 的凸函数，$p_1 = p_2 = 0.5$。这样可以采用逆变换法来生成双指数分布的随机变量。首先生成独立同分布的 $U(0, 1)$ 随机变量 u_1 与 u_2，若 $u_1 \leqslant 0.5$，则返回 $x = \ln u_2$；若 $u_1 > 0.5$，则返回 $x = -\ln u_2$。

四、取舍法

取舍法通过某个检验条件决定取舍，从而得到 $F(x)$ 的随机数。定义一个函数 t，使得对于所有的 x 都有 $t(x) \geqslant f(x)$，因为 $c = \int_{-\infty}^{\infty} t(x)\mathrm{d}x \geqslant \int_{-\infty}^{\infty} f(x)\mathrm{d}x = 1$，所以函数 t 不是密度函数。而函数 $r(x) = t(x)/c$ $(c<\infty)$ 则是一个密度函数。用下列步骤来生成密度为 r 的随机变量 Y。

（1）生成密度为 r 的随机变量 Y。

（2）生成独立于随机变量 Y 的 $u \sim U(0, 1)$。

（3）如果 $U \leqslant f(Y)/t(Y)$，则返回 $X=Y$；否则返回步骤（1），再次抽样。

例 3-3 用取舍法产生 β 分布的随机变量。

一个 β 分布 *beta*（4，3）的密度函数为：

$$f(x) = \begin{cases} 60x^3(1-x)^2, & 0 \leqslant x \leqslant 1 \\ 0, & 其他 \end{cases}$$

对函数求导，得 $x=0.6$ 时函数取得最大值 $f(0.6)=2.0736$。定义：

$$\begin{cases} t(x) = \begin{cases} 2.0736, & 0 \leqslant x \leqslant 1 \\ 0, & 其他 \end{cases} \\ c = \int_0^1 2.0736 \mathrm{d}x = 2.0736 \end{cases}$$

则 $r(x)=t(x)/c$ 是 $U(0,1)$ 的密度函数，图 3-5 给出了 $f(x)$，$t(x)$ 和 $r(x)$ 的相互关系。首先，生成独立同分布的 $U(0,1)$ 随机变量 Y 和 U，然后检验是否满足：

$$U \leqslant \frac{60Y^3(1-Y)^2}{2.0736}$$

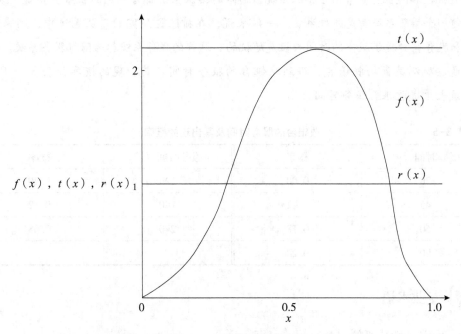

图 3-5 取舍法生成 *beta*（4，3）分布时的 $f(x)$，$t(x)$ 和 $r(x)$

如果满足上式，则返回 $X=Y$；否则，舍去 Y，再次抽样。

五、函数变换法

函数变换法是关于随机分布的函数（仍为随机分布）的抽样方法。通过随机分布之间的关系式推导出分布函数的关系式，利用常用分布的随机数生成某个确定分布的随机数。

由 $F(x)$ 的随机分布生成 $G(x)$ 的随机分布的步骤如下。

（1）生成独立的 $F(x)$ 随机数 x_1，x_2，$\cdots$，x_n。

（2）令 $y_i = G(x_i)$（$i = 1, 2, \cdots, n$）。

（3）y_i 就是 $G(X)$ 的随机序列。

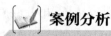 **案例分析**

随机变量的应用

随机数和随机变量常用于排队系统，通常的排队系统都可以用随机服务系统来表示，即任何一个排队系统都是随机系统。一般来说，在排队论研究的排队系统中，顾客到达时刻和服务窗口提供服务的时间长短是随机的，这样的服务系统称为随机服务系统。

通过观测某商场收银台，得到收银台的服务时间及其出现的概率如表 3-5 所示。按照该表生成收银台服务时间。

表 3-5　　　　　　　　　　收银台的服务时间及其出现的概率

服务时间（s）	概率	服务时间（s）	概率
30	0.08	120	0.20
45	0.12	180	0.12
60	0.18	240	0.08
90	0.22		

 专业术语

1. 确定（性）系统（Deterministic System）

2. 随机（性）系统（Stochastic System）

3. 随机变量（Stochastic/Random Variable）

4. 随机数（Random Number）

5. 泊松分布（Poisson Distribution）

6. 均匀分布（Uniform Distribution）

7. 正态分布（Normal Distribution）

8. 指数分布（Exponential Distribution）

9. 性能测试（Performance Test）

10. 逆变换法/反函数法（Inverse Transformation Method/Inverse Function Method）

11. 卷积法（Convolution Method）

12. 合成法（Synthesis Method）

13. 取舍法（Trade-off Method）

【基础练习】

一、判断题

1. 从广义的角度看，确定性事件其实就是发生概率为 1 的随机性事件。（　　）

2. 离散型随机变量与连续型随机变量都有对应的概率密度函数和概率累积函数。
（　　）

3. 通过随机变量 X 是否连续取值可判断随机变量的类型。（　　）

4. 逆变换法又称反函数法，可适用于指数分布、威布尔分布、爱尔朗分布等。（　　）

二、选择题

1. 离散型随机变量的取值不可能是（　　）。

A. 自然数　　　　　B. {0, 1}　　　　　C. （0, 1）　　　　　D. $2i+1$（i 为整数）

2. 为了检验随机数生成序列的独立性假设是否成立，可以采用什么方法？（　　）

A. 运行测试　　　B. 自相关测试　　　C. χ^2 测试　　　　D. 以上都不是

3. 分布函数为多个分布函数的凸函数，通常用（　　）方法来实现变换。

A. 函数变换法　　B. 直方图法　　　C. 取舍法　　　　D. 合成法

三、思考题

1. 通过本章学习，结合 LCG 随机数发生器，谈谈伪随机数的"伪"体现在哪里。

2. 根据你所了解的物流系统，列举几个需要随机过程描述的实例，简述随机数在系统仿真中所起到的作用。

3. 在离散加工系统中，加工中心的零件加工时间是否能用指数分布来刻画，给出理由。

【知识应用】

建立配送中心的仿真模型，需要了解单位时间段内客户提交的订单情况，某日该配送中心收到3家连锁超市的配送货物清单（见表3-6），试分析：在一小时内收到的客户订单中商品数量可用哪一种随机分布来描述？如果每次只接受一个订单，那么客户提交订单的时间间隔用哪种分布来描述？

表3-6　　　　　　　　配送中心客户提供订单的商品情况一览

客户	商品情况					配送时间
	品名	规格	数量	毛重	体积（cm³）	
A	××奶茶	500g/袋	50箱	11kg/箱	85×60×45	4月1日上午11点前
	××红茶	250g/袋	100箱	8.5kg/箱	70×50×35	
	××大米	50kg/袋	40袋	50kg/袋	100×45×20	
	××绿茶	1.25kg/瓶	65箱	8.5kg/箱	60×35×50	
	××纯净水	1.25kg/瓶	65箱	8.5kg/箱	60×35×50	
	合计		280箱+40袋	4505kg		
B	××洗衣粉	1kg/袋	50箱	11kg/箱	70×55×40	4月1日上午10点前
	××香皂	125g/块	40箱	4.25kg/箱	60×30×25	
	××饼干	1kg/盒	100箱	6.5kg/箱	90×80×70	
	××纯净水	1.25kg/瓶	80箱	8.5kg/箱	60×35×50	
	合计		270箱	2050kg		
C	××毛巾	70cm×40cm/条	20箱	10.5kg/箱	75×45×50	4月1日上午12点前
	××纯净水	1.25kg/瓶	100箱	8.5kg/箱	60×35×50	
	××红茶	250g/袋	100箱	8.5kg/箱	70×50×35	
	××绿茶	1.25kg/瓶	100箱	8.5kg/箱	60×35×50	
	××大米	50kg/袋	20袋	50kg/袋	100×45×20	
	合计		320箱+20袋	3760kg		

【软件实践】

学习并完成第八章第三节和第九章第一节实验。

第四章 输入数据模型

学习目标

知识目标

1. 掌握仿真中输入数据模型的基础概念。
2. 熟悉用原始数据得到理论分布的主要步骤。
3. 熟悉离散型分布、连续型分布的典型辨识方法。
4. 理解参数估计、拟合优度检验的作用与方法。

技术目标

1. 掌握输入数据的三类主要收集方法。
2. 熟悉常见理论分布的主要数据特征及辨识方法。
3. 了解参数估计、拟合优度检验的典型方法。

职业能力目标

1. 形成根据身边现象合理假设、严谨验证的意识。
2. 锻炼记录数据、分析数据、运用数据的专业能力。
3. 养成观察身边现象、分析其特征与规律的习惯。

物流聚焦

模拟问题的数据输入

计算机仿真是利用计算机对目标系统的结构、功能和行为，以及参与系统控制的人的思维过程和行为，进行动态性的模仿。这就要求我们输入计算机可以理解且能够处理目标系统的相关信息，这些信息多表现为数据。

那计算机到底能理解和处理哪些数据呢？这就与仿真软件有关系了，在没有仿真软件前则依靠编程语言，需要按编程语言来实现计算机的理解和处理；有了仿真软件之后就更方便了，仿真软件提供成套的功能或工具，只要按照软件要求来操作就能与计算机对话了。

很明显，首先要输入的是目标系统及其仿真模型，与此仿真有关的数据都要按照仿真软件的要求来进行收集、整理等工作。正确地收集和分析仿真输入数据是系统仿真的前提和基础，为此，通过多种渠道获得满足要求的数据作为仿真的输入数据是第一步工作。

进一步，由于模拟的特殊性，还需要有足够多的输入数据。针对离散事件系统，其特殊性主要体现在两方面：一方面是单次模拟就需要多个满足同样分布的数据，另一方面是仿真结果的随机性，基于同样分布特性的数据多次模拟才能得到可靠结论。

而在实际问题中，有时很难获得实际数据，甚至压根儿没有，有些即使能找到一次模拟的数据，也难以找到多次模拟的足够数据。为此，需要通过少量数据来解决大量数据的问题。

结合第三章的知识，如果我们能从少量数据中找到一定的规律，甚至得出其分布规律，我们就可以利用这些规律得到足够的数据供模拟使用。这也就是本章要给大家呈现的主要内容，即物流系统仿真前两个步骤的理论知识和具体方法。

仿真的输入数据是仿真的基础与源泉，对仿真具有重要的意义。在排队系统仿真中，典型的输入数据可以是到达时间间隔和服务时间的分布；在库存系统仿真中，输入数据包括需求的分布和提前期的分布；在生产系统仿真中，输入数据包括作业到达的时间间隔、作业类型的概率分布，以及各种作业每道工序服务时间的分布。几乎所有的仿真模型都包括随机输入数据，这些数据直接影响仿真结果的正确性和合理性，因此正确地收集和分析仿真输入数据是系统仿真的重要前提和基础。

需要注意的是，仿真系统输入和控制系统输入是有一定区别的，图 4-1 所示为控制系统示意，其中 X、Y 分别为控制系统 $F(X)$ 中的输入和输出，作为模拟不同种类控制系统的仿真系统，其输入包括图 4-1 中的 X、$F(X)$ 中涉及的相关离散或连续变量，输出仍为 Y。

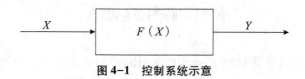

$$X \longrightarrow \boxed{F(X)} \longrightarrow Y$$

图 4-1　控制系统示意

第一节　仿真输入数据分析概述

对具有随机变量的系统进行仿真，首先必须确定其随机变量的概率分布，以便在仿真模型中对这些分布进行取样以得到需要的随机变量。确定随机变量模型的基础是收集该随机变量的观测数据，当输入随机变量的分布已知时，可以用适当的方法生成相应分布的随机数作为系统的输入。然而，在实际问题中，常常只能通过对系统的观察，收集感兴趣的输入随机变量的观察数据，而对输入的总体分布一无所知或仅有部分信息。在这种情况下，必须采取相应的方法来确定随机变量的分布模型。通常有以下两种方法：一种是利用观察数据建立实验分布函数，并用实验分布抽样法生成相应的输入随机数；另一种是通过对这些数据的分布类型的假设、参数估计和拟合优度检验等过程，确定输入随机变量的分布模型。

一般来讲，要得到一个正确的输入数据的分布模型需要经过以下四个步骤。

（1）收集原始数据并进行适当预处理，比如进行独立性检验等。

（2）分布类型的假设。通过点估计法、直方图（线图）法、概率图法等方法确定随机变量的分布类型或分布族。

（3）参数估计。通过合适的参数估计方法，如极大似然估计法、最小二乘法等方法确定随机变量分布的参数，这些参数反映了分布的特征，从而确定随机变量的具体分布。

（4）拟合优度检验。采用拟合优度检验方法，如 χ^2 测试、K-S 测试等，对得到的随机变量分布和观测数据吻合的程度进行检验，判断该分布的正确性与合理性。如果收集到的观测数据和假设的分布形式不相符合，则返回第（2）步，给出另一个新的分布类型的假设，重复上述过程。如果重复进行若干次之后仍不符合，那么就可以使用经验分布形式来确定随机变量的分布。

📝 **知识链接**

系统随机特征的产生原因如表 4-1 所示。

表 4-1　　　　　　　　　　　系统随机特征的产生原因

系统类型	产生原因
制造系统	加工时间、设备故障时间间隔、设备维修时间
与国防相关的系统	导弹或飞机的到达时间及有效载荷、战斗力的结果、军需物资的输送距离
通信系统	信息的时间间隔、信息类型、信息长度
交通系统	货物装载时间、到达车站的时间间隔

第二节　数据的收集与处理

为保证系统仿真结果的正确性与可靠性，首先必须拥有大量且高质量的原始数据。

因此，获得正确的原始数据是系统仿真成功的关键因素之一，否则系统仿真只能是由错误的数据得出的不可靠的结果。实际系统可能会有许多输入变量，如何收集数据、需要收集哪些数据，与研究对象和研究目的密切相关，也就是说我们只需要收集那些对研究目的有用的数据。

一、数据收集时的注意事项

收集数据时，需注意以下几点。

（1）在收集数据的同时注意分析数据，确定收集到的数据是否足够，是否足以确定仿真的输入分布，而对仿真无用的数据就无须收集。

（2）注意尽量把性质相同的数据集组合在一起，形成不同类型的数据分组，既便于数据本身的管理，也便于仿真的对比分析。

（3）确定两个随机变量是否相关。要进行回归分析，同时阐述相应的检验，以确定相关的显著性。

（4）考察一组观测到的、似乎是独立的样本是否具有自相关性。自相关性可能存在于相继时间周期或相继的顾客中。

二、收集输入数据的方法

在进行系统仿真时，收集输入数据的方法主要有以下几种。

（1）通过实际观测获得系统的输入数据。例如，观测在一段时间内通过路口的车辆数目，观测超市中顾客到达收款台的时间间隔。

（2）由项目管理人员提供实际系统运行数据。例如，提供在一定阶段内配送中心收到的订单数目。

（3）从已经发表的研究成果、论文中收集类似系统的输入数据模型。

三、建立输入数据模型的方法

收集系统输入数据并分析这些数据，然后利用这些数据建立数据模型，使得所建立的输入数据模型能够正确反映输入数据的随机特征，这是能否得到正确仿真结果的重要前提。在收集到系统输入数据后，可以采用如下方法来建立输入数据模型。

（1）在仿真运行中直接使用收集到的实际系统的输入数据。该方法很直接，便于对比仿真系统和实际系统的输出结果，但是只能使用收集到的历史数据来驱动仿真模型，而且往往难以有足够多的数据来进行多次仿真实验。现有的很多仿真软件都可以直接导入实际系统的观测数据进行仿真，如 AnyLogic、Flexsim、AutoMod。

（2）把收集到的数据定义为经验分布。可以根据收集到的数据，采用经验分布的处理方法得到数据的经验分布，然后可以用经验分布产生所需要的随机变量，这样可以产生足够多的数据，便于进行反复的仿真实验。

（3）把收集到的数据拟合为某种特定的理论分布。根据少量样本建立的经验分布可能与实际变量所服从的分布有偏差，而理论分布则正确地反映了大量样本所服从的分布，避免了由经验分布产生的不规则性。例如，理论分布能够用简洁、规范的形式建立输入数据模型，因此，输入数据的修改非常方便，便于将产生的多种仿真结果进行对比分析。

 补充阅读

常见系统输入数据的收集如表 4-2 所示。

表 4-2　　　　　　　　　　　常见系统输入数据的收集

系统类型	需收集数据
单窗口排队系统	顾客到达时间间隔、顾客被服务时间
汽车转运站系统	汽车到达时间间隔、调度等待时间、装车时间、汽车故障时间间隔
库存系统	货物到达时间间隔、装载时间、卸载时间
可靠性系统	生产无故障时间

第三节　数据分布的分析与假设

实际系统中的许多随机变量是可以直接凭经验确定其理论分布的。例如，电话交换台一小时内接到的电话呼叫次数、纺织厂生产的一批布上的疵点个数、纺纱车间大量纱锭在一段时期内断头的个数等服从泊松分布；而一个地区成年男性的身高、半导体器件中的热噪声电流或电压、测量某零件长度的误差等则服从正态分布。但大部分随机变量需要根据采集到的数据来确定随机变量的分布类型。确定随机变量的分布类型往往是对采集的数据预处理后进行的假设。分布类型的假设方法有多种，如果实际系统的输入数据服从理论分布，则会给仿真带来很多便利。

一、连续分布类型的假设

若观测数据来自连续分布，最常用的假设方法有三种，即点估计法、直方图法和概率图法。

（一）点估计法

连续型随机变量分布类型假设的基本思路为：首先计算连续型随机变量的偏差系数，再根据偏差系数的特征寻求与其相近的理论分布，并假设随机变量的分布为这一理论分布。

偏差系数是均方差与均值的比，即：

$$\hat{\tau} = \frac{\sqrt{var\ (x)}}{E\ (x)} \tag{4-1}$$

$var\ (x)$ 为随机变量分布的方差，$E\ (x)$ 为均值。

如果有随机变量 X，则：

$$\bar{X}(n) = \sum_{i=1}^{n} \frac{x_i}{n} \tag{4-2}$$

$$S^2(n) = \sum_{i=1}^{n} \frac{[x_i - \bar{x}(n)]^2}{n-1} \tag{4-3}$$

式中，$\bar{X}\ (n)$ 为随机变量采集数据的均值，$S^2(n)$ 为随机变量采集数据的方差。

根据连续型随机变量分布的偏差系数（见表4-3），如果能够找到值相同的偏差系数，则可以假设其为该种理论分布。例如，某连续型随机变量的偏差系数接近1时，可以假设其为指数分布。

表4-3　　　　　　　　　　连续型随机变量分布的偏差系数

分布类型	$\hat{\tau}$	$\hat{\tau}$ 取值范围
$U\ (a,\ b)$	$(b-a)\ /\ [\sqrt{3}\ (a+b)\ ]$	$(-\infty,\ +\infty)$，除0以外
$EXPO\ (\beta)$	1	1
$gamma\ (\alpha\beta)$	$1/\sqrt{a}$	$>1,\ a<1$ $=1,\ a=1$ $<1,\ a>1$
$Weibull\ (\alpha,\ \beta)$	$\left\{ \dfrac{\Gamma\left(\frac{2}{a}+1\right)}{\left[\Gamma\left(\frac{1}{a}+1\right)\right]^2} - 1 \right\}^{1/2}$	$>1,\ a<1$ $=1,\ a=1$ $<1,\ a>1$
$N\ (\mu,\ \tau^2)$	τ/ω	$(-\infty,\ +\infty)$，除0以外
$LN\ (\mu,\ \tau^2)$	$(\tau^2-1)^{1/2}$	$(0,\ \infty)$

分布类型	$\hat{\tau}$	$\hat{\tau}$ 取值范围
$beta\ (a_1,\ a_2)$	$\left[\dfrac{a_1}{a_2}\ (a_1+a_2+1)\right]^{-1/2}$	$(0,\ \infty)$
$triang\ (a,\ b,\ c)$	$\dfrac{(a^2+b^2+c^2-ab-ac-bc)^{1/2}}{\sqrt{2}\ (a+b+c)}$	$(-\infty,\ +\infty)$，除 0 以外

（二）直方图法

直方图是一种图形估计方法，基本原理是：用观测到的样本数值建立随机变量的概率密度函数分布的直方图，然后把得到的直方图与理论分布的概率密度函数曲线进行对比，从图形上直观地判断被观测随机变量是否满足某种理论分布。具体做法如下。

（1）将所有观测数值分为 k 个区间长度相等的相邻区间，即 $[b_{j-1},\ b_j)$ $j=1$，2，$\cdots$，k，区间宽度 $\Delta b=b_j-b_{j-1}$。

（2）对于第 j 个区间 $[b_{j-1},\ b_j)$，令 g_j 表示在第 j 个区间中的观测数据数量 n_j 占整个观测数据的比例，即 $g_j=n_j/n$。

（3）定义函数：

$$h\ (x)=\begin{cases}0, & x<b_0 \\ g_j, & b_{j-1}\leqslant x<b_j \\ 0, & x\geqslant b_k\end{cases}$$

（4）将定义的观测数据取值区间画在横坐标轴上，在垂直坐标轴上标记出 $h\ (x)$ 函数，画出被观测变量的直方图（见图4-2）。

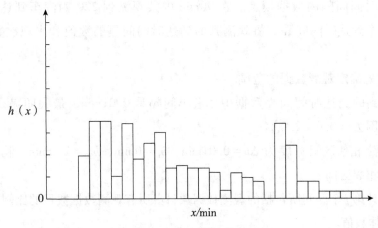

图4-2　被观测变量的直方图

（5）将直方图与理论分布的概率密度函数曲线对比，确定被观测数据服从哪种理论分布。可以看出直方图与连续随机变量的概率密度函数曲线十分相似。只要找到与其直方图相近的概率密度函数曲线，即可以假设随机变量的分布就是该理论分布。

显然，这种方法的关键是确定合理的区间宽度 Δb。如果 Δb 过大，会丢失过多的有用数据，使直方图的拟合曲线过于平滑，从而无法准确判定其理论分布；反之，如果 Δb 过小，又无法消除过多的噪声影响，同样难以准确判定其理论分布。实际做法是不断调整 Δb 的大小，反复对结果进行比较，以不丢失实际数据特征且曲线比较光滑的最佳情形作为选取结果。由于曲线的分布类型与分布参数无关，而分布参数决定了曲线的位置和比例，因此在确定分布类型时先不用考虑曲线的位置和比例，仅对形状进行比较，分布类型确定后再确定其分布参数。

在实际应用中，点估计法和直方图法可以相互结合应用。由于点估计法简单且计算快捷，可以在初期判定时使用，当有多种选择需要细致筛选时可以进一步采用直方图法，进行较为准确的判定。

使用直方图法的关键是分段区间大小的选择。分段区间数目的多少，与观测数值的多少、观测数值的分散程度等都有关系，但没有固定的原则。有研究者建议分段区间的数目取样本数目的平方根；也有研究者认为分段区间的数目应该根据实际情况确定。如果分段区间数目太少，区间太宽，直方图的形状就不能很好地显示出来；如果分段区间的数目过多，区间太窄，则直方图波动较大。

下面以顾客开车到达汽车银行的时间间隔模型为例来说明如何应用直方图辨识时间间隔服从哪种理论分布。假设顾客到达的时间间隔是连续分布的，属于连续型随机变量。

例 4-1 为汽车银行建立仿真模型，需要观测汽车到达汽车银行的时间间隔，建立汽车到达时间间隔的数据模型。在 90min 内共观测到 220 辆汽车到达汽车银行，得到了 219 个到达时间间隔。将观测到的到达时间间隔的数值和出现次数在表 4-4 中列出。

（1）首先确定观测数据的范围。

在观测到的到达时间间隔数据中，最小间隔是 0.01min，最大间隔是 1.96min，观测数值范围为 [0.0, 2.0]。

（2）确定相邻区间宽度为 $\Delta b = 0.01min$，$b_0 = 0min$，$b_{20} = 2.0min$，构造出 20 个长度相等的相邻区间。

（3）统计第 j 个区间所包括的观测数据数目占所有观测数据数目的比例 g_i，表 4-5 中列出了具体数值。

表 4-4 到达时间间隔的数值和出现次数

到达时间间隔（min）	出现次数（次）	到达时间间隔（min）	出现次数（次）	到达时间间隔（min）	出现次数（次）	到达时间间隔（min）	出现次数（次）
0.01	8	0.25	5	0.51	3	0.88	2
0.02	2	0.26	5	0.52	2	0.90	1
0.03	3	0.27	1	0.53	3	0.93	2
0.04	6	0.28	2	0.54	2	0.95	1
0.05	10	0.29	2	0.55	2	0.97	1
0.06	4	0.30	1	0.56	1	1.03	1
0.07	10	0.31	2	0.57	2	1.05	2
0.08	4	0.32	1	0.60	1	1.06	1
0.09	2	0.35	3	0.61	2	1.09	1
0.10	9	0.36	3	0.63	2	1.10	1
0.11	5	0.37	2	0.64	1	1.11	1
0.12	4	0.38	5	0.65	3	1.12	1
0.13	2	0.39	1	0.69	2	1.17	1
0.14	4	0.40	2	0.70	1	1.18	1
0.15	5	0.41	2	0.72	3	1.24	2
0.17	2	0.43	3	0.74	1	1.28	1
0.18	1	0.44	1	0.75	1	1.33	1
0.19	3	0.45	2	0.76	1	1.38	1
0.20	1	0.46	1	0.77	1	1.44	1
0.21	5	0.47	3	0.79	1	1.51	1
0.22	3	0.48	1	0.84	1	1.72	1
0.23	5	0.49	4	0.86	1	1.83	1
0.24	1	0.50	3	0.87	1	1.96	1

表 4-5 第 j 个区间中观测数据的比例

区间	观测数据数量	g_i	区间	观测数据数量	g_i
[0.0, 0.1)	49	0.2237	[0.3, 0.4)	18	0.0822
[0.1, 0.2)	35	0.1598	[0.4, 0.5)	19	0.0868
[0.2, 0.3)	30	0.1370	[0.5, 0.6)	18	0.0822

区间	观测数据数量	g_i	区间	观测数据数量	g_i
[0.6, 0.7)	11	0.0502	[1.3, 1.4)	2	0.0091
[0.7, 0.8)	9	0.0411	[1.4, 1.5)	1	0.0046
[0.8, 0.9)	5	0.0228	[1.5, 1.6)	1	0.0046
[0.9, 1.0)	5	0.0228	[1.6, 1.7)	0	0.0000
[1.0, 1.1)	5	0.0228	[1.7, 1.8)	1	0.0046
[1.1, 1.2)	5	0.0228	[1.8, 1.9)	1	0.0046
[1.2, 1.3)	3	0.0137	[1.9, 2.0]	1	0.0046

注：g_i 保留 4 位小数。

（4）根据表 4-5 给出函数 $h(x)$。

（5）将连续的区间在横轴上标出，将函数 $h(x)$ 的数值在纵轴上标出，画出图 4-3 所示的直方图。

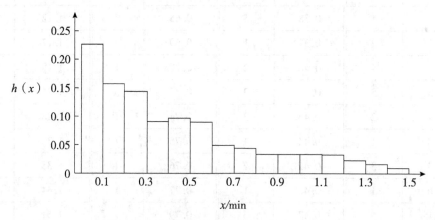

图 4-3　时间间隔的直方图（$\Delta b = 0.1\mathrm{min}$）

（6）将直方图与理论分布的概率密度函数曲线进行比较。回顾一下理论分布的概率密度函数曲线，不难发现，图 4-3 的包络线与指数分布的概率密度函数曲线接近。因此，可以认为顾客到达的时间间隔服从指数分布。

图 4-4 为分段区间宽度为 0.05min 的直方图。由于分段区间的宽度很小，图形波动比较大，因此不容易判断该图形与哪种理论分布的概率密度函数曲线吻合。分段区间宽度为 0.2min 的直方图如图 4-5 所示，区间比较宽，也不能很好地反映概率密度的变化。因此，在用直方图分析收集到的数据时，要注意选择适当的分段区间宽度。

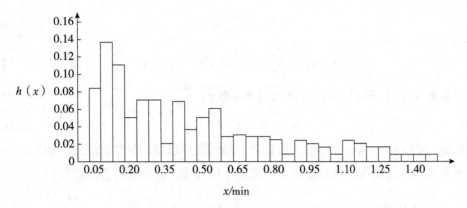

图4-4 时间间隔的直方图 ($\Delta b = 0.05\text{min}$)

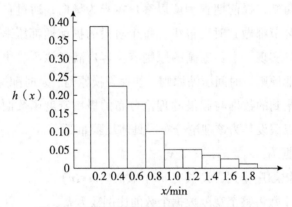

图4-5 时间间隔的直方图 ($\Delta b = 0.2\text{min}$)

（三）概率图法

直方图法的基本原理是将观测数据的直方图与理论分布的概率密度函数曲线进行比较，而概率图法的基本原理是将观测数据定义成一个实验分布函数，然后将它与理论分布函数进行比较后再进行假设。

二、离散分布类型的假设

离散型随机变量分布类型的假设有点估计法和线图法两类。

（一）点估计法

该点估计法与连续型随机变量的点估计法相同，同样是采用计算偏差系数的方法，寻找偏差系数相近的理论分布进行假设。

根据采集的数据，分别计算出随机变量的均值与方差：

$$\overline{x}_{(n)} = \sum_{i=1}^{n} x_i / n \tag{4-4}$$

$$S^2(n) = \sum_{i=1}^{n} \left[x_i - \overline{x}(n) \right]^2 / (n-1) \tag{4-5}$$

再根据 $\overline{x}(n)$ 和 $S^2(n)$ 估计出偏差系数 $\hat{\tau}$：

$$\hat{\tau} = \sqrt{S^2(n)} / \overline{x}(n) \tag{4-6}$$

用估计的 $\hat{\tau}$ 值与理论分布的 τ 值比较，相近则可以做出分布的假设。例如，当 $\hat{\tau} < 1$ 时，可假设随机变量为二项分布，若 $\hat{\tau}$ 接近 1 则可假设随机变量为泊松分布。

（二）线图法

由提前期构成可知，提前期管理应以客户需求为导向，通过自身系统的整体运作效率，在每个作业环节都做到时间最少，每个阶段的提前期都压缩到最短，则提前期管理的目标就很容易实现。主要遵循的原则有：客户满意原则、快速反应原则、流程柔性原则、高效作业原则、时间压缩原则、快速切换原则、及时配送原则。

线图法是把采集到的数据与假设的理论分布的概率密度函数曲线进行比较。如果找到相近的，则可以假设其为该理论分布。具体步骤如下。

（1）设观察数据为：x_1, x_2, …, x_n。

（2）将其按递增顺序排列，设共有 m 个取值（$m \leq n$）。

（3）x_i 的数据个数占整个观测数据个数的比例数为 h_i。

（4）以 x_i 作为自变量，以 h_i 的值为函数值，即 $h_i = f(x_i)$，$i = 1, 2, …, m$。

（5）由函数值 h_i 向相应的自变量 x_i 作垂线所得的图形称为线图（见图 4-6）。

（6）与假设的理论分布的概率密度函数曲线比较，确定随机变量的分布。

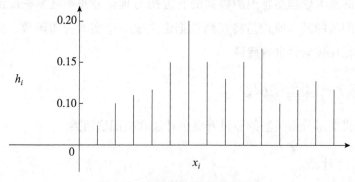

图 4-6　离散型随机变量的线图

进行系统仿真时，经常需要知道在某一固定时间段内所发生的事件的数目，如在 1h 内到达银行的顾客数目、在 1 天内配送中心接到的订单数目等。这类问题要用离散型随机变量来表述。例 4-2 中所要统计的车辆数目是一个离散型随机变量。

例 4-2 观测在上午 7：00—7：05 时间段内到达某十字路口西北拐角的车辆数目。每周观测 5 天，连续观测 20 周，在 5min 内到达拐角的车辆数目如表 4-6 所示。

（1）在 20 周内获得了 100 个观测结果，在 5min 内到达拐角的车辆数目共有 12 个数值，最小值为 0，最大值为 11。按照递增的顺序从 0 到 11 排列，如表 4-6 所示。

（2）统计出每个数值出现的频数，也列在表 4-6 中。计算出每个数值出现的频数占全部观测数据数目的比例 h_i。

表 4-6 在 5min 内到达拐角的车辆数目观测值

观测到的车辆数目（辆）	观测值出现的频数	h_i	观测到的车辆数目（辆）	观测值出现的频数	h_i
0	12	0.12	6	7	0.07
1	10	0.10	7	5	0.05
2	19	0.19	8	5	0.05
3	17	0.17	9	3	0.03
4	10	0.10	10	3	0.03
5	8	0.08	11	1	0.01

注：h_i 保留 2 位小数。

（3）定义函数 h_i。

（4）将观测值标记在横坐标轴上，把函数 h_i 标记在纵坐标轴上，作出线图，如图 4-7 所示。

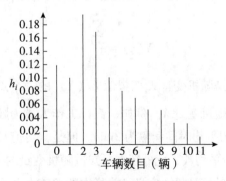

图 4-7 到达拐角车辆数目的线图

（5）将线图与理论分布概率密度函数曲线对比。由图 4-7 可知，其形状与泊松分布的概率密度函数曲线接近，可以得出结论，在 5min 内到达拐角的车辆数目服从泊松分布。在系统仿真中，也经常用泊松分布来表示一段时间内到达系统的顾客、工件、车辆等的数量。

知识链接

数据拟合软件

常用的数据拟合分析软件有：①DataFit；②StatFit；③SPSS；④Matlab；⑤Flexsim；⑥AutoMod。

第四节 参数的估计

用直方图或线图确定样本数据服从的理论分布之后，还要根据已经观察到的样本计算出理论分布的参数。如果可以确定理论分布的参数，就建立了输入参数的一个数学模型，可以用前面介绍的方法来生成随机变量的数值。

假设某随机变量的总体分布是 F，其参数是未知的，要用已经观测到的部分样本计算全部样本总体分布 F 的参数真值，这样的统计推断问题的方法被称为估计。在数理统计学中有许多参数估计的方法。如果用统计方法得出的结果是关于参数真值的一个点则称为点估计；如果给出的是参数真值存在的一个区间，则称为区间估计。

点估计最常用的统计量是样本均值。如果随机变量 X 有 n 个样本 X_1，X_2，$\cdots$，X_n，那么 n 个样本均值记为 $\bar{X}(n)$。按照下面的公式可以计算出样本均值：

$$\bar{X}(n) = \frac{\sum_{i=1}^{n} X_i}{n} \tag{4-7}$$

样本均值 $\bar{X}(n)$ 就是随机变量 X 期望值 $E(X)$ 的一个点估计。在很多情况下可以用均值 $\bar{X}(n)$ 来代表随机变量 X。例如，银行工作人员为顾客提供服务的平均时间为1min、地铁列车到达的平均时间间隔为3min。但是，均值只刻画了随机变量的一个特征，即随机变量取值的平均数，此外还需要知道随机变量的分散度有多大。样本的方差就是代表这种分散程度的统计量。定义 S 为样本的偏差，$S^2(n)$ 为样本的方差。样本方差的计算公式为：

$$S^2(n) = \frac{\sum_{i=1}^{n} X_i^2 - n\bar{X}(n)^2}{n-1} \tag{4-8}$$

样本方差越大，说明样本与均值的偏离越大，即样本数值的分散性越大；反之，样本方差越小，说明样本数值的集中程度越高。统计变量的含义如表 4-7 所示。理论分布的参数及其估计值如表 4-8 所示。

表 4-7　　　　　　　　　　　　统计变量的含义

函数	样本统计值	含义
均值 μ	$\overline{X}(n)$	随机变量趋向性的指标
方差 σ^2	$S^2(n)$	随机变量分散性的指标
偏移度 $v = \dfrac{E\left[(X-\mu)^3\right]}{(\sigma^2)^{3/2}}$	$\hat{v}(n) = \dfrac{\sum\limits_{i=1}^{n}\left[X_i-\overline{X}(n)\right]^3/n}{\left[S^2(n)\right]^{3/2}}$	随机变量对称性的指标

表 4-8　　　　　　　　　　　　理论分布的参数及其估计值

分布类型	参数	参数估计值
泊松分布	λ	$\hat{\lambda} = \overline{X}$
指数分布	λ	$\hat{\lambda} = \dfrac{1}{\overline{X}}$
$(0,b)$ 均匀分布	b	$b = \dfrac{n+1}{n}X_{max}$
正态分布	μ, σ^2	$\hat{\mu} = \overline{X},\ \hat{\sigma}^2 = S^2$

例 4-3　根据分布辨识的结果知例 4-1 的数据服从指数分布，计算该指数分布的参数。

用式（4-7）计算样本均值：

$$\overline{X}(219) = \frac{\sum\limits_{i=1}^{219} X_i}{219} \approx 0.399$$

根据表 4-8 给出的说明，指数分布参数 λ 的估计值 $\hat{\lambda} = \dfrac{1}{\overline{X}(219)} \approx 2.506$。用式（4-8）计算样本方差：

$$S^2(219) = \frac{\sum\limits_{i=1}^{219} X_i^2 - 219\overline{X}(219)^2}{218} \approx 0.1446$$

例 4-4　根据分布辨识的结果知例 4-2 的数据服从泊松分布，计算该泊松分布的参数。

这里用一种变化的形式计算样本均值。在建立线图时，统计出了每个数值出现的频数以及占全部样本数目的比例 h_i，可以用以下数值出现的比例计算样本均值：

$$\overline{X}(100) = \sum_{i=1}^{k} h_i X_i = 3.64$$

样本方差为：

$$S^2(100) = \frac{\sum_{i=1}^{n} X_i^2 - n\overline{X}(100)^2}{n-1} = \frac{2080 - 100 \times (3.64)^2}{99} \approx 7.63$$

车辆到达数目服从泊松分布，其参数的估计值为 $\hat{\lambda} = 3.64$。

✂ 课程思政

试着对本节知识从认识论、实践论和方法论角度加以总结。

认识上，基于"对生成/得到的结果加以检验"的认识，深刻理解本章得到的分布假设和参数做拟合优度检验的意义。

实践上，在接下来第五节的内容中，同样用到了随机数的均匀性性能测试方法，由此了解到这些方法的选用会根据实践需要来确定。

方法上，本章从数据采集、处理、使用等方面介绍了输入数据模型的构建方法，此外，还需要深入理解并掌握检验方法，如经验测试和理论测试等方法。

第五节　拟合优度检验

由观测数据假设了其分布的类型并估计出其参数以后，一般需要检验该分布与这些观测数据的吻合程度，即进行拟合优度检验。本节主要介绍两种常用的拟合优度检验方法：χ^2 测试和 K-S 测试。

一、χ^2 测试

χ^2 测试可以说是最早提出的拟合优度测试方法。χ^2 测试检验以下两个假设是否成立：

H_0：随机变量 X 满足假定的分布

H_1：随机变量 X 不满足假定的分布

如果 H_0 假设被接受，那么被检验的随机变量就满足所假定的分布；如果 H_0 假设被拒绝，则被检验的随机变量不满足所假定的分布。

将 n 个观测样本按数值大小分到 k 个相邻区间 $[a_{j-1}, a_j)$（$j = 1, 2, \cdots, k$）中，按照以下公式计算 χ^2 统计量，则：

$$\chi_0^2 = \sum_{j=1}^{k} \frac{(N_j - np_j)^2}{np_j} \tag{4-9}$$

式中，N_j 为在第 j 个区间中的观测样本数，p_j 为按照假设的分布确定的样本在该区间中出现的概率。

对于连续型随机变量，$p_j = \int_{a_{j-1}}^{a_j} \hat{f}(x) dx$；对于离散型随机变量，$p_j = \sum_{a_{j-1} \leq x_i \leq a_j} \hat{p}(x_i)$。$\hat{f}(x)$ 是所假设的分布的概率密度函数；$\hat{p}(x_i)$ 是所假设的分布的概率质量函数。

χ_0^2 服从 $k-s-1$ 自由度的 χ^2 分布，其中 k 为所划分区间的数目，s 为假定的分布的参数数目。如果 $\chi_0^2 > \chi_{\alpha,k-s-1}^2$，则 H_0 假设被拒绝。α 是显著水平，相应的 $(1-\alpha) \times 100\%$ 就是置信度。

不要求 k 个相邻区间的宽度都相等。对于离散型随机变量，区间的数量由观测样本的取值数目确定；对于连续型随机变量，区间数目采用表 4-9 中的推荐值。

表 4-9　　　　　　　　　　连续型随机变量的区间数目推荐值

样本总数 n	区间数目 k	样本总数 n	区间数目 k
20	不使用 χ^2 测试	100	10~20
50	5~10	>100	$\sqrt{n} \sim n/5$

例 4-5 根据例 4-2 和例 4-4，在 5min 内到达拐角的车辆数目被假设为服从泊松分布，通过参数拟合得到 $\hat{\lambda} = 3.64$。在显著水平 $\alpha = 0.05$ 时，用 χ^2 测试检验在 5min 内到达拐角的车辆数目是否服从所假设的泊松分布。

泊松分布的概率密度函数为：

$$p(x) = \begin{cases} \dfrac{e^{-3.64} 3.64^x}{x!} & x = 0, 1, 2, \cdots, n \\ 0 & 其他 \end{cases}$$

表 4-10 是按照泊松分布的概率密度函数计算出的整数 x 取值 0~11 时的概率质量。

表 4-10　　　　　　　　　　泊松分布的概率质量

$P(0) = 0.026$	$P(4) = 0.192$	$P(8) = 0.020$
$P(1) = 0.096$	$P(5) = 0.140$	$P(9) = 0.008$
$P(2) = 0.174$	$P(6) = 0.085$	$P(10) = 0.003$
$P(3) = 0.211$	$P(7) = 0.044$	$P(11) = 0.001$

将总共 100 个样本值分为 7 个相邻的区间，然后根据泊松分布的概率质量计算出如果满足所假定的泊松分布，在每个取值区间内应该出现的样本数目 np_i。p_i 为所假定的

泊松分布取第 i 个区间中的数值的概率质量，n 为全部样本的数目。检测统计量的计算过程在表 4-11 中列出。

表 4-11　　　　　　　　　　　　检测统计量的计算过程

X_i	观测到的数目	预计的数目 np_i	$\dfrac{(N_i - np_i)^2}{np_i}$
0，1	22	12.2	7.87
2	19	17.4	0.15
3	17	21.1	0.80
4	10	19.2	4.41
5	8	14.0	2.57
6	7	8.5	0.26
7，8，9，10，11	17	7.6	11.62

注：np_i 保留 1 位小数，$\dfrac{(N_i - np_i)^2}{np_i}$ 保留 2 位小数。

统计量 $\chi_0^2 = \sum\limits_{j=1}^{7} \dfrac{(N_j - np_j)^2}{np_j} = 27.68$，显著水平 $\alpha = 0.05$。泊松分布有 1 个参数，则 χ^2 分布的自由度为：

$$k - s - 1 = 7 - 1 - 1 = 5$$

查表可得关键值 $\chi_{0.05,5}^2 = 11.1$。因此，在显著水平取 $\alpha = 0.05$ 时，H_0 假设被拒绝，即样本数据不服从所假定的泊松分布。

二、柯尔莫哥洛夫—斯米尔洛夫测试（K-S 测试）

χ^2 测试的困难是：采用 χ^2 测试需要确定分段区间，如何确定分段区间没有严格的规则，区间数目对统计量有比较大的影响。对于同一组样本，在选择某个区间数目时，可能会得到样本不服从所假设分布的结论；而选择另外的区间数目，则可能得出样本服从所假设分布的结论。另外，当样本数量比较少的时候，不能采用 χ^2 测试。K-S 测试的基本原理是把经验分布函数与所假设的分布函数做比较。使用 K-S 测试不用确定分段区间，对样本数量也没有限制。

假设观测到一组样本 X_1，X_2，$\cdots$，X_n，进行 K-S 测试的步骤如下。

（1）定义样本经验的经验分布函数 $F_n(x)$，即：

$$F_n(x) = \frac{number\ of\ X_i's \leq x}{n} \tag{4-10}$$

$F_n(x)$ 是数值小于等于 x 的观测样本占全部样本数目的比例。

（2）计算 K-S 统计量 D_n。D_n 是经验分布函数 $F_n(x)$ 与所假设的分布函数 $\hat{F}(x)$ 的最大偏差绝对值。将观测值按照递增的顺序排列 $X_1 \leqslant X_2 \leqslant L \leqslant X_n$，分别计算：

$$D_n^+ = \max_{1 \leqslant i \leqslant n} \left\{ \frac{i}{n} - \hat{F}(X_i) \right\} \tag{4-11}$$

$$D_n^- = \max_{1 \leqslant i \leqslant n} \left\{ \hat{F}(X_i) - \frac{i-1}{n} \right\} \tag{4-12}$$

则 $D_n = \max\{\,|D_n^+|\,,\ |D_N^-|\,\}$。统计量 D_n 的值越大，经验分布函数与所假设的分布函数的偏差就越大。

（3）判断样本是否服从所假设的分布。将统计量与一定显著水平下的关键值 $d_{n,\alpha}$ 比较，如果 $D_n \leqslant d_{n,\alpha}$，则 H_0 假设被接受，样本服从所假设的分布；否则，H_0 假设被拒绝，样本不服从假设的分布。

例 4-6 在 100min 时间内观测到顾客到达的时间间隔共 50 个，按照顾客到达的先后顺序，时间间隔如下（单位为 min）：

0.44，0.53，2.04，2.74，2.00，0.30，3.06，0.36，1.66，1.89，
1.53，0.21，2.80，0.04，1.35，8.32，2.34，1.95，0.10，1.42，
0.45，0.08，1.09，0.76，5.54，3.94，1.02，2.31，2.88，0.67，
1.12，0.26，4.57，5.37，0.12，3.19，1.63，1.46，1.08，2.06，
0.85，0.83，2.44，1.02，2.24，2.11，3.15，2.90，6.58，0.64

用 K-S 测试检验时间间隔是否满足指数分布。

顾客到达的时间间隔是在（0，100）时间区间上收集到的，如果时间间隔服从指数分布，那么顾客到达时间在（0，100）时间区间上是均匀分布的。本例为方便起见，把顾客到达时间归一化到（0，1）区间上。归一化后的到达时间如下：

0.0044，0.0097，0.0301，0.0575，0.0775，0.0805，0.1111，0.1147，
0.1313，0.1502，0.1655，0.1676，0.1956，0.1960，0.2095，0.2927，
0.3161，0.3356，0.3366，0.3508，0.3553，0.3561，0.3670，0.3746，
0.4300，0.4694，0.4796，0.5027，0.5315，0.5382，0.5494，0.5520，
0.5977，0.6514，0.6526，0.6845，0.7008，0.7154，0.7262，0.7468，
0.7553，0.7636，0.7880，0.7982，0.8206，0.8417，0.8732，0.9022，
0.9680，0.9744

经验分布函数与（0，1）均匀分布偏差的计算过程（D_n^+ 和 D_n^- 的计算过程）列在表 4-12 中。从表 4-12 中可以得到 $D_n^+ = 0.1054$，$D_n^- = 0.0080$，所以 K-S 统计量 $D_n =$

0.1054。统计量 D_n 关键值可以查表得到，取显著水平 $\alpha = 0.05$，当 $n = 50$ 时，

$$d_{50,0.05} = \frac{1.36}{\sqrt{n}} = \frac{1.36}{\sqrt{50}} \approx 0.1923$$

统计量 D_n 比关键值小，所以检验结果表明时间间隔服从指数分布。

表 4-12 　　　　　　　　D_n^+ 和 D_n^- 的计算过程

D_n^+	D_n^-	D_n^+	D_n^-	D_n^+	D_n^-	D_n^+	D_n^-	D_n^+	D_n^-
0.0156	0.0044	0.0545	−0.0345	0.0647	−0.0447	0.0706	−0.0506	0.0647	−0.0447
0.0303	−0.0103	0.0724	−0.0524	0.0839	−0.0639	0.0880	−0.0680	0.0764	−0.0564
0.0299	−0.0099	0.0644	−0.0444	0.0930	−0.0730	0.0623	−0.0423	0.0720	−0.0520
0.0225	−0.0025	0.0840	−0.0640	0.1054	−0.0854	0.0286	−0.0086	0.0818	−0.0618
0.0225	−0.0025	0.0905	−0.0705	0.0700	−0.0500	0.0474	−0.0274	0.0794	−0.0594
0.0395	−0.0195	0.0273	−0.0073	0.0506	−0.0306	0.0355	−0.0155	0.0783	−0.0583
0.0289	−0.0089	0.0239	−0.0039	0.0604	−0.0404	0.0392	−0.0192	0.0668	−0.0468
0.0453	−0.0253	0.0244	−0.0044	0.0573	−0.0373	0.0446	−0.0246	0.0578	−0.0378
0.0487	−0.0287	0.0434	−0.0234	0.0485	−0.0285	0.0538	−0.0338	0.0120	0.0080
0.0498	−0.0298	0.0492	−0.0292	0.0618	−0.0418	0.0532	−0.0332	0.0256	−0.0056

 专业术语

1. 输入数据模型（Model of Input Data）

2. 历史/原始数据（Historic/Raw Data）

3. 经验分布（Empirical Distribution）

4. 理论分布（Theoretical Distribution）

5. 三角形分布（Triangle Distribution）

6. 均值（Mean Value）

7. 方差（Variance）

8. 协方差（Covariance）

9. 偏移度（Offset）

10. 点估计法（Point Estimation Method）

11. 直方图法（Histogram Method）

12. 线图法（Line Graph Method）

13. 参数估计（Parameter Estimation）

14. 拟合优度（Goodness of Fit）

【基础练习】

一、判断题

1. 点估计法中，偏差系数是均值与均方差的比。（　　）

2. 在对连续型随机变量分布类型进行假设时，常用的分布有指数分布、均匀分布、泊松分布、正态分布等。（　　）

3. 直方图法中，在确定分布类型时先不用考虑曲线的位置和比例，仅对形状进行比较。（　　）

4. 概率图法的基本原理是将观测数据定义成一个实验分布函数，然后将它与理论分布函数进行比较后再进行假设。（　　）

二、单项选择题

1. 参数估计中，反映随机变量对称性的指标是（　　）。

A. 均值　　　　　　B. 方差　　　　　　C. 协方差　　　　　　D. 偏移度

2. 连续型随机变量分布的偏差系数 $\hat{\tau}$ 的取值接近 1，则该随机变量服从（　　）。

A. 指数分布　　　　B. 泊松分布　　　　C. 二项分布　　　　D. 均匀分布

三、多项选择题

1. 点估计最常用的统计量是（　　）。

A. 样本均值　　　　B. 方差　　　　　　C. 协方差　　　　　　D. 偏差系数

2. 常用的拟合优度检验方法有（　　）。

A. χ^2 测试　　　　B. 相似时间法　　　C. K-S 测试　　　　D. 以上都不是

四、思考题

1. 仿真系统输入和控制系统输入的区别在哪里？

2. 一般来讲，要得到一个正确的输入数据的分布模型需要经过哪几个步骤？

3. 确定输入数据的分布模型的第一步是数据的收集与处理，那么收集数据时的注意事项有哪些？

4. 在进行系统仿真时，收集输入数据的方法主要有哪些？

5. 在收集到系统输入数据后，可以采用哪些方法来建立输入数据的模型？优缺点分别是什么？

6. 阐述直方图法的基本原理，说明区间宽度 Δb 对直方图的拟合曲线的影响。

7. 阐述线图法的主要步骤。

【知识应用】

1. 观察某库存系统每天发送零件的数量，共观察 87 天。每天发送的零件数目及零件数目对应的发送天数，如表 4-13 所示。

表 4-13　　　　每天发送的零件数目及零件数目对应的发送天数

零件数目（个）	1	2	3	4	5	6	7	8	9	10	11	12
发送天数（天）	2	4	6	10	12	18	10	10	10	2	1	2

（1）用直方图法和点估计法确定该库存系统零件发送的分布。

（2）用 X^2 测试在近似水平 $\alpha=0.05$ 下，检验所确定分布的拟合优度。

2. 机场班车从市区的 A 地出发到机场，司机记录下每天上午 8 点出发班车的运行时间，在表 4-14 中列出了总共 50 个记录数据（时间单位为 min）。

表 4-14　　　　　　　　　记录数据一览

92.3	92.8	106.8	108.9	106.6	115.2	94.8	106.4	110.1	90.9
104.6	88.3	86	97.2	88.9	114.1	93.1	88.9	81.7	98.9
97.2	72.1	97.4	102.1	117.3	99.9	101.1	99.1	121	103.3
80.7	107.8	103.2	78.5	73.2	110	99.7	121.1	101.7	71.8
111.7	101.5	95.7	111.2	89.9	102.2	113.1	75.5	114.9	115.6

（1）建立 8 点出发班车的运行时间模型。

（2）检验该模型的拟合优度。

【软件实践】

学习并完成第九章第二节、第九章第三节实验。

第五章 系统仿真策略

知识目标

1. 熟悉事件调度法的步骤。

2. 掌握活动扫描法的关键点与步骤。

3. 了解进程交互法的关键点与步骤。

4. 掌握分别从事件、活动和进程来实现仿真的区别。

技术目标

1. 清楚实现离散事件系统仿真的主要步骤。

2. 掌握用多种方式描述算法流程的方法。

3. 辨别从不同角度完成仿真过程的差异。

职业能力目标

1. 提升面对实际问题时发现关键点的能力。

2. 锻炼从多个角度思考某一问题的能力。

3. 培养积极思考让机器更快、更好支撑物流工作的意识。

➕ 物流聚焦

银行离散事件系统仿真案例

某银行只有一个服务台为顾客提供服务，顾客随机地以 1~8min 的间隔到达，到达时间间隔等概率出现。顾客到达后若服务台空闲则接受服务，否则排入队列等待，直到最后得到服务并离开，排队规则是先入先出（FIFO）。服务时间为 1~6min，也是等概率出现。假定顾客到达时间间隔及服务时间取整数值。要求对该系统进行 10 个顾客的仿真，并给出其运行情况的评价，如顾客平均等待时间、服务台的忙闲程度等。表 5-1 所示为基本数据。

表 5-1　　　　　　　　　　　　　　　　　基本数据

顾客	1	2	3	4	5	6	7	8	9	10
到达时间间隔（min）	—	8	6	1	8	3	8	7	2	3
服务时间（min）	4	1	4	3	2	4	5	4	5	3

手动仿真的关键是计算仿真（见表 5-2），根据需要处理的相关问题而设计。第一个顾客在 0min 时到达，立即开始接受服务，并在 4min 后结束其服务，该顾客在系统中停留 4min，第二个顾客在第 8min 到达，并能立即开始接受服务，此前服务台空闲 4min，同理可知第 3 个顾客、第 4 个顾客的到达时间，第 4 个顾客到达时服务台正在为第 3 个顾客服务，它需要等待 3min，并在第 18min 结束时接受服务，这个过程可以继续进行下去，直到 10 个顾客全部处理完毕。

表 5-2　　　　　　　　　　　　　　　　　计算仿真

顾客	到达时间间隔（min）	到达时刻	服务时间（min）	服务开始时刻	服务结束时刻	顾客在系统中的逗留时间（min）	顾客在队列中的等待时间（min）	服务台空闲时间（min）
1	—	0	4	0	4	4	0	0
2	8	8	1	8	9	1	0	4
3	6	14	4	14	18	4	0	5
4	1	15	3	18	21	6	3	0
5	8	23	2	23	25	2	0	2
6	3	26	4	26	30	4	0	1
7	8	34	5	34	39	5	0	4
8	7	41	4	41	45	4	0	2
9	2	43	5	45	50	7	2	0
10	3	46	3	50	53	7	4	0
合计						44	9	18

离散事件系统仿真评价指标：

顾客在系统中平均逗留时间 = 顾客在系统中总的逗留时间/顾客总数 = 44/10 = 4.4（min）；

服务台空闲概率 = 服务员总空闲时间/仿真运行时间 × 100% =（18/53）× 100% = 34%；

顾客在队列中的平均等待时间 = 顾客在队列中总的等待时间/顾客总数 = 9/10 = 0.9（min）；

顾客需要等待的概率＝等待的顾客数/顾客总数×100%＝（3/10）×100%＝30%；

需要等待的顾客的平均等待时间＝顾客在队列中总的等待时间/等待的顾客数＝9/3＝3（min）。

仿真结果表明，系统的功能是很好的，只有30%的顾客需要等待，平均等待的时间为0.9min，大约34%的时间服务台是空闲的。

系统仿真是系统运行的快速拍照，是系统运行过程的真实再现。然而，在复杂系统中每一时刻都有若干事件发生，有多个系统状态变量在变化，那么如何推进仿真钟，使仿真能完整、准确地记录这一复杂过程呢？本章将解决这个问题。

仿真策略是确定仿真钟推进策略的控制方法，是仿真控制的核心。目前最常用的仿真策略有事件调度法、活动扫描法和进程交互法。

事件调度法是面向事件的，它记录事件发生的过程，处理每个事件发生时系统状态变化的结果。例如工件到达加工机床时，如果等待则发生排队长度增加，如果加工则发生机床状态由闲变忙等系统状态变化。

活动扫描法是面向活动的，它记录每个活动开始与终止的时间，从而记录实体从一种状态变为另一种状态的过程。例如料箱放入立体仓库某一货位，则该货位状态由"空闲"变为"占用"，当该料箱从货位取出，则该货位状态由"占用"变为"空闲"，而料箱占用货位的整个过程为"储存"活动。

进程交互法是面向进程的，它记录每个进程推进的过程。由于各个进程是并行的，为了便于计算机处理，进程交互法采用交叉推进的方法推进每个进程，最终完成全部进程的推进，即完成系统的全部运行过程。

离散事件系统的仿真时间需要自行管理，仿真钟的推进是算法的关键。仿真运行时，算法每次在某个时刻会处理某（些）事件、活动或所有进程，恰如系统运行的快速拍照，对某一时间截面（时刻）的一般场景（运行过程）的设计是算法的重要内容之一，整个仿真运行过程犹如放电影，形成系统运行过程的真实再现。

第一节　事件调度法

一、事件调度法概述

离散事件系统的一个基本概念是事件，事件的发生引起系统状态的变化。事件调度法以事件为分析系统的基本单元，通过定义事件及每个事件发生对系统状态的影响，按时间顺序确定并执行每个事件发生时有关的逻辑关系并策划新的事件来驱动模型的运行，这就是事件调度法的基本思想。

　　事件调度法的仿真钟采用变步长的推进方法。每推进一次仿真钟，就对该事件发生所引起的系统状态变化进行处理和记录。事件调度法的基本部件包括事件列表、时间控制子程序和事件处理子程序。事件列表按时间的顺序存放所发生的事件及这些事件的相关属性。时间控制程序根据事件发生的间隔推进仿真钟。事件处理子程序处理每种事件发生时系统状态所发生的变化。事件调度法的程序框图如图5-1所示。

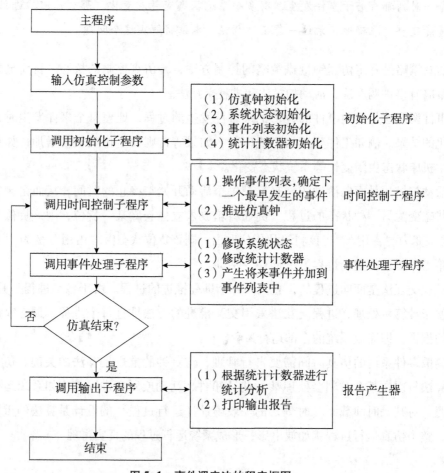

图 5-1　事件调度法的程序框图一

在事件调度法中需要定义一些参数，用于描述实体、属性和系统状态。

1. 成分集合

成分集合定义为 $C = \{a_1, a_2, \cdots, a_n\}$，可分为主动成分和被动成分。

主动成分：$C_A = \{a_1, a_2, \cdots, a_m\}$。

被动成分：$C_P = \{a_{m+1}, a_{m+2}, \cdots, a_n\}$。

2. 用来描述每个主动成分 $a \in C_A$ 的变量

a 的状态 s_a，值域 S_a；下一时刻的时间变量 t_a。

3. 描述每个被动成分 $a \in C_P$ 的变量

a 的状态 s_p，值域 S_p。

4. 描述所有成分属性的变量

参数集合 $p = \{p_1, p_2, \cdots, p_r\}$。

另外，还需要描述各成分之间的关系、事件处理流程、成分状态变化、处理优先级及解结规则等。

二、事件调度法的步骤

事件调度法的仿真过程如下。

（1）初始化。设置仿真的开始时间 t_0 和结束时间 t_f，设置各实体、统计计数器的初始状态，事件列表初始化。

（2）设置仿真时钟 $TIME = t_0$。

（3）如果 $TIME \geq t_f$，转至第（4）步，否则执行：

操作事件列表，取出发生时间最早的事件 E，$i = 1, 2, \cdots, n$；

将仿真时间推进到此事件的发生时间，即 $TIME = t_E$；

{Case 根据事件 E 的类型：

  $E \in E_1$：执行 E_1 的事件处理模块；

  $E \in E_2$：执行 E_2 的事件处理模块；

  ……

  $E \in E_n$：执行 E_n 的事件处理模块。

 End case}；

更新系统状态，策划新的事件，修改事件列表；重复执行第（3）步。

（4）仿真结束。事件调度法第（3）步体现出仿真钟的推进机制，即将仿真钟推进到下一个最早事件的发生时刻，就是下次事件推进机制。

三、事件列表的处理

复杂系统运行中事件列表规模巨大，如果采用传统的处理方式，每处理完一个事件要将事件列表中的所有项向上平移一行。这样的处理显然需要占用时间。为了提高处理效率，采用链表法是可取的。图 5-2 描述了用链表法对事件列表存储和操作的过程。

图 5-2（a）表示在事件列表中已有 3 个未来事件，事件发生时间分别为 10、15 和 25，占用了链表中的链节 2、3 和 1，另有链节 4、5 未被使用；图 5-2（b）表示又产

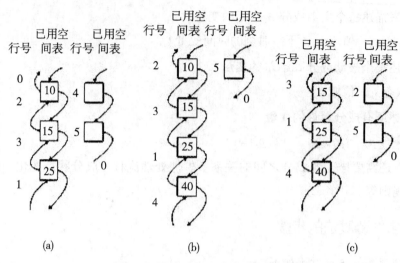

图 5-2　链表法处理事件表的原理

生了一个新的未来事件，事件发生时间为 40，占用链节 4，还剩链节 5 未被使用；图 5-2（c）表示发生时间为 10 的未来事件被移出事件列表，释放链节 2。

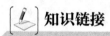 知识链接

GPSS 语言

这是一种离散事件系统仿真语言，又称通用系统模拟语言，英文缩写为 GPSS。GPSS 语言是面向框图的进程型语言，已在离散事件系统仿真中得到广泛应用。在交通、能源、通信、计算机网络、系统设计、计划调度、财政金融等方面常借助 GPSS 语言进行决策分析。GPSS 语言简单易学，功能很强。即使没有程序设计经验的用户也能选用各种模块组成框图，对于复杂系统的仿真所用程序也很短，并有大量的应用范例可供参考。

第二节　活动扫描法

一、活动扫描法概述

活动扫描法以活动为分析系统的基本单元，认为仿真系统在运行的每个时刻都由若干活动构成，每个活动对应一个活动处理模块。活动与实体有关，主动实体可以主

动产生活动，如单机器加工系统中的工件，它的到达产生排队活动或加工活动；被动实体本身不能产生活动，只有在主动实体的作用下才产生状态变化，如单机器加工系统中的机器。

活动的激发与终止都是由事件引起的，活动周期图中的活动都可以由开始和结束两个事件表示，每个事件都有相应的活动处理。处理中的操作能否进行取决于一定的测试条件，该条件一般与时间和系统的状态有关，而且时间条件优先考虑。确定事件的发生时间事先可以确定，因此其活动处理的测试条件只与时间有关；条件事件活动处理的测试条件与系统状态有关。一个实体可以有几个活动处理，协同活动的处理只归属于参与的一个实体（一般为永久实体）。在活动扫描法中，除了系统仿真钟外，每个实体都带有标志自身时钟值的成分仿真钟（也称时间元），成分仿真钟的取值由所属实体的下一确定事件刷新。由此可知，活动扫描法建立在系统仿真钟、成分仿真钟和条件测试模块基础之上。

1. 系统仿真钟

与事件调度法一样，活动扫描法也需要设置一个系统仿真钟 $TIME$，用以标识系统全局仿真的进程时刻。

2. 成分仿真钟

这里的成分是指系统模型中的临时实体，其在仿真模型中会分别取不同的名称，成分仿真钟用来标识每个成分活动发生的时刻。由于成分的进程包含若干活动，因此它是一个变量。在仿真的每一时刻，成分仿真钟 t_a 与系统仿真钟 $TIME$ 的关系有三种。

（1）当 $t_a > TIME$ 时，成分的集合为 $FUTURE$（S），即 $FUTURE$（S）$= \{a \mid t_a > TIME\}$。

（2）当 $t_a = TIME$ 时，成分的集合为 $PRESENT$（S），即 $PRESENT$（S）$= \{a \mid t_a = TIME\}$。

（3）当 $t_a < TIME$ 时，成分的集合为 $PAST$（S），即 $PAST$（S）$= \{a \mid t_a < TIME\}$。

成分仿真钟的取值方法通常有两种。绝对时间法将成分仿真钟的时钟值设定在相应实体的确定事件发生时刻；如果将成分仿真钟的时钟值设定在相应实体确定事件发生的时间间隔上，则为相对时间法。

3. 条件测试模块

条件测试模块是对每一仿真钟时刻的成分活动是否可以开始或结束进行测试的模块，用 D_a（S）表示。当活动可以开始或结束时，定义为 D_a（S）= true；若 D_a（S）= false 则表示活动不能开始或结束。

4. 活动处理子程序

活动处理子程序用来处理活动发生时（主要是开始或结束）状态变量的变化，并将变化的结果输出到统计模块中。

活动扫描法的基本思想是用各个实体成分仿真钟的最小值推进仿真钟，将仿真钟推进到一个新的时刻，按优先顺序执行可激活实体的活动处理，使测试通过的事件得以发生，改变系统的状态并安排相关确定事件的发生时间。因此，与事件调度法中的事件处理子程序相当，活动处理是活动扫描法的基本处理单元。

 知识链接

仿真效率与仿真精度

仿真效率是指对同一系统在同样一段时间的行为进行一次仿真时，所耗费计算机时间的多少。费时少则效率高，费时多则效率低。

仿真精度是指仿真结果与实际系统行为结果（实际结果）的接近程度。仿真结果与实际结果越接近，仿真精度越高。

二、活动扫描法的步骤

活动扫描法的仿真过程如下。

（1）初始化操作，分为以下几步。

仿真钟初始化：$TIME = T_0$。

设置初始时间 $t = t_0$，结束时间 $t_\infty = t_e$。

设置主动成分的仿真钟：$t_0(i)$，$i = 1, 2, \cdots, n$。

成分状态初始化：$S = ((S_{a1}, t_{a1}), (S_{a2}, t_{a2}), \cdots, (S_{an}, t_{an}))$。

（2）设置条件测试模块，并将满足下列条件的成分置于可激活成分集合中：

$$a \in PRESENT(S) \cup PAST(S)$$

$$D_a(S) = \text{true}$$

即：

$$ACTIVABLE(S) = \{a \mid a \in PRESENT(S) \cup PAST(S), D_a(S) = \text{true}\} \tag{5-1}$$

（3）逐一处理可激活成分中的活动，直至可激活成分集合中的活动全部被处理完。

（4）将系统仿真钟推进到下一最早发生的活动时刻，即：

$$TIME = \min(t_a \mid a \in FUTURE(S))$$

上述过程用程序流程表示为：

初始化时间和成分状态；

设置系统仿真钟 $TIME = t_0$；

while （$TIME \leq T_\infty$） 则执行扫描

    for j = 最高优先级数到最低优先级数

      将优先设数为 j 的成分设置成 i

      if $t_a(i) \leq TIME$ and $D_a(S)$ = true

        执行活动处理子程序 i

        退出，重新扫描

    end for

    $TIME = \min\left(t_a \mid a \in FUTURE(S)\right)$

end while

图 5-3 为活动扫描法的程序框图。

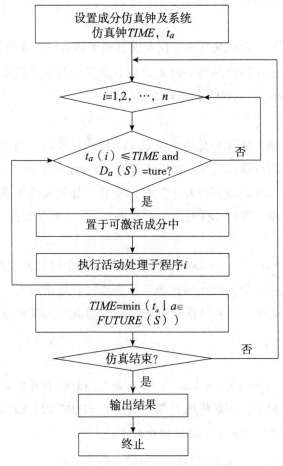

图 5-3 活动扫描法的程序框图

第三节　进程交互法

事件调度法和活动扫描法的基本模型单元是事件处理与活动处理，这些处理都是针对事件而建立的，且在策略中各个处理是独立存在的。进程交互法的基本模型单元是进程，它是针对某类实体（通常为临时实体）的生命周期而建立的，因此一个进程中要处理实体流动过程中发生的所有事件，包括确定事件和条件事件。

一、进程交互法的设置

1. 系统仿真钟

和事件调度法与活动扫描法一样，进程交互法也需要设置一个系统仿真钟 $TIME$，用以标识仿真全局的进程时刻。

2. 成分仿真钟

与活动扫描法相同，进程交互法不仅要设置系统仿真钟，还要设置成分仿真钟 t_a。t_a 是成分 a 的仿真钟。在仿真的每一时刻，成分仿真钟与系统仿真钟的关系也可以归结为三种，即 $t_a > TIME$、$t_a < TIME$ 和 $t_a = TIME$。

3. 条件测试模块

与活动扫描法类似，进程交互法也设置了条件测试模块，当系统仿真钟推进到某时刻时，对每一事件进行条件判断。如果该事件发生的条件已满足，即 $D_a(S) = \text{true}$，则对该事件进行处理，并记录事件发生的状态变化。如果条件不满足，则不对该事件进行处理，该事件仍留在当前事件列表中，等待下一次仿真钟推进时再进行条件判断。

4. 将来事件列表

将来事件列表（Future Event List，FEL）是将来某个时刻发生的事件的事件记录。所谓事件记录是指该事件全部属性的记录。当仿真钟开始推进时，将所有成分的事件记录放到将来事件列表中。仿真钟推进过程中逐渐将其中的某些成分事件移到当前事件列表中。

5. 当前事件表

当前事件列表（Current Event List，CEL）是当前时间点开始有条件执行的事件记录。在仿真钟推进过程中，不断将所有条件满足 $t_a = TIME$ 和 $t_a < TIME$ 的成分事件从将来事件列表移到当前事件列表中，然后依次处理。

6. 进程表

将时间与活动按时间顺序进行组合，一个成分一旦进入进程，在条件允许的情况下，它将完成该进程的全部过程。这种处理方法有别于活动扫描法。活动扫描法是每推进系统仿真钟一步，对所有的活动进行扫描，对每个条件满足的活动仅进行一次处理，因此所有进程的推进是步步为营的；而进程交互法的各进程推进则是交替进行的，进程结束的时间将参差不齐。这种推进法符合思维逻辑，但是需要特别注意记录每个由于条件暂时不满足而必须暂停推进的进程断点，以便在后续的仿真时刻对其进行处理。当系统复杂、进程较多时，进程断点的记录将十分复杂。

二、进程交互法的步骤

1. 基本步骤

（1）初始化，包括：时间初始化；事件表初始化：设置初始化事件并置于 FEL 中，将 FEL 中有关事件记录置于 CEL；成分状态初始化；系统仿真钟初始化，令 $TIME=t_0$。

（2）扫描 CEL，依次测试成分事件是否满足执行条件。如果成分事件满足执行条件，则推进成分仿真钟，直到成分事件执行完毕或无法继续执行；如果成分事件不满足执行条件，则继续测试下一个成分事件。

（3）CEL 扫描完毕之后，扫描 FEL，找到下一个可以最早执行的事件，推进仿真钟。

（4）将 FEL 中满足条件的事件记录移到 CEL 中。

2. 基本流程

进程交互法的步骤用程序流程表示如下。

（1）初始化时间、成分状态和事件列表。

（2）设置系统仿真钟 $TIME=t_0$。

while（$TIME \leqslant T_\infty$）则执行

  while（CEL 中最后一个记录未处理完）则

    while（$D_a(S)$ = true 且当前成分未处理完）则

      执行该成分事件

      确定该成分的下一事件

    end while

  end while

  $TIME$ = FEL 中安排的最早时间

  if（$TIME \leqslant T_\infty$）则

    将 FEL 中所在 $TIME$ 时刻发生的事件记录移到 CEL 中

  end if

end while

图 5-4 是进程交互法的程序框图。

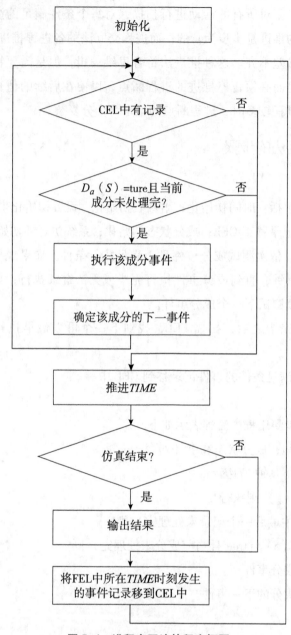

图5-4　进程交互法的程序框图

三、三种方法的比较

前述三种方法分别站在不同的角度实现离散事件的系统仿真，可大致认为：事件调度法站在临时实体与系统中任一固定实体发生作用关系的开始或结束时刻来看，活动扫描法站在临时实体与系统中任一固定实体发生作用关系从开始到结束的角度来看，而进程交互法则站在临时实体与系统中所有固定实体发生作用关系从开始到结束的角度来看。总体看，它们之间的差异主要体现在系统描述、建模要点、仿真钟推进和执行控制等方面，各有优缺点，如表5-3所示。

表5-3　　　　　　　　　　　事件调度法、活动扫描法和进程交互法的比较

项目	事件调度法	活动扫描法	进程交互法
系统描述	主动成分可施加作用	主动成分、被动成分均可施加作用	主动成分、被动成分均可施加作用
建模要点	对事件建模，事件处理子程序	对活动建模，活动处理子程序	进程分步，条件测试与执行活动
仿真钟推进	系统仿真钟	系统仿真钟，成分仿真钟	依据CEL，最早发生的事件时间执行活动
执行控制	选择最早发生的事件记录	扫描全部活动，执行可激活成分	扫描CEL，执行 $D_a(S) = \text{true}$ 的记录断点

　　事件调度法建模灵活，应用范围广泛，但是只适用于成分相关性小的系统仿真。活动扫描法对于各成分相关性很强的系统来说模型执行效率高，但是用户建模时要对各成分的活动建模，仿真执行程序结构比较复杂，流程控制要十分小心。进程交互法建模直观，模型接近实际系统，特别适用于活动可预测、顺序比较确定的系统，但是其流程控制复杂，建模灵活性不如事件调度法。

课程思政

　　如何从认识论、实践论和方法论角度来总结本章知识？欢迎同学们从自己的理解角度加以总结，此处推荐内容供参考。

　　在认识上，仿真算法策略是机器世界实现仿真的基础，三类典型的系统仿真策略关联着离散事件系统仿真的事件、活动和进程，再次印证了它们是分析离散事件系统的三个视角。

　　在实践上，我们可以依托AnyLogic等软件实现物流系统的建模与仿真，而且理解系统仿真策略有助于更好地了解和熟悉软件中相关操作及操作间的关系。

　　在方法上，三种系统仿真策略对仿真时间的管理是重点。

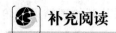 补充阅读

三段扫描法

由于活动扫描法将确定事件和条件事件的活动同等对待，都要通过反复扫描来执行，因此效率较低。1963年，托克（Tocher）借鉴事件调度法的某些思想对活动扫描法进行了改进，提出了三段扫描法（Three Phase，TP）。三段扫描法兼有活动扫描法简单和事件调度法高效的优点，因此被广泛采用，并逐步取代了最初的活动扫描法。

同活动扫描法一样，三段扫描法的基本模型单元也是活动处理，但是在三段扫描法中，活动被分为两类，B类活动和C类活动。B类活动，描述确定事件的活动处理，在某一排定时刻必然会被执行，也称确定活动处理。B源于英文Bound，表示可以明确预知活动的起始时间，该活动将在界定时间范围内发生。C类活动，描述条件事件的活动处理，在协同活动开始（满足状态条件）或满足其他特定条件时被执行，也称条件活动处理或合作活动处理。C源于英文Condition，表示该类活动的发生和结束是有条件的，其发生时间是不可预知的。

显然，像事件调度法中的事件处理一样，B类活动处理可以在排定时刻直接执行，只有C类活动处理才需要扫描执行。在这种仿真策略下，仿真过程不断地执行一个三阶段的循环，以实现活动的平行性，同时防止死锁，这种仿真过程的三个阶段描述如下。

A阶段：找到下一个最早发生的事件，并把仿真钟推进到该事件预计发生时刻。

B阶段：执行所有的预期在此时刻发生的B类活动处理（确定发生的活动）。

C阶段：该阶段尝试执行所有的C类活动（这类活动的发生与否取决于资源和实体的状态，而这些状态可能在B阶段已发生改变）。

这三个阶段不断循环直至仿真结束。

 案例分析

电梯群控系统仿真

电梯群控系统运行并不按预定的时间进行。它的状态变化不但与时间有关，还与其他一些条件有关，如梯内乘客及门厅乘客等。而这些条件是否成立是我们事先不能确定的，只有到那个时间才能够知道条件是否成立。也就是说，在该系统中某个事件是否发生不但与时间有关，还与条件有关，条件成立则事件发生，否则不发生。据以上分析我们认为采用活动扫描法对该系统仿真是合适的。

从逻辑上说，乘客是主动成分，电梯是被动成分。只有有乘客时电梯才运行，但是，进一步分析我们会看到，电梯反过来会对乘客产生影响。当电梯到达某一层时，该层与电梯运行方向相同的门厅乘客会被"消去"。因此，我们进行以下两点考虑。

（1）把电梯也作为主动成分。

（2）将梯内乘客与门厅乘客统一起来当作一个成分，乘客的变化（包括新乘客的到达）仅作为该成分的状态发生了变化。

从下面的仿真模型及算法中大家会发现，这样处理后会使模型及算法得到简化。

根据以上论述，电梯群控系统的仿真模型如下。

成分集合：$C=(a_0, a_1, \cdots, a_M)$，其中，$a_0$ 表示电梯群控系统中的乘客（B，H），a_i 表示第 i 台电梯（$i=1, 2, \cdots, M$）。

主动成分集合：$C_A=C$，其中，$S=(E, B, H)$ 为所有成分的状态变量，t_{ai} 为成分 a_i 的状态下一次发生变化的时刻。

$D_{ai}(S)$ 可用于判断成分 a_i 在系统状态 S 下条件是否满足。$D_{ai}(S)$ = true 表示条件满足；$D_{ai}(S)$ = false 表示条件不满足。

$P=\{P_1, P_2, \cdots, P_{NP}\}$ 为成分 a_0 的属性集合。

$TIME$ 为系统仿真钟的值。

各子例程及发生的条件如下。

（1）子例程 0。

$D_{a0}(S)$ 恒为 ture，$t_{a0}=P_{l3}$，l 为新乘客的序号。

（2）子例程 i（$i=1, 2, \cdots, M$）。

条件：if $b_{ij}<>0$ or $h_{ij}<>0$

then $D_{ai}(S)$ = true

else $D_{ai}(S)$ = false

$S=|$电梯当前所在楼层-下次停靠楼层$|\times$楼层高度

$$t_{ai}=t_c+d_1+d_2$$

式中，t_c 为电梯运行时间，按给定公式计算，d_1 为电梯开关门时间，d_2 为该电梯内乘客的下梯时间和梯外乘客上梯时间。

记录上梯乘客的等待时间和电梯停靠次数。评价电梯服务质量的主要指标是乘客的平均等待时间和最大等待时间。电梯耗能主要发生在停靠与启动时，约占总能耗的 70%~80%。

记：$FUTURE(S)=\{a_i \mid t_{ai}>TIME\}$

$PRESENT(S)=\{a_i \mid t_{ai}=TIME\}$

$PAST(S)=\{a_i \mid t_{ai}<TIME\}$

仿真算法为：

设置初始时间 $t = t_0$，结束时间 $t_\infty = t_c$。

设置主动成分仿真钟 $t_{a0} = P_{l3}$，$t_{ai} = t_0$（$i = 1$，2，$\cdots$，M）。

设置系统仿真钟 $TIME = t_0$。

while（$TIME \leqslant t_\infty$）执行扫描

  for $i = 0 \text{ to } M$

    if（$t_{ai} \leqslant TIME$ and $D_{ai}(S) = \text{true}$）

      执行子例程 i

    end if

  end for

end while

专业术语

1. 仿真策略（Simulation Strategy）

2. 主动成分（Active Component）

3. 被动成分（Passive Component）

4. 事件调度法（Event Scheduling）

5. 活动扫描法（Activity Scanning）

6. 进程交互法（Process Interaction）

7. 三段扫描法（Three Phase）

8. 将来事件列表（Future Event List，FEL）

9. 当前事件列表（Current Event List，CEL）

10. 顺序结构（Sequential Structure）

11. 选择结构（Selective Structure）

12. 循环结构（Cycle/Loop Structure）

13. 嵌套结构（Nested Structure）

14. 优先级（Priority）

【基础练习】

一、填空题

1. _____是确定仿真钟推进策略的控制方法，是仿真控制的核心。

2. 离散事件系统的一个基本概念是事件，事件的发生引起系统状态的变化。事件调度法以_____为分析系统的基本单元。

3. 事件调度法的仿真钟采用_____的推进方法。

4. 事件调度法的基本部件包括_____、_____和_____。

5. 复杂系统运行中事件列表规模巨大，为了提高处理效率，可采用_____。

6. _____以活动为分析系统的基本单元，认为仿真系统在运行的每个时刻都由若干活动构成，每个活动对应一个活动处理模块。

7. 活动的激发与终止都是由_____引起的，活动周期图中的活动都可以由开始和结束两个事件表示，每个事件都有相应的活动处理。

二、单项选择题

1. 活动扫描法中将时间元的时钟值设定在相应实体的确定事件发生时刻属于（　　）。

A. 绝对时间法　　　　　　　　B. 相似时间法

C. 相对时间法　　　　　　　　D. 同步时间法

2. 站在临时实体角度，从考虑其与每个固定实体相互作用的视角来进行仿真，常用（　　）方法仿真。

A. 事件调度法　　　　　　　　B. 活动扫描法

C. 进程交互法　　　　　　　　D. 以上都不是

三、简答题

1. 请将图 5-5 补充完整。

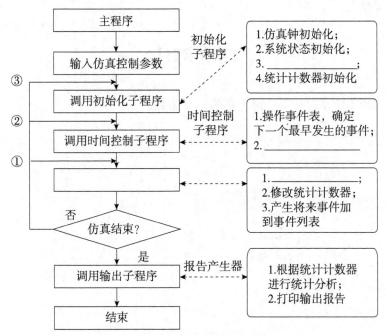

图 5-5　事件调度法的程序框图二

（1）程序中空白的模块是_____（左侧）；

（2）仿真未结束应循环返回_____位置；

（3）在图中完善各模块应完成的操作（右侧）。

2. 阐述事件调度法的仿真过程。

【知识应用】

假设某公司只销售一种产品，用户采购产品的时间间隔服从指数分布，均值为 0.1 个月。用户每次的需求量服从表 5-4 所示的经验分布。

表 5-4 用户每次的需求量

需求量	概率	需求量	概率
1	1/8	3	3/8
2	3/8	4	1/8

公司用安全库存方法管理库存，即确定最低库存水平 s 和最高库存水平 S。在每个月月初检查库存量，如果当前库存量 I 小于最低库存水平 s，采购数量为 $Z = S - I$。最高库存水平为 60 件，最低库存水平为 20 件。发出订单后，到货的滞后期为 0.5~1 个月的均匀分布。假设该产品的初始库存量为 60 件。请用事件调度法仿真产品库存量在 3 个月内的变动情况。

【软件实践】

学习并完成第十章第一节、第十章第二节实验。

第六章　仿真结果分析

学习目标

知识目标

1. 掌握仿真结果分析的基本概念。

2. 熟悉终止型仿真和非终止型仿真的特征。

3. 理解随机变量比较、敏感度分析与正交设计。

4. 了解参数优化的常见方法与步骤。

技术目标

1. 合理选择仿真结果数据来分析仿真的有效性。

2. 掌握终止型仿真和稳态仿真结果分析的方法。

3. 熟悉仿真结果分析的主要步骤及其作用。

职业能力目标

1. 针对实际问题选择适当解决方法的能力。

2. 综合运用理论知识去分析、解决问题的能力。

3. 锻炼多次尝试、坚持到底、达成目的的精神。

物流聚焦

J 客车公司生产物流系统仿真过程

　　J 客车公司成立于 20 世纪 90 年代，是一家集大、中、轻型客车整车研发、制造和销售为一体的大型现代化企业。选取 J 客车公司总装车间中具有代表性和关键性的内饰工段进行仿真建模来研究其生产物流系统，这一工段一共有 10 个工位，为典型的流水线生产。且 J 客车公司生产线为混线生产，选择订单量较为频繁的 A、B、C 三种类型的客车进行仿真模拟，以目前的流水线生产节拍运行，观测生产线中每个工位的工作效率、空闲以及堵塞情况，针对当下生产物流运行水平，确立优化目标，并提出优化方案。

　　首先要建立仿真模型，其次要做好开始运行模型前的准备工作。收集 J 客车公司 2013 年繁忙季（10—12 月）的订单数据，仿真模型模拟的就是这 3 个月的生产情况。在繁忙季该公司每周只休息一天（另一天在淡季调休），国庆节仅放假 3 天，工作日工作时间为 8 小时。仿真模型以 min 为单位，计算出这 3 个月的工作时间为 36000min。为了使仿真更加接近真实情况，将仿真时间确定为实际工作时间的 100 倍，为 3600000min。待这些工作完成后，点击运行按钮，仿真模型可以运行。

　　运行完成后，可生成相应的数据报告，我们设置生产节拍为 30min 时，仿真模型运行的结果显示，传送带 0 到传送带 9 的 Blocked 数据均为零，说明传送带没有发生拥堵状态，生产线没有发生超载现象。而根据工位处理器 1~10 的空闲时间比例以及操作时间比例可以看出，10 个工位目前的实际操作时间是十分富余的，空闲率最低的工位也高达 37.76%。

　　J 客车公司目前的生产物流系统是否合理？若不合理，应当怎样对其进行优化改善呢？本章将解决这些问题。

第一节　概述

　　系统仿真的目的就是分析、比较系统的性能。在多数情况下，仿真实验的结果由计算机计算得出，而计算机输出的数据往往不能反映系统的性能，需要经过分析、整理才能形成仿真报告。所以仿真输出的数据分析与评价是系统仿真中的一个重要环节。

　　对仿真的输出结果进行统计分析的主要目的，是获得系统状态变量的高精度的统计特性，以便能够对仿真输出的结果加以正确利用。但高精度的代价是耗费大量的计算时间和存储空间。尤其是对复杂而庞大的系统来说，为进行统计分析而要求的计算能力和存储能力无法被满足，在这种情况下就不得不降低仿真结果的精度。因此，为了消除这种矛盾，有必要采用方差减小技术，即在相同的仿真运行次数下获得较小方差的仿真输出结果。

　　在计算机输出仿真结果数据后，我们采用什么样的方法来分析实验结果才能得出有用的结论呢？如何进行仿真实验才能保证实验结果是合理、可靠的呢？采用正确的实验和分析方法是离散事件系统仿真的关键问题之一。系统仿真的另一个重要应用领域就是对比、评价系统设计方案，比如将改进的系统方案与现实系统进行对比、在多个系统方案之间进行对比。本章介绍系统仿真结果的瞬态与稳态特征、系统仿真的类型、系统仿真的结果分析方法、系统方案对比等内容。在论述过程中将引用一些随机过程和统计学的数学概念。

事物的变化过程可以分为两大类。在每个固定时刻 t，事物的变化结果是确定的，可以用 t 的某个确定性函数描述，这一类变化过程称为确定性过程。对于另一类事物，在每个固定时刻 t，事物的变化结果是随机的，以某种可能性出现多个（有限或无限多）结果中的一个，可以用与 t 相关的某个随机变量描述，这一类变化过程称为随机过程。

在现实世界中，许多系统的状态变化过程是随机过程。以呼叫中心接通电话的数量变化为例。假定到 t 时刻为止，某呼叫中心所接通的电话次数记为 X_t，则 $\{X_t, t \geq 0\}$ 是一个随机过程，到 t_i 时刻为止所接通的电话次数 X_{t_i} 是随机变量。实际系统的变化都可以被看作一个概率过程，确定性过程只不过是事件发生的概率接近于 1。比如，地铁列车的到站情况，间隔 1.5min 的概率很大，可以视为确定性过程。而对于公共汽车，其到站时间间隔应该用均值为 1.5min 的指数分布，到 t 时刻为止的公共汽车进站数为泊松分布。

大多数情况下，实际系统包含了一些随机特征。在建立仿真模型时，会使用随机数和随机变量来表示这些随机特征，例如，用泊松分布表示在固定时间间隔内到达的顾客数，用指数分布表示设备的寿命等。因此，运行仿真模型所得到的结果具有随机性，不能把从单次仿真运行中获得的系统参数值当作该参数的"真值"，而应该把单次仿真运行的结果当作一个样本数据，需要用若干次重复仿真运行所得到的仿真结果来估计系统参数的真值。假定变量 y 是系统的某个指标参数，从单次仿真运行得到参数 Y 随仿真时间变化的序列 Y_1，Y_2，…，Y_n，这就是随机过程。

以加工系统为例，某加工系统在第 i 小时内的产量 y_i 是随机变量，一般来说，由系统仿真得到的随机变量 Y_i 既不是独立的，也不是同分布的。到 t 时间为止，加工系统的总产量就是一个随机过程。

设 y_{11}，y_{12}，…，y_{1m} 是随机变量 Y_1，Y_2，…，Y_m 单次仿真运行的结果，观测长度为 m，进行仿真的时候所用的随机数为 u_{11}，…，u_{1m}，u_{21}，…，u_{2m}，…，u_{ni}，…，u_{nm}（在第 j 次仿真运行时用的第 i 个随机数记为 u_{ji}）。假定进行了 n 次独立的重复运行，即每次仿真运行的随机数不同、初始条件相同，每次仿真运行开始时计数器重置，得到以下结果：

$$
\begin{array}{ccccc}
y_{11}, & \cdots, & y_{1i}, & \cdots, & y_{1m} \\
y_{21}, & \cdots, & y_{2i}, & \cdots, & y_{2m} \\
\vdots & & \vdots & & \vdots \\
y_{n1}, & \cdots, & y_{ni}, & \cdots, & y_{nm}
\end{array}
$$

在同一行上的数值来自一次重复运行，不是独立同分布（IID）。在同一列上的数值 y_{11}，y_{21}，…，y_{n1}，是变量 Y_1 的观测值，满足独立同分布。系统仿真结果分析就是用多次独立仿真运行的观测值 y_{ji}（$i=1$，$\cdots$，m；$j=1$，$\cdots$，n），估计随机变量 Y_1，Y_2，$\cdots$，Y_m 的参数。

例 6-1 某银行有 5 位出纳员，到达银行的顾客排成一个队列，每位出纳员一次为一位顾客服务。银行上午 9 点开门，下午 5 点关门，但出纳员应继续为在下午 5 点已经在银行内的顾客服务完毕。要求确定顾客在银行办理业务需要等待的时间。

由于顾客到达银行的时间间隔是一个随机变量，出纳员为顾客提供服务的时间也不是确定值，因此不能仅进行一次仿真运行就凭仿真结果给出答案。银行仿真模型的 10 次独立重复运行结果如表 6-1 所示。在 10 次仿真运行的结果中，最长的平均排队等待时间为 2.86min，最短的平均排队等待时间为 1.24min，可以用输入数据模型部分介绍的方法来分析平均排队等待时间服从哪种分布并给出参数估计。

表 6-1　　　　　　　　　　银行仿真模型的 10 次独立重复运行结果

序号	顾客数目（人）	服务结束时间（min）	平均排队等待时间（min）	平均队长（人）	停留时间少于 5min 的顾客比例
1	484	8.12	1.53	1.52	0.917
2	475	8.14	1.66	1.62	0.916
3	484	8.19	1.24	1.23	0.952
4	483	8.03	2.34	2.34	0.822
5	455	8.03	2.00	1.89	0.840
6	461	8.32	1.69	1.56	0.866
7	451	8.09	2.69	2.50	0.783
8	486	8.19	2.86	2.83	0.782
9	502	8.15	1.70	1.74	0.873
10	475	8.24	2.60	2.50	0.779

第二节　仿真结果的瞬态与稳态特征

对于仿真输出结果所构成的随机过程 Y_1，Y_2，$\cdots$，Y_n，设条件概率：

$$F_i(y \mid I) = P(Y_i < y \mid I), \ i = 1, \ 2, \ \cdots, \ n$$

$F_i(y \mid I)$ 是具有初始条件 I，在 i 时刻的瞬时分布。不同时刻的随机变量 Y_{i1}，Y_{i2}，Y_{i3}，Y_{i4} 等的瞬时分布的概率密度函数如图 6-1 所示。

一般地，不同时刻的随机变量服从不同的瞬时分布。对于所有的 y 和任意的 I，当 $i \to \infty$，存在 $F_i(y \mid I) \to F(y)$，则称 $F(y)$ 为随机过程 Y_1，Y_2，$\cdots$，Y_n 具备稳态分布。

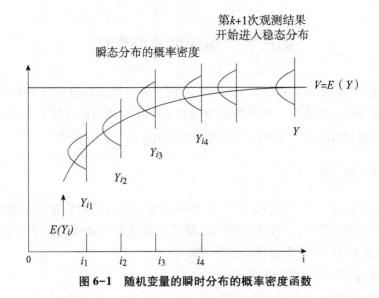

图 6-1　随机变量的瞬时分布的概率密度函数

系统存在稳态并不表示在某次仿真运行中系统进入稳态后，不同时刻的随机变量取相同的数值，而是进入稳态后不同时刻的随机变量服从相同的分布。这些随机变量也可能是不独立的。稳态分布 $F(y)$ 不依赖于初始条件 I，但是瞬时分布 $F_i(y \mid I)$ 收敛于稳态分布的速率会依赖于初始条件 I。

例 6-2　单通道的排队系统。

设 D_i 为第 i 个顾客的排队等待时间。初始队列长度 s 对顾客排队等待时间的影响如图 6-2 所示。

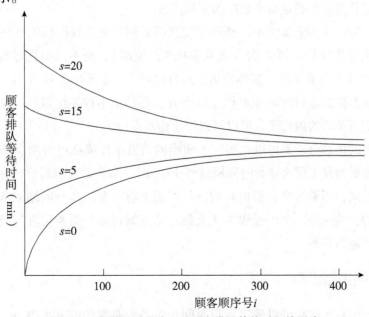

图 6-2　初始队列长度 s 对顾客排队等待时间的影响

第三节　系统仿真的类型

通常情况下，根据研究目的和系统特征不同，可以把系统仿真分为两种不同类型：终止型仿真和非终止型仿真。在非终止型仿真中，我们考虑稳态仿真和稳态周期仿真两种情况。在很多情况下，系统仿真的类型更多地取决于研究目的。

一、终止型仿真

终止型仿真是由一个"固有事件"E来确定仿真运行时间长短的一类仿真。固有事件E发生的时刻记为T_E。被仿真的系统满足一定的初始条件，在零时刻开始运行，在T_E时刻结束运行。终止型仿真具有以下特点。

（1）在零时刻的系统初始条件相同。

（2）必须定义结束事件或结束时刻。

（3）在T_E时刻系统被"清零"，或在该时刻以后的数据均没有意义。

例6-3　某发动机制造商接到了生产100台飞机发动机的订单，要求在18个月内交货。公司用仿真方法来确定满足交货期要求且成本最小的生产方案。

例6-4　某公司只销售一种产品，要确定在120个月内需要维持多少库存。给定初始库存水平，系统仿真的目标为：确定每个月的采购量使平均每个月的库存维护成本最低。

例6-5　某公司每天运行16小时（分2个班次），当天未完成的工作留到第二天继续进行。用仿真方法确定每个班次的平均产量。

例6-3、例6-4两个实例中，都可以找到明显的结束仿真运行的事件。例6-3的结束事件应该定义为$E=\{100$台飞机发动机生产完毕$\}$，而不是仿真运行时间正好够18个月。由于生产方案不同，实际的仿真运行时间不一定正好是18个月。例6-4的仿真结束时刻就是仿真运行时间正好够120个月。在结束事件发生以后，系统的变化状态就不是我们所关心的内容了，所以可以停止仿真运行。

不是所有的仿真分析都可以找到一个明确的结束事件或结束时刻。例6-5中，如果把仿真结束时刻设为仿真运行时间刚好够16小时，那么每次仿真运行在零时刻的初始条件并不相同，不满足终止型仿真的条件。由于前一个工作日的结束状态被用作后一个工作日的初始条件，生产过程本质上是一个连续过程。需要仿真运行足够长的时间才能给出问题的答案。

二、非终止型仿真

非终止型仿真是没有可以确定运行时间长短的固有事件的一类仿真。仿真对象是连续运行的系统，或至少在很长时间内运行的系统。例 6-5 就是这样的一个系统，所以需要进行非终止型仿真。在设计新的系统或更新现有系统时，经常需要知道新设计的系统在运行很长一段时间后，系统"正常"运行的情况。这时就需要非终止型仿真。如果作为输出结果的随机变量 Y 具有稳态分布，我们要知道的就是该稳态分布的特征，而无须关心系统如何从初始状态过渡到稳定状态。

例 6-6　某公司准备建设一套新的生产系统，需要确定这套新系统运行很长时间后平均每小时的产量。假设：①系统每周运行 5 天，每天运行 16 小时；②忽略在每个班次开始和结束时所损失的生产能力，即忽略上班时的准备时间和下班时的整理时间；③在一个工作日中生产连续进行。当系统运行很长时间后，已经排除了系统故障，工人也能熟练操作。

设 N_i 为在第 i 个小时内生产的零件数目。如果随机过程 N_1，N_2，…具有稳态分布，该稳态分布所对应的随机变量为 N。那么我们需要知道的是，一小时内生产零件数目的期望值 $v = E(N)$。该公司需要知道生产系统经过多长时间才能够达到正常运行状态，为此需要进行稳态仿真。

稳态仿真是研究非终止型系统稳态行为的仿真，这些系统行为不受零时刻的初始条件影响。想要使系统的行为不受初始条件影响，需要满足以下条件。

（1）足够长的仿真时间。

（2）如果必要，需要规定仿真的预热时间。

并不是所有非终止型仿真都趋向于存在稳态分布，有时系统状态会出现某种周期性的变动。例如，考虑某航空公司呼叫中心的运作情况，该呼叫中心打入电话的频率在一天中随时间变化，在一周内每天的电话呼叫模式各不相同，但是每周的电话呼叫模式规律相同。设 D_i 为第 i 个打入电话的等待时间，则随机过程 D_1，D_2，…不具备稳态分布。设 D_{ic} 为第 i 周内打入电话的平均等待时间，则随机过程 D_{1c}，D_{2c}，…具有稳态分布。

把系统运行时间划分成等长度的连续时间间隔，称为周期。定义 Y_{ic} 为在第 i 个周期内的随机变量，随机过程 Y_{1c}，Y_{2c}，…具有稳态分布 F_c，对这类过程的仿真被称为稳态周期仿真。本章中讨论的实验方法主要针对终止型仿真和稳态仿真两种情况。

 知识链接

区间估计与置信区间

样本 X_1，X_2，…，X_n 满足独立同分布，样本均值是随机变量 X 均值的点估计，但要是想知道估计值和均值的"真值"之间相差多少，还要用到区间估计。

设 θ 为系统的一个参数，$\hat{\theta}_1$ 和 $\hat{\theta}_2$ 为两个统计变量，而且满足 $\hat{\theta}_1 \leq \hat{\theta}_2$，用区间 $[\hat{\theta}_1, \hat{\theta}_2]$ 去估计可能存在的范围，称为 θ 的区间估计。

设 $[\hat{\theta}_1, \hat{\theta}_2]$ 为 θ 的一个区间估计，若对于任意给定正数 $1-\alpha$ $(0<\alpha<1)$，存在概率：

$$P(\hat{\theta}_1 \leq \theta \leq \hat{\theta}_2) \geq 1 - \alpha$$

则称 $[\hat{\theta}_1, \hat{\theta}_2]$ 为 θ 的一个置信水平为 $1-\alpha$ 的置信区间。α 称为显著水平，$(1-\alpha) \times 100\%$ 就是置信度。即常数 θ 落在随机区间 $[\hat{\theta}_1, \hat{\theta}_2]$ 内的概率大致为 $1-\alpha$，落在随机区间 $[\hat{\theta}_1, \hat{\theta}_2]$ 外的概率大致为 α。

很明显，与点估计相比，置信区间提供了统计值与真值偏差大小的信息，它们在离散事件仿真结果分析中常用到。

第四节 终止型仿真的结果分析

终止型仿真有明确的终止事件，保证每次仿真运行的初始条件相同，重复运行仿真模型 n 次，根据输出结果研究系统的性能指标。如果在每次仿真运行时采用不同的随机数，那么每次仿真运行都是独立的，所输出的仿真结果也是独立的，用前面介绍过的统计分析方法可以给出系统性能指标的值。终止型仿真的结果分析主要采用重复运行法和序贯程序法。重复运行法也称为复演法。

一、重复运行法

一般情况下，终止型仿真采用的是重复运行法。利用重复运行法可以得到独立的仿真结果。所谓重复运行法是指选用不同的独立随机数序列，采用相同的参数、初始条件以及相同的采样次数 n 对系统重复进行仿真运行。用重复运行法进行仿真实验时，采用相同的初始条件，每次仿真运行使用不同的随机数，将终止型仿真重复执行 n 次，每次运行是独立的。假定第 j 次重复运行得到的系统参数值为 X_j，那么 X_j 为独立同分布的随机变量，可以用前面介绍的统计方法求出系统参数的均值和置信区间。不考虑系统模型本身的因素，独立运行的次数 n 越大，统计结果的方差越小，结果越可靠。但是，有时候是由于没有足够多的输入数据来支持多次的独立重复运行，有时候是由于仿真运行的时间过长，不能执行足够多的仿真运行次数，这些情况下，建议取 $n=5$。

对于某一个终止型仿真系统，由于每次运行是相互独立的，因此可以认为每次仿

真运行结果 X_i ($i = 1$, 2, $\cdots$, n) 是独立同分布的随机数，从而可以直接采用经典的统计分析方法进行仿真结果的分析。由于每次仿真运行的初始条件和参数是相同的，每次仿真运行的结果也必然是相近的，相互之间的偏差不会太大，因此，可以很自然地假设仿真结果 X_1, X_2, $\cdots$, X_n 是服从正态分布的随机数。设随机变量 X 的期望值的置信区间为 $1 - \alpha$，它的估计值 μ 为：

$$\mu = \frac{1}{n} \sum_{i=1}^{n} X_j \pm t_{n-1, \frac{\alpha}{2}} \sqrt{\frac{S^2(n)}{n}} \tag{6-1}$$

其中：

$$S^2(n) = \sum_{i=1}^{n} \frac{\left[\overline{X}(n) - X_i \right]^2}{n-1}$$

$$\overline{X} = \frac{1}{n} \sum_{i=1}^{n} X_i$$

式中，α 为置信水平。

例 6-7 对于例 6-1 中的银行，我们希望知道在一天当中顾客的平均排队等待时间是多少。

由观测结果计算样本均值和方差：

$$\overline{X}(10) \approx 2.03, \quad S^2(10) \approx 0.31$$

构造 90% 置信度的置信区间：

$$\overline{X}(10) \pm t_{9, 0.95} \sqrt{\frac{S^2(10)}{10}} = 2.03 \pm 0.32$$

即一天当中顾客的平均排队等待时间在 1.71~2.35min 的可能性为 90%。

重复运行法存在一个缺点，即分析人员不能预先控制置信区间的半长。对于固定的重复运行次数 n，置信区间的半长取决于观测值的方差，事先不容易判断运行次数取多少才合适。如果觉得置信区间过大，就需要再补充运行仿真模型若干次。

例 6-8 已经知道单服务台、单队列排队系统的服务时间为均值 1.0min 的指数分布，每次到达 1 位顾客，顾客到达的时间间隔为均值 1.5min 的指数分布，系统服务时间为 8h。用仿真方法来预测顾客的平均排队等待时间，给出显著水平 $\alpha = 0.05$ 的置信区间。

用重复运行法进行仿真运行，仿真运行的次数分别为 5，10，20，在表 6-2 中给出了分析结果。通过多次执行独立仿真运行，才能得到准确程度较高的结果。如果仿真模型比较复杂，单次仿真运行的时间很长，就需要花费比较长的时间。

表6-2　　　　　　　　　用重复运行法分析单服务台、单队列排队系统

序号	运行次数 n	平均排队等待时间（min）	置信区间
1	5	2.515	2.515±1.29
2	10	2.284	2.284±0.60
3	20	1.911	1.911±0.34

二、序贯程序法

在终止型仿真结果分析的重复运行法中，通过规定次数的仿真可以得到随机变量取值的置信区间，置信区间的长度与仿真次数的平方根成反比。显然，若要缩小置信区间的长度就必然增加运行次数 n。如果遇到对仿真结果的置信区间有要求的问题，即在一定精度要求的情况下，需要确定满足精度要求的仿真次数，序贯程序法可以解决这个问题。

定义均值的绝对误差为 $|\bar{X} - \mu| = \beta$，序贯程序法的基本想法是选择合适的重复运行次数，在 $1-\alpha$ 的置信水平下，使得置信区间的半长小于绝对误差，即：

$$1 - \alpha = P(|\bar{X} - \mu| \leqslant half - lenght) \leqslant P(|\bar{X} - \mu| \leqslant \beta) \tag{6-2}$$

用序贯程序法进行仿真试验的步骤如下。

（1）预定重复运行的次数 $n \geqslant 3$，建议 $n = 5$。

（2）由 n 次运行的观测值 X_1，X_2，$\cdots$，X_n，计算相应的均值及方差。

（3）计算置信区间半长 $\beta_n = t_{n-1, 1-\alpha/2}\sqrt{S^2(n)/n}$。

（4）若 $\beta_n \leqslant \beta$，则置信区间满足预定的绝对误差，在置信水平 $1-\alpha$ 下的置信区为 $[\bar{X}(n) - \beta_n, \bar{X}(n) + \beta_n]$，结束仿真。

（5）若 $\beta_n > \beta$，假定 $S^2(n)$ 不随仿真运行次数的增加而变化，按照下面的公式估算达到绝对无差要求所需的仿真运行次数：

$$n_r(\beta) = \min\{i > n: t_{i-1, 1-\alpha/2}\sqrt{S^2(n)/i} \leqslant \beta\} \tag{6-3}$$

将仿真模型重复运行 $n_r(\beta) - n$ 次。

（6）回到第（3）步重新计算置信区间半长，直到满足绝对误差要求。

例6-9　对于例6-8中的排队系统，要求统计出的顾客平均等待时间的绝对误差小于 0.60min，用序贯程序法进行仿真。

先执行5次仿真运行，得到样本的方差为 $S^2(5) = 1.0758$，置信区间的半长为 1.29，不满足绝对误差要求。估算达到绝对误差要求所需的仿真运行次数：

$$n_r(0.6) = \min\{i > 5; t_{i-1, 0.975}\sqrt{1.0758/i} < 0.6\}$$

通过试算得到 n_r（0.6）= 14。

在应用序贯程序法时，也可以设置相对误差 $\gamma = \dfrac{|\overline{X}(n) - u|}{\mu}$ 作为仿真运行的控制条件。

如何用相对误差来估算仿真运行次数，可以参考式（6-2）、式（6-3）。

对于终止型仿真问题，如何确定仿真运行次数？选用哪种仿真方法呢？如果系统仿真的主要目的是了解系统运行特征，对置信区间的精度没有特别要求，则可采用重复运行法。不论系统有多么复杂、系统仿真的开销有多大，建议进行 3~5 次仿真运行，否则无法了解随机因素所带来的仿真结果的分散程度。在了解系统运行特征的基础上，给出绝对或相对误差限制，再用式（6-3）来估算所需要的仿真运行次数。

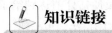 **知识链接**

中心极限定理

设 X_1，X_2，$\cdots$，X_n 为独立同分布的随机变量，已知均值 μ 和方差 σ^2 均为有限值，由此构造一个新的变量 $Z_n = \left[\,\overline{X}(n) - \mu\,\right] / \sqrt{\sigma^2/n}$，当样本变量为 n 时，设为随机变量的分布函数，即 $F_n(z) = P(Z_n \leqslant z)$。当 $n \to \infty$ 时，$F_n(z) \to \phi(z)$。$\phi(z)$ 是标准正态分布 $N(0, 1)$ 的分布函数，即：

$$\phi(z) = \frac{1}{\sqrt{2\pi}}\int_{-\infty}^{z} e^{-\frac{y^2}{2}} dy$$

置信区间的构造是基于 n 足够大时，用 $S^2(n)$ 替代 Z_n 中的 σ^2 构造一个新变量：

$$t_n = \frac{\overline{X}(n) - \mu}{\sqrt{S^2(n)/n}}$$

运用中心极限定理，在样本较大时，区间 $\left[-z_{1-\alpha/2},\ z_{1-\alpha/2}\right]$ 包含 t_n 的概率为 $1-\alpha$。$z_{1-\alpha/2}$ 是标准正态分布上的 $1-\alpha/2$ 临界点，此时的置信区间为：

$$\left[\ \overline{X}(n) - z_{1-\alpha/2}\sqrt{S^2(n)/n}\,,\quad \overline{X}(n) + z_{1-\alpha/2}\sqrt{S^2(n)/n}\ \right]$$

式中，$z_{1-\alpha/2}\sqrt{S^2(n)/n}$ 为置信区间的半长。

由于很多情况下样本少，用服从自由度 $n-1$ 的 t 分布（又称为学生分布）$t_{n-1,\,1-\alpha/2}$ 来替代 $z_{1-\alpha/2}$，对于任意 $n \geqslant 2$ 的均值，置信水平 $1-\alpha$ 的置信区间为：

$$\left[\ \overline{X}(n) - t_{n-1,\,1-\alpha/2}\sqrt{S^2(n)/n}\,,\quad \overline{X}(n) + t_{n-1,\,1-\alpha/2}\sqrt{S^2(n)/n}\ \right]$$

如文中示例，实际构造置信区间时置信度会作为已知条件，与已知 n 一起，在对

应的 t 分布的表格中查值。

第五节　稳态仿真的结果分析

在仿真研究中，除了终止型仿真的研究之外，还要研究一次运行时间很长的仿真，研究系统的稳态性能。在仿真运行过程中，每隔一段时间即可获得一个观测值 Y_i，从而可以得到一组自相关时间序列的采样值 Y_1，Y_2，…，Y_n，其稳态平均值定义为：

$$\nu = \lim_{n \to \infty} \frac{1}{n} \sum_{i=1}^{n} Y_i$$

如果 ν 的极值存在，则 ν 与仿真的初始条件无关。

稳态仿真结果分析的主要目的仍然是对系统状态变量的估计，以及使估计值达到给定精度要求时停止。稳态仿真主要采用重复运行-删除法、批均值法、稳态序贯法和再生法。

一、重复运行-删除法

对于稳态仿真来说，只要运行时间足够长，初始条件对仿真结果的影响就可以被忽略。但在仿真运行的初期，初始条件对仿真结果的影响十分显著。然而对系统作无限长时间的仿真运行是不现实的，仍然需要规定终止仿真运行的条件。由于初始条件的影响，系统的性能往往会经过一段时间的波动（瞬态过程），之后才逐渐趋于平稳（稳态过程）。这里的稳态并不是指性能测度不变，而是该性能参数的概率分布到达平衡状态。

重复运行-删除法将每次仿真运行分成两个时段：预热时段（0，T_0）和数据收集时段（T_0，T_E）。在 T_E 时终止仿真运行，要求 $t=T_0$ 时系统的状态具有一定的稳态代表性，如图 6-3 所示。在此基础上多次独立重复运行，即可对输出结果进行统计分析，图中 s 为初始队列长度。重复运行-删除法就是在采样时删除那些处于预热时段的数据，只统计处于数据收集阶段的数据。

观测某个变量的变化曲线是常用的确定预热时段长短的方法。当曲线波动过大时，可以采用移动平滑措施来确定预热时段的长度。

采用重复运行-删除法获得输出变量的点估计和置信区间的步骤与重复运行法相似。假设仿真运行的总长度为 m，预热时段长度为 l，独立仿真运行的次数为 n，则系统输出变量的点估计为：

$$X_i = \frac{\sum_{i=l+1}^{m} Y_{ji}}{m-l}, \ \overline{X}(n) = \frac{\sum_{j=1}^{n} X_j}{n}$$

构造置信水平 $1-\alpha$ 的置信区间：

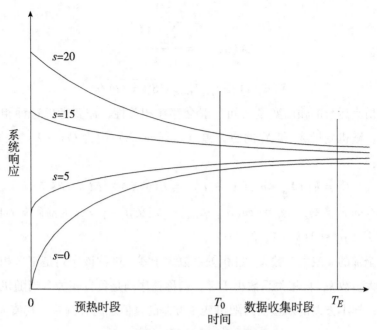

图 6-3 预热时段和数据收集时段

$$\overline{X}(n) \pm t_{n-1,\,1-\alpha/2}\sqrt{S^2(n)/n}$$

重复运行-删除法与重复运行法的区别在于，重复运行-删除法将预热时段内的观测值剔除，不用来做统计。减少初始条件引起偏差的方法是，增加预热时段长度和每次仿真运行的时长。

使用重复运行-删除法有几个潜在的困难：第一，难以正确选择要去除的观察值数目；第二，使用数据的效率低；第三，仿真过程中必须人为干涉中断仿真运行来收集数据，而且每次运行结束时重新初始化系统。如果系统能够较快进入稳态且运行时长有限，用重复运行-删除法较为适宜。

二、批均值法

批均值法的基本思想是：设仿真运行时间足够长，将整个仿真运行时间长度 m（足够大）分成 n 个批次（批次长度同为 k），求出每一批次的样本均值，得到 n 个批均值：

$$\overline{X}_i(k) = \frac{\sum_{j=(i-1)k+1}^{i \cdot k} X_j}{k} \tag{6-4}$$

当批次长度 k 足够大时，批均值可以近似认为不具备相关性，同时可以近似认为是正态分布。批均值可以被看成近似独立同分布的随机变量，采用与重复运行-删除法相同的方法分析仿真结果。系统输出变量的点估计为：

$$\overline{X}(n,\ l) = \frac{\sum_{i=1}^{n} X_i(l)}{n}$$

$$\overline{X}(n,\ l) \pm t_{n-1,\ 1-\alpha/2}\sqrt{S^2(n,\ l)/n}$$

同一次仿真运行的输出变量之间一般会存在相关性，需要考虑这种相关性对统计结果的影响。随机变量 X_i 和 X_j 的协方差（Covariance）记为 $Cov\ (X_i,\ X_j)$ 或 C_{ij}。其计算公式为：

$$C_{ij} = E[(X_i - u_i)(X_j - u_j)] = E(X_iX_j) - E(X_i)E(X_j) \tag{6-5}$$

令 $\gamma_0 = Cov(X_i,\ X_i)$，$\gamma_k = Cov(X_i,\ X_{i+k})$，定义 $\rho_k = \gamma_k/\gamma_0$ 为滞后 k 的自相关系数，可以证明 $-1 \leqslant \rho_k \leqslant 1(k = 1,\ 2,\ \cdots)$。

当对于全部的 k 或大多数 k，自相关系数大于零，则称该序列是正自相关；当对于全部的 k 或大多数 k，自相关系数小于零，则称该序列是负自相关。当随机变量序列存在相关性时，样本方差的期望值与随机变量方差的真值之间有偏差，其值为：

$$E[S^2(n)] = B\sigma^2(n) \tag{6-6}$$

式中，B 为偏移系数，$B = \dfrac{(n/c) - 1}{n - 1}$，$c = 1 + 2\sum_{i=1}^{n}(1 - i/n)\rho_i$。

序列正自相关时，置信区间偏小，如果忽略相关性，置信区间的精度将比预计的偏低；序列负自相关时，置信区间偏大。

用批均值法（400 次数字试验）分析单服务台排队系统的置信区间的实际覆盖率，结果如表 6-3 所示。用批均值法（200 次数字试验）分析分时计算机模型的置信区间的实际覆盖率，结果如表 6-4 所示。

表 6-3　用批均值法（400 次数字试验）分析单服务台排队系统的置信区间的实际覆盖率

仿真运行长度 m	批次数目 n		
	5	10	20
320	0.690	0.598	0.490
640	0.732	0.708	0.588
1280	0.780	0.740	0.705
2560	0.798	0.803	0.753

表 6-4　用批均值法（200 次数字试验）分析分时计算机模型的置信区间的实际覆盖率

仿真运行长度 m	批次数目 n		
	5	10	20
320	0.860	0.780	0.670

续 表

仿真运行长度 m	批次数目 n		
	5	10	20
640	0.890	0.855	0.790
1280	0.910	0.885	0.880
2560	0.905	0.875	0.895

从表 6-3、表 6-4 的计算结果可以得出如下结论。

（1）如果批均值法的运行长度 m 选择得太小，那么置信区间的覆盖率比预期的要低。

（2）选择多大的运行长度 m 合适，与具体的仿真模型相关。在分析分时计算机模型时，m 取 640 就能得到很好的结果；对于单服务台排队系统来说，m 取 2560 也不能获得很好的结果。

（3）对于固定的 m，批均值法选择比较小的批次数目能够得到较好的覆盖率。每个批次的长度 k 比较大时，批均值更接近正态分布而且独立性更好，因此可以得到较好的结果。

重复运行-删除法和批均值法尽管在原理上和方法上是相同的，但是它们对同一样本空间做了不同的处理。前者是每次运行都从初始状态开始，后者是将每次运行的结束状态作为下一次运行的开始状态。重复运行-删除法每次仿真运行都经过初始状态，初始状态的不同会导致较大的均值估计偏差，但是每次仿真运行之间独立性较好。批均值法有利于消除初始状态的影响，但需要注意消除各批次之间的相关性。

三、稳态序贯法

设某次稳态运行得到的观测值是 Y_1，Y_2，$\cdots$，Y_n，其批长度为 l，共 n 批，每批观测值的均值为 $\overline{Y}_k(k = 1, 2, \cdots, n)$，总体样本均值是 $\overline{Y}$。

在利用批均值法进行计算时，假定每批观测值的均值是独立的，但实际上 $\overline{Y}_1$，$\overline{Y}_2$，$\cdots$，$\overline{Y}_n$ 是相关的。为了得到不相关的 $\overline{Y}_k$，直观的做法是：保持批数 n 不变，不断增大 l，直到满足不相关的条件为止。但是如果 n 选择过小，则 $\overline{Y}_k$ 的方差加大，结果得到的置信区间就会偏大，为此 n 也必须足够大。这样为了达到精度要求就必须选择足够大的 n 和 l，使得样本总量 $m = n \times l$ 特别大，而仿真过程中消耗的时间也是必须考虑的重要因素。这里介绍一种尽可能减少 m 的方法。

设仿真运行观测值的批长度是 l，已经有观测值 n 批，相隔为 i 的两批观测值批均值的相关系数为：

$$\rho_i(l) = cov(\overline{Y}_k, \ \overline{Y}_{k+i}), \ k = 1, \ 2, \ \cdots, \ n - 1$$

$\rho_i(l)$ 随 l 的变化规律大致有以下三种性质。

（1）$\rho_i(l)$ 为单调递减函数。

（2）$\rho_i(l)$ 的值一次或多次改变方向，然后严格递减到0。

（3）$\rho_i(l) < 0$ 或者随着 l 的变化没有一定的规律。

设仿真运行观测值的批长度是 l，已经有观测值 n 批，考察相隔为 j 的两批观测值批均值的相关系数为：

$$\rho_j(n, \ l) = cov(\overline{Y}_k, \ \overline{Y}_{k+j}), \ k = 1, \ 2, \ \cdots, \ n$$

也满足以上三种性质。基于批均值法的稳态序贯法原理如下。

（1）给定批数因子 n 以及仿真长度 m_i（m_i 是 n 的整数倍），$\rho_j(n, \ l)$ 的判断值为 u，置信区间的相对精度为 γ，置信水平为 α。令 $i = 1$。

（2）进行长度为 m_i 的仿真运行，获得 m_i 个观测值 $Y_1, Y_2, \cdots, Y_n$。

（3）令 $l = m_i/n$，计算 $\overline{Y}_k(k = 1, 2, \cdots, n)$ 和 $\rho_j(n, l)$（可以取 $j = 1$）。

（4）如果 $\rho_j(n, \ l) \geq u$，则说明 m_i 太小，需加大，可以令 $i = i + 1$，且 $m_i = 2m_{i-1}$，返回第（2）步获取其余 m_{i-1} 个观测值。

（5）如果 $\rho_j(n, \ l) \leq 0$，则表明增长仿真运行长度无助于 $\rho_j(n, \ l)$ 的判断，执行第（8）步。

（6）如果 $0 < \rho_j(n, \ l) < u$，计算：

$$\overline{Y}_k(2l)(k = 1, \ 2, \ \cdots, \ n/2), \ \rho_j(n/2, \ 2l)(j = 1)$$

判断相关系数是否具有第2类特征。如果 $\rho_j(n/2, \ 2l) \geq \rho_j(n, \ l)$，则说明该相关系数确实具有第2类特征，需要进一步加大 m_i，令 $i = i + 1$，且 $m_i = 2m_{i-1}$，返回第（2）步获取其余 m_{i-1} 个观测值。

（7）如果 $\rho_j(n/2, \ 2l) < \rho_j(n, \ l)$，则说明 $\rho_j(n, \ l)$ 已经具有第1类特征，而且能达成 $\rho_j(n, \ l)$ 判断值 n 的 l 已经得到，即 $\rho_j(n, \ l)$ 的值满足独立性要求，此时用批均值法计算该 n 批长度为 l 的置信区间。

（8）计算 $\overline{Y}_k$，$\overline{Y}$ 以及置信区间的半长 $\delta = t_{n-1, \ 1-\alpha/2}\sqrt{\dfrac{S^2}{n}}$，最后得 $\hat{\gamma} = \dfrac{\delta}{\overline{Y}}$。

（9）如果 $\hat{\gamma} > \gamma$，说明精度不满足要求，令 $i = i + 1$，且 $m_i = 2m_{i-1}$，返回第（2）步获取其余 m_{i-1} 个观测值。

（10）如果 $\hat{\gamma} \leq \gamma$，则精度满足要求，可以令估计值 $\nu = \overline{Y} \pm \delta$，仿真停止。

稳态序贯法较好地解决了批长度以及仿真运行总长度的确定问题，并能满足规定的置信区间精度的要求。

四、再生法

在仿真过程中，随着仿真钟的推进，系统的状态变量在不断发生变化。如果在某一时刻观测到了系统一组状态变量的数值，而在其若干时间之后又重新观测到一组完全相同的状态变量的数值，则称所观测到的系统为再生系统。也就是说，在稳态仿真中，系统从某一初始状态开始运行，若干时间后重新达到该状态。这时可以认为系统重新达到该状态后的过程相对于以前的过程是独立的，这就相当于系统在此时重新运行。显然在若干时间后这种情况将重新发生，因此这个重复的过程称为系统的再生周期，而系统初始状态重复出现的时间点称为系统的再生点。再生法的思想就是要找出稳态仿真过程中系统的再生点，由每个再生点开始的再生周期中所获得的统计样本都是独立同分布的，可以采用经典统计分析方法对参数进行评估并构造参数值的置信区间。

下面以 $M/M/1$ 系统为例介绍再生法，要求估计系统的稳态平均排队等待时间及稳态平均队长。

（1）系统的初始状态为服务台空闲，队列长度为0。

（2）当第一个实体到达时，服务台由空闲变为忙碌。

（3）当其他实体到达时，如果服务台状态为忙碌，则该实体进入队列排队等候。

（4）当服务台服务完毕，被服务实体离开之后，如果队列长度不为0，则队列中的实体以先到先服务的规则进入服务台接受服务，服务台的状态保持为忙碌。

（5）若被服务实体离开后，队列长度为0，即没有实体等待服务，此时服务台的状态重新回到空闲。

通常服务台的强度小于1，总会有对实体服务完毕后没有实体等待服务的状况出现。服务台的空闲状态一直保持到下一个实体到达为止，此时服务台再次转变为忙碌状态，而这个时间点就是系统的一个再生点，这个过程就是一个再生周期。在此再生周期中，受到服务的实体数是随机变化的，实体接受服务的时间也是随机变化的，因此等待时间和队列长度也是随机变化的。

假设在 $M/M/1$ 系统的观测中有 p 个完整的再生周期，令 Y_j 为第 j 个再生周期中各个实体等待时间的总和：

$$Y_j = \sum_{k=1}^{n_j} \tilde{\omega}_{kj}$$

式中，n_j 为第 j 个再生周期中受到服务的实体个数。

$\{Y_j\}$ 和 $\{n_j\}$ 都是独立同分布的随机序列，然而 Y_j 和 n_j 并不相互独立，因为较大的 Y_j 值可能有较大的 n_j 伴随产生。

假设总观测次数为 N，各个实体的等待时间分别为 $\tilde{\omega}_1$，$\tilde{\omega}_2$，$\cdots$，$\tilde{\omega}_N$，则实体的平均等待时间的估计值由下式给出：

$$\overline{W} = \frac{1}{N} \sum_{i=1}^{N} \tilde{\omega}_i \qquad (6-7)$$

如果将各个实体等待时间根据再生周期进行分组，则上式又可以写为：

$$\overline{W} = \frac{Y_1 + Y_2 + \cdots + Y_N}{n_1 + n_2 + \cdots + n_N} = \frac{\overline{Y}}{\overline{n}} \qquad (6-8)$$

式中：

$$\overline{Y} = \frac{1}{N} \sum_{j=1}^{N} Y_j$$

$$\overline{n} = \frac{1}{N} \sum_{j=1}^{N} n_j$$

$\overline{Y}$ 是一个再生周期中实体等待时间总和的估计值，$\overline{n}$ 是一个再生周期中受到服务的实体个数的估计值。

当 p 足够大时，$\overline{W}$ 是渐进无偏的，即：

$$\lim_{p \to \infty} E(\overline{W}) = E(W)$$

而实际上，$\overline{W}$ 对 W 的估计值是有偏的，因而需要估计统计值 $\overline{W}$ 的方差，以确定平均等待时间的置信区间，由于 Y_j 和 n_j 皆为随机变量，为了避免直接处理随机变量之比，引入变量 V_j：

$$V_j = Y_j - E(W) n_j$$

这是一个独立同分布的随机变量序列，同时可以得到：

$$E(V_j) = E(Y_j) - E(W) E(n_j) = 0$$

设 σ^2 为随机变量 V_j 的方差，根据中心极限定理，$p \to \infty$ 时，下列随机变量：

$$Z = \frac{\overline{V}}{\sigma / \sqrt{p}}$$

为收敛于标准正态分布的随机变量。式中：

$$\overline{V} = \frac{1}{p} \sum_{j=1}^{p} V_j = \frac{1}{p} \sum_{j=1}^{p} Y_j - E(W) \frac{1}{p} \sum_{j=1}^{p} n_j = \overline{Y} - E(W) \overline{n} \qquad (6-9)$$

从而有：

$$P(-Z_{1-\alpha/2} \leqslant \frac{\overline{V}}{\alpha / \sqrt{p}} \leqslant Z_{1-\alpha/2}) = 1 - \alpha \qquad (6-10)$$

式中，$Z_{1-\alpha/2}$ 是对应显著水平为 α 的标准正态分布的临界值。

将式 (6-9) 代入式 (6-10) 可以得到：

$$P\left(-\frac{\sigma Z_{1-\alpha/2}}{\sqrt{p}} \leqslant \overline{Y} - E(W)\overline{n} \leqslant \frac{\sigma Z_{1-\alpha/2}}{\sqrt{p}}\right) = 1 - \alpha$$

即：

$$P\left(\overline{W} - \frac{\sigma Z_{1-\alpha/2}}{\overline{n}\sqrt{p}} \leqslant E(W) \leqslant \overline{W} + \frac{\sigma Z_{1-\alpha/2}}{\overline{n}\sqrt{p}}\right) = 1 - \alpha$$

从而得到平均等待时间的近似 $100(1-\alpha)\%$ 置信区间为 $\overline{W} \pm \dfrac{\sigma Z_{1-\alpha/2}}{\overline{n}\sqrt{p}}$。

再生法的缺点在于系统再生点的数量要求足够多，而且每个再生周期都是独立的。而实际系统的仿真运行中可能不存在再生点或者再生周期过长，这样就要求仿真运行的总长度要足够大。另外这种方法难以预先确定置信区间的精度，因而无法得到规定精度要求的置信区间。

 **知识链接**

可运用的规律

(1) 当显著水平 α 的值固定时，样本数 n 的取值越小，置信区间越大。

(2) 当样本数目 n 固定时，显著水平 α 越小，置信区间越大。

(3) 大量的计算结果表明，保持显著水平不变，样本数量由 n 增加到 $4n$，置信区间大约缩短一半。

n 自由度 t 分布是 n 个正态分布之和的分布，当 n 足够大时，t 分布收敛于标准正态分布。与标准正态分布相比，t 分布的概率密度函数曲线更扁平一些。对于有限样本数 n 总有 $t_{n-1,\,1-\alpha/2} > z_{1-\alpha/2}$。

试运用 t 分布与正态分布的关系来分析前两条规律的变化情况。

第六节　随机变量的比较

在对比不同的系统方案时，经常需要对比系统性能参数，例如采用两种排队规则时的队列长度，采用两种订货策略时的平均库存水平。假定 Y_i（$i = 1, 2$）是从两个不同系统方案得到的性能参数，这里简单介绍比较两个随机变量的方法。首先确定每个系统方案的运行长度和重复运行的次数。由仿真运行得到两个参数的输出结果，Y_{r1}（$r=1$，2，$\cdots$，R_1）和 Y_{r2}（$r=1$，2，$\cdots$，R_2），其中 R_1 为第 1 个系统方案的仿真运行次数，R_2 为第 2 个系统方案的仿真运行次数。

计算出两个系统性能参数的点估计，$\bar{Y}_i = \dfrac{\sum\limits_{r=1}^{R_i} Y_{ri}}{R}$。

系统性能参数之差的一个点估计为：

$$\hat{Y}_1 - \hat{Y}_2 = \bar{Y}_1 - \bar{Y}_2 \tag{6-11}$$

随机变量之差 $Y_1 - Y_2$ 的 $100\left(1 - \dfrac{\alpha}{2}\right)$% 置信区间为：

$$(\bar{Y}_1 - \bar{Y}_2) \pm t_{f,\,1-\alpha} s.\,e(\bar{Y}_1 - \bar{Y}_2) \tag{6-12}$$

式中，$s.\,e\,(\bar{Y}_1 - \bar{Y}_2)$ 为点估计的标准偏差。

如果 Y_{r1}（$r=1$，2，$\cdots$，R_1），Y_{r2}（$r=1$，2，$\cdots$，R_2）为独立采样的结果，即用不同的而且独立的随机数来仿真两个系统方案所得到的结果，则两个随机变量的方差为：

$$\sigma_1 = var(\bar{Y}_1)，\ \sigma_2 = var(\bar{Y}_2)，\ \sigma_1 \neq \sigma_2$$

相应的样本方差为 S_1 和 S_2。

满足上述条件的标准偏差为：

$$s.\,e(\bar{Y}_1 - \bar{Y}_2) = \sqrt{\frac{S_1^2}{R_1} + \frac{S_2^2}{R_2}} \tag{6-13}$$

t 分布的自由度按照下面的公式来估算：

$$f = \frac{(S_1^2/R_1 + S_2^2/R_2)^2}{(S_1^2/R_1)/(R_1 - 1) + (S_2^2/R_2)/(R_2 - 1)} \tag{6-14}$$

在比较两个随机变量时，不能仅根据其点估计的结果就做出判断，应该通过其差值的置信区间来判断。只有严格满足上述独立性要求的时候，才能用式（6-11）、式（6-12）来构造置信区间。在其他情况下如何构造置信区间，在这里不做进一步讨论。

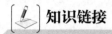

知识链接

随机变量之间的关系

相关性与独立性是随机变量的两个最重要的关系，二者也是经常会被混淆的概念。从本质上讲，两个随机变量独立是指两者发生的概率互不受影响。两个随机变量相关一般用相关系数来表征其线性相关的程度。

请思考：相关性与独立性之间是否存在某种关系？

第七节 敏感度分析

敏感度分析研究系统输入变量的变动对系统性能的影响程度，在实验科学、系统评估等领域有广泛的研究。在系统仿真中，把系统输入变量称为因子；因子的每个可能取值是因子的水平；把输出的系统性能指标称为响应。

假定系统的因子为 v，响应为 R。如果能够建立系统响应的解析表达式 $R(v)$，而且因子是连续变动的，那么求偏导数可以得到响应随因子变动的梯度 $\dfrac{\partial R}{\partial v}$，这个梯度代表了系统响应对因子变动的敏感程度。

进行实际系统仿真时，通常无法给出响应的解析表达式，也不能给出响应梯度的解析式。用因子变动方法进行敏感度分析的基本步骤如下。

（1）确定系统的响应：尽量采用单个系统性能指标作为响应，如果需要综合考虑多个性能指标，可以定义一个目标函数。

（2）确定因子的变动范围和变动的步长。

（3）确定对应每个因子取值的仿真试验方法和仿真运行次数。经常采用重复运行法和重复运行–删除法，建议单个因子取值的仿真运行次数为 5 次。

（4）将因子变动与响应的变动做对比。可以用响应曲线来判断响应的敏感度。

第八节 正交设计

在进行系统设计和方案对比的时候，需要知道哪些因子对系统性能的影响比较大。由于事先无法知道哪些因子起主要作用，因此需要全面分析各因子的影响程度。当考察的因子比较多时，进行全面试验（把所有因子的任意水平进行组合）需要很多次仿真。例如，某个系统有 7 个 2 水平的因子，则全面试验需要 $2^7 = 128$ 次。

采用正交设计，可以合理安排试验次数。用较少的试验次数取得预期的结果。

正交设计是一种安排试验的方法。其具有以下两个主要特点。

（1）任意一对因子的任意一个水平组合必在试验中出现，而且出现的次数相同。

（2）总试验次数比全面试验的次数少很多。

系统有 7 个因子，假设每个因子有 2 个水平，用正交设计来安排试验，只需要 8 次试验。

例 6-10 某钢铁厂为了提高铁水温度，需要通过试验选择最好的生产方案，经过分析有 3 个因子影响铁水的温度：焦比、风压和底焦高度。每个因子考虑 3 个水平，如何安排 3 个因子的水平以获得最高的铁水温度。表 6-5 给出了试验因子与水平，按照表 6-6 安排试验。表 6-6 可满足 4 个因子、每个因子 3 个水平的情形，本案例是 3 个因子、每个因子 3 个水平，所以该表是适用的。

表 6-5　　　　　　　　　　　　　试验因子与水平

水平	焦比	风压（Pa）	底焦高度（m）
水平 1	1：16	22610	1.2
水平 2	1：18	30590	1.5
水平 3	1：14	26600	1.3

在这里把铁水温度作为试验指标。因子的水平为 3，共有 3 个因子，进行全面试验需要做 27 次，用正交表 $L_9(3^4)$ 安排试验，做 9 次试验。焦比、风压、底焦高度分别为因子 A、因子 B、因子 C，把因子 A、因子 B、因子 C 安排在正交表 $L_9(3^4)$ 的前三列上，按照确定的水平和正交表中的试验号进行试验。例如，将 A 因子的第 1 个水平 1：16、B 因子的第 1 个水平 22610Pa、C 因子的第 1 个水平 1.2m 组合起来做一次试验，试验号为 1。

所有试验结果如表 6-7 所示。

表 6-6　　　　　　　　　　　　　正交表 $L_9(3^4)$

试验号	因子 1	因子 2	因子 3	因子 4
1	1	1	1	1
2	1	2	2	2
3	1	3	3	3
4	2	1	2	3
5	2	2	3	1
6	2	3	1	2
7	3	1	3	2
8	3	2	1	3
9	3	3	2	1

表 6-7　　　　　　　　　　　　　　试验结果

试验号	因子 A	因子 B	因子 C	钢水温度（℃）（减去 1350）
1	1	1	1	15
2	1	2	2	45

试验号	因子 A	因子 B	因子 C	钢水温度（℃）（减去1350）
3	1	3	3	35
4	2	1	2	40
5	2	2	3	45
6	2	3	1	30
7	3	1	3	40
8	3	2	1	40
9	3	3	2	60

计算第 i 个水平所对应的试验指标的总和 K_i。例如，计算表 6-7 第 1 列中水平为 1 的试验指标之和，写在表 6-8 中 K_1 所在行的第 1 列。计算第 i 个水平所对应的试验指标的均值 k_i，列在表 6-8 中。计算表 6-8 中各列的极差（用每列中最大的均值减去最小的均值），该极差反映了因子水平变动对试验指标的影响。极差最大的那个因子是主要因子，即因子 C 的影响最大，其次为因子 A。$A_3B_2C_2$ 为优化的方案。

表 6-8　　　　　　　　　　试验指标的极差分析

试验指标	因子 A	因子 B	因子 C
K_1	95	95	85
K_2	115	130	145
K_3	140	125	120
k_1	31.7	31.7	28.3
k_2	38.3	43.3	48.3
k_3	46.7	41.7	40.0
均值的极差	15.0	11.6	20.0

注：k_1、k_2、k_3 和均值的极差均保留 1 位小数。

按照正交表安排试验的步骤如下。

（1）明确试验目的，确定要考核的试验指标。

（2）确定要考察的因子和因子的水平。

（3）选用合适的正交表。

（4）根据正交表中试验号的安排进行试验并记录试验指标。

（5）计算各水平所对应的试验指标的总和（K_1，K_2，…）。

（6）计算各水平所对应的试验指标的均值（k_1，k_2，…）。

（7）计算各因子的试验指标均值的极差（均值的最大差值）。

（8）极差最大的因子为主要因子。当试验指标越大越好时，均值 k_i 最大者所对应的水平为优化水平；当试验指标越小越好时，均值 k_i 最小者所对应的水平为优化水平。

🛠 课程思政

如何从认识论、实践论和方法论角度来总结理论部分知识呢？同学们可以用思维导图等方式梳理课程理论知识，以下内容供参考。

在认识上，牢记不忘初心。仿真结果分析需要回看是否达成最初的目标，系统仿真的目标就是仿的初心。请思考在课程学习、专业学习上的初心是什么，这一点很重要！

在实践上，切忌浅尝辄止。例如，仿真软件上运行仿真模型得到的结果还需要用到其他工具来分析，随机变量比较可用来选择多个仿真方案的优劣，它取决于仿真目标/需求。

在方法上，注重实际成效。解决问题的方法有很多，到底哪种方法更合适，可用两种思路来解决：一是匹配问题特征和方法优势；二是多个方法比较分析，从而找到成效好的方法。

可以看到，方法的选择、实践的推进对于目标的达成很重要，而且相关决策取决于设定的目标。

第九节　参数的优化方法

系统仿真的最终目标之一是找到一组系统参数，获得优化的系统性能指标，例如，生产线每小时的最高产量，库存系统的最低库存水平、最少缺货次数等。要达到这样的优化目标，需要确定用怎样的系统结构和系统参数进行仿真，以及如何评价仿真的结果。

这一类参数优化问题可以归结为经典的数学优化问题——线性或非线性规划。假定系统的输出性能指标为 R，依赖于系统的输入因子 v_1，v_2，$\cdots$，v_k。参数优化的目的是使目标函数 $E\left[R(v_1, v_2, \cdots, v_k)\right]$ 最大或最小。输入因子有一定的取值范围，各因子之间有一定的约束关系，参数优化可以表示为以下的规划问题：

$$\max_{v_1, v_2, \cdots, v_k} E\left[R(v_1, v_2, \cdots, v_k)\right] \qquad (6\text{-}15)$$

$$\left.\begin{array}{c} l_1 \leqslant v_1 \leqslant u_1 \\ l_2 \leqslant v_2 \leqslant u_2 \\ \vdots \\ l_k \leqslant v_k \leqslant u_k \end{array}\right\} \qquad (6\text{-}16)$$

$$a_{11}v_1 + a_{12}v_2 + \cdots + a_{1k}v_k \leqslant c_1$$
$$a_{21}v_1 + a_{22}v_2 + \cdots + a_{2k}v_k \leqslant c_2$$
$$\vdots$$
$$a_{p1}v_1 + a_{p2}v_2 + \cdots + a_{pk}v_k \leqslant c_p$$

$$(6-17)$$

式（6-15）为目标函数，式（6-16）给出了输入因子的取值范围，式（6-17）是输入因子的约束条件。

用离散事件系统仿真结合优化算法来实现参数优化得到了广泛的应用。研究者们提出了许多优化算法，其中搜索算法应用得较多。常用的优化算法有单纯形法、响应曲面法、模拟退火算法、禁忌法和进化算法等。

进化算法利用生物进化中的遗传和选择原理，通过重组（交叉）、变异、选择以及群体的动态调整，达到全局寻优的目的，包括遗传算法（Genetic Algorithm，GA）、进化规划（Evolutionary Programming，EP）和进化策略（Evolutionary Strategy，ES）等。

其中，进化策略是一种搜索算法。ES 和 GA 之间的主要区别在于 GA 操作变量的编码串，而 ES 操作变量本身，因此 ES 能利用更多的有关领域的知识。根据选取下一代个体的方法，进化策略主要分为 (u, λ) 算法和 $(u + \lambda)$ 算法两种，u 为父代群体大小，λ 为子代群体大小。(u, λ) 算法只从子代个体中选择下一代个体，其具体实现步骤如下。

（1）初始化。在 n 维解空间中随机选取 u 个点 $X_1(0)$，$X_2(0)$，$\cdots$，$X_u(0)$，得到初始种群，设置 $m=0$，计算每个个体的适应值。

（2）产生中间群体。取 $\lambda \geqslant u$。

①设置 $i=1$。

②以等概率从种群 $X(m)$ 中选取两个个体 $X_{i1}(m)$，$X_{i2}(m)$。

③重组，交叉算子作用于 $X_{i1}(m)$，$X_{i2}(m)$，产生中间个体 $X'_{\mu+i}(m)$。

④变异，令：

$$X_{\mu+i}(m) = X'_{\mu+i}(m) + \Delta x$$

其中 $\Delta x \sim N(0, \sigma'^2) = [N(0, \sigma_1'^2), \cdots, N(0, \sigma_n'^2)]^T$，$N(0, \sigma_i'^2)$ 表示正态分布，且 Δx 的 n 个分量之间相互独立。

⑤若 $i=\lambda$，转步骤③，否则设置 $i=i+l$，转步骤①。

（3）选择。从 $\{X_{u+1}(m), X_{u+2}(m), \cdots, X_{u+\lambda}(m)\}$ 中选取 u 个适应值最高的个体组成新一代种群：$X(m+1) = \{X_1(m+1), X_2(m+2), \cdots, X_u(m+1)\}$。

（4）终止检验。判别 $X(m+1)$ 是否满足终止进化条件，如果满足则停止；否则设置 $m=m+1$，转到步骤②。

例6-11 如图6-4所示的两级库存系统有 A、B、C 三类货物，二级仓库给客户 1 和客户2供货，中心仓库向二级仓库转库，同时向各个供应商订货。二级仓库采用 (S, s) 的库存控制策略，中心仓库采用 (t, Q, r) 的订货策略，t 为1天。基本假设如下。

（1）本系统仓库容量足够大，供应商总能满足订货需求。

（2）当客户订货发生缺货时，二级仓库按库存量出库，缺货在到货后补齐。

（3）二级仓库订货发生缺货时，中心仓库按库存量出库，缺货在到货后补齐。

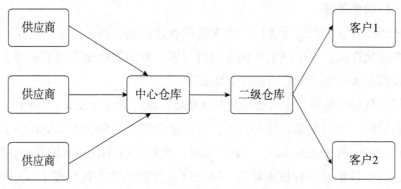

图6-4　两级库存系统

货物的订货费用、存储费用、缺货费用、转库费用、售价及其他库存系统参数如表6-9所示，采用 (Q, r, S, s) 作为系统的决策变量。库存系统行为的评价指标主要分为运行成本和客户满意程度两类，这里用库存系统在单位时间内实现的利润作为目标函数，其值为：

$$VF_{all} = VF_s - VF_{hc} - VF_h - VF_o - VF_{or} - VF_t \tag{6-18}$$

式中，VF_s 为单位时间内的销售额，VF_{hc} 和 VF_h 分别为中心仓库和二级仓库的库存维持费用，VF_o 为二级仓库缺货费用，VF_{or} 为中心仓库的订货费用与订货成本之和，VF_t 为转库费用，VF_{all} 的值越高，表明库存系统在满足客户需求和降低库存成本这两方面的综合水平越好。系统参数在表6-9中给出，表6-10列出了根据检验设定的决策变量初始值及其利润。

表6-9　　　　　　　　　　　　　　　　系统参数

货物类型		货物 A	货物 B	货物 C
需求时间间隔（天）	客户1	(0.5，1.5) 的均匀分布		
	客户2	(2，3，4) 的三角分布		
每次需求量（千件）	客户1	均值为3.5的指数分布	(2，6，7) 的三角分布	(7，12) 的均匀分布
	客户2	(8，15) 的均匀分布	(9，14) 的均匀分布	(20，26，35) 的三角分布
中心仓库订货提前期（天）		(3，5) 的均匀分布		

续 表

货物类型		货物 A	货物 B	货物 C
货物订购费用（元/件）	单价	10	10	5
	运输费用		0.5	
	订货费用	30	20	30
转库费用（元/件）			0.5	
转库时间（天）			（0.5，1）的均匀分布	
存储费用[元/（件×天）]	中心库	0.1	0.1	0.1
	二级库	0.2	0.2	0.1
二级库缺货费用[元/（件×天）]		1	1	0.5
货物售价（元/件）	客户 1	15	14	8
	客户 2	14	14	7.5

由系统仿真得到采用不同决策变量时系统的利润指标。在决策变量 (Q, r, S, s) 初始值的基础上，改变各个决策变量的值，进行初步寻优。比较仿真运行结果，设定货物 A 决策变量 (Q, r, S, s) 的寻优范围为（55000～75000）（20000～40000）（20000～35000）（15000～20000），步长为1000，状态空间大小为112896（21×21×16×16）。

采用进化策略寻优，设定仿真终止条件为：连续10代最高适应值的增加值不超过0.03或者总代数达到100代。从状态空间中随机选出7个初始群体，经重组和变异生成49个子代，选出适应性最高的7个作为新的父代，再次生成新的子代，不断重复直到满足终止条件，三种货物的系统最优决策变量取值及其利润如表6-11所示。

表 6-10　　　　　　　　　决策变量初始值及其利润

货物类型		货物 A	货物 B	货物 C
决策变量 (Q, r, S, s)（千件）		(66, 29, 25, 20)	(71, 29, 25, 20)	(109, 73, 60, 40)
利润（千元）	平均值	17.04	18.25	24.00
	标准偏差	1.04	1.08	1.07
	0.95 置信度	17.04 ± 0.20	18.25 ± 0.21	24.00 ± 0.21

表6-11　　　　　　　　　　系统最优决策变量取值及其利润

货物类型	货物 A	货物 B	货物 C
最优决策（千件）	(69, 27, 26, 23)	(79, 25, 26, 19)	(120, 64, 53, 50)
利润（千元）（0.95置信度）	19.19 ±0.19	19.76 ±0.25	26.94 ±0.27

 案例分析

连云港中云物流园区综合库作业过程仿真优化实例分析

连云港中云物流园区地处连云港市经济技术开发区东北部，东起陇海线连云港中云段铁路线，西至国家的粮食储备库，北沿平山路，南抵木材的转运仓库。中云物流园区是应港口发展需要，于2004年开工建设，2007年12月全面完成规划和调整的重要集疏运中心。园区占地面积约45万平方米，距离港口码头仅5千米，离主城区2千米，并且在园区0.5千米处有310国道和宁连高速通过，距离连霍高速路口也只有1千米。这样有利的地理位置和立体的交通网，为园区的集疏运创造了十分优越的条件，为集装箱和杂货的运输提供了保证，每年可为港口增加360万吨的货物堆存能力，使港口运力状况得到明显改善。下面将运用系统优化方法，对连云港中云物流园区综合库的现状进行建模和仿真，并提出切实有效的优化方案。

1. 综合库作业过程分析

中云物流园区综合库占地面积约9000平方米，是港口普通仓库的3倍左右，属于港口现代大型仓库。共设置大门5个，其中东侧入库门3个，西侧出库门2个；设置入库查验区2个，用于港口货物入库时的查验工作。还设置有入库暂存区、平面存放区、退货区、设备存放区、调度中心、分拣理货区、分拣存放区（2个）。

作为连云港港区内完成货物堆存的重要场所之一，中云物流园区综合库主要进行港口货物集散、查验、存储、装卸和处理等工作。

2. 综合库作业过程仿真建模

根据中云物流园区综合库的实际情况，库内退货区尚未启用，并且大件货物存放区、平面存放区、阁楼式货架区货物的存放大都比较固定、货量较小。因此，本案例将仿真优化的重点放在港口货物入库经暂存区、入库查验区运至可调高层货架，再经分拣理货区、分拣存放区出库的整个作业过程。

根据中云物流园区综合库的实际情况，本案例仿真过程中需要设置的实体参数主要包括：货架参数、货物到达参数、处理器参数、暂存区容量、叉车参数等。完成所有仿真模型参数设置后，便可对中云物流园区综合库仓储作业过程进行仿真运行。在此基础上，本案例根据中云物流园区综合库货物到达的特点，对综合库的仿真运行进一步细化，分两次进行仿真运行和结果输出。一次仿真时段为上午 10 点至 12 点，共 2 小时，仿真时间 7200 秒；一次为下午 3 点至 6 点，共 3 小时，仿真时间 10800 秒。两个时间段到货比例为 7：9。在实验控制器中设置需要输出的各项绩效指标，对该模型完成仿真运行后，得出仿真结果输出均值如表 6-12 所示。

表 6-12　　　　　　　　　　　　　仿真结果输出均值

实体类型	作业人员 1	作业人员 2	作业人员 3	作业人员 4	叉车 1	叉车 2	叉车 3
平均利用率（%）	36.91	27.58	29.41	35.70	67.67	67.56	66.60

3. 仿真结果分析及评价

通过对仿真结果分析可见，中云物流园区综合库内的搬运机械无论在配备数量方面还是使用情况方面，都能够很好地满足出入库作业的需求。然而对于仓储作业过程中的一些人工活动，其效率相对比较低下、利用率不高，对整个系统产生不利影响，应当予以优化。

4. 综合库作业过程优化

经研究发现，中云物流园区综合库中人员利用率较低的主要原因在于，库中作业人员的配备数量过高，从而降低了单位人员的利用率和作业效率。因此，在不改变综合库当前作业过程的情况下，本案例拟采用减少一半作业人员数量，同时对作业人员进行必要的业务培训，以提高其作业效率的办法来改善系统目前的问题。

具体地，在原有的中云物流园区综合库仿真模型基础上，不改变各实体的连接方式和临时实体的流动过程，减少一半作业人员数量，建立新的仿真模型。按照同样的仿真方法对该综合库再次进行分时段仿真运行并观察，系统仿真优化前后结果如表 6-13 所示。

表 6-13　　　　　　　　　　　　　系统仿真优化前后结果

项目	上午时段优化前利用率（%）	上午时段优化后利用率（%）	下午时段优化前利用率（%）	下午时段优化后利用率（%）
作业人员 1	30.60	71.47	24.56	56.99
作业人员 2	31.89	69.49	26.92	53.82

由此可见，经过优化后中云物流园区综合库中作业人员的利用率得到了明显提高，在保证系统正常运行的同时达到最优的 70% 左右的水平。同时由于人工仓储作业现状的明显改善，也使得整个系统得以高效运行。

专业术语

1. 独立同分布的（Independent and Identical Distribution，IID）

2. 置信区间（Confidence Interval）

3. 终止型仿真（Terminating Simulation）

4. 非终止型仿真（Nonterminating Simulation）

5. 稳态仿真（Steady State Simulation）

6. 稳态周期仿真（Steady State Cycle Simulation）

7. 重复运行法（Fixed-sample-size Procedure）

8. 序贯程序法（Sequential Procedure）

9. 重复运行-删除法（Replication Deletion Approach）

10. 敏感度分析（Sensitivity Analysis）

11. 正交设计（Orthogonal Design）

12. 遗传算法（Genetic Algorithm，GA）

13. 进化规划（Evolutionary Programming，EP）

14. 进化策略（Evolutionary Strategy，ES）

【基础练习】

一、判断题

1. 通常情况下，根据研究目的和系统特征不同，可以把系统仿真分为两种不同类型：终止型仿真和非终止型仿真。（　　）

2. 系统存在稳态表示在某次仿真运行中系统进入稳态后，不同时刻的随机变量取相同的数值。（　　）

3. 终止型仿真结果分析主要采用重复运行-删除法、批均值法、稳态序贯法和再生法。（　　）

4. 进化算法利用生物进化中的遗传和选择原理，通过交叉、变异、选择以及群体的动态调整，达到全局寻优的目的，包括遗传算法、进化规划和进化策略。（　　）

二、简答题

1. 离散事件系统仿真的运行状态可以分为哪几类？

2. 请列举出两个需要进行终止仿真的系统的实例。

3. 为什么不能用一次仿真运行的结果来分析实际系统？为什么需要根据多次独立仿真的结果，构造系统变量的置信区间？

4. 离散事件系统达到稳定状态的含义是什么？

三、计算题

用系统仿真分析一个呼叫中心运作的情况，记录了在一周内遇到占线的呼叫电话数目占所有呼叫电话数目的比例。通过 10 次独立仿真运行得到的电话占线比例如表 6-14 所示。

表 6-14	电话占线比例		
独立运行编号	电话占线比例（%）	独立运行编号	电话占线比例（%）
1	11.099	6	9.114
2	8.487	7	11.105
3	9.728	8	11.397
4	9.094	9	10.535
5	10.448	10	11.251

（1）按照 95% 的置信水平，构造电话占线比例的置信区间。

（2）分析上述置信区间是否能够达到预期的置信度。

【知识应用】

请查阅案例分析中连云港中云物流园区的相关资料，按照物流系统仿真的一般步骤建立模型并运行，根据仿真结果进行仿真评价，给出系统优化的思路。

【软件实践】

学习并完成第十章第三节、第十章第四节实验。

第七章　AnyLogic 软件概述

📍 学习目标

知识目标

1. 掌握 AnyLogic 软件的下载与安装方法。

2. 熟悉 AnyLogic 的用户界面、主菜单。

3. 熟悉 AnyLogic 的主要功能及其与菜单、工具栏的关系。

4. 熟悉 AnyLogic 的主要视图及其作用。

技术目标

1. 搭建 AnyLogic 软件的运行环境。

2. 根据模型类型选择适当的模型库及其中的对象。

3. 合理布局 AnyLogic 软件中的视图。

职业能力目标

1. 培养主动学习探索的能力。

2. 熟悉 Windows 支持下软件的基本功能。

3. 增强计算机综合应用的能力。

⊕ 物流聚焦

工业 4.0 全新热点聚焦——智能物流仿真

作为工业 4.0 核心组成部分的智能物流是降低社会仓储物流成本的终极方案：在工业 4.0 的智能工厂框架中，智能物流是连接制造端和客户端的核心环节。因国内企业在智能物流行业的技术积累好于工业 4.0 其他领域，目前已经得到大量的推广与运用，特别是得益于电子商务、冷链需求爆发，智能物流在电子商务、第三方物流、全冷链生鲜配送等环节产生了明显的效应，在分拣速度、管理软件平台、出入库速度、管理效率和用户体验的需求方面有巨大的改变。

工业 4.0 时代的智能物流将以供应链的整合和产业链的优化为主导，企业还需要不断对自身的整个运作流程进行梳理、诊断、优化，实现从量变到质变，才能达到提升生产及物流效率的目标。自动化、信息化、智能化将为流程改进方案的落地提供有力的支撑。

电子商务、冷链需求爆发，智能物流是未来自动化领域最好的细分市场之一：电子商务、第三方物流、全冷链生鲜配送等新兴物流方式正在深刻地改变着下游市场，企业除了需要节约不断上涨的人工成本，还需要应对急剧上升的处理速度、管理效率和用户体验方面的需求。

AnyLogic是一款应用广泛的，对离散事件、系统动力学、多智能体和混合系统建模和仿真的软件，广泛应用于物流、供应链、制造生产、行人交通仿真、行人疏散等领域。AnyLogic软件的特点、功能、实体、实体的参数与属性有哪些呢？本章将回答这些问题。

本章主要介绍如何下载和安装AnyLogic软件，帮助学生了解AnyLogic用户界面、主菜单、主要功能和视图。

第一节　AnyLogic 软件下载与安装

AnyLogic软件的应用领域包括：物流、供应链、制造生产、行人交通仿真、城市规划建筑设计、城市发展及生态环境、经济学、业务流程、服务系统、应急管理、GIS信息、公共政策、港口机场、疾病扩散等。

AnyLogic是一款独创的仿真软件，它以最新的复杂系统设计方法论为基础，是第一个将UML（统一建模语言）引入模型仿真领域的工具，也是唯一支持混合状态机这种能有效描述离散和连续行为的语言的商业化软件。

使用AnyLogic，用户不需要另外学习编程语言或图形语言。AnyLogic所有的建模技术都是以UML-RT、Java和微分方程（若用户想要为连续行为建模）为基础的，这些也是目前大多数先进用户所熟悉的技术。如果你比较喜欢快速的"拖—拉式"建模，AnyLogic也提供一系列针对不同领域的专业库。

AnyLogic不是免费的软件，需购买使用权限，激活软件后方能正常使用。同时，AnyLogic官方网站也为用户提供了试用版软件，只不过这类软件的功能受到一定限制。下面以Personal Learning Edition版（个人学习版）的Windows平台为例，具体介绍AnyLogic试用版下载与安装过程。

（1）AnyLogic软件可在AnyLogic官方网站下载。下载界面如图7-1所示，单击"下载试用"。

图 7-1　下载界面 1

（2）填写信息，单击"下载"，如图 7-2 所示。

下载AnyLogic PLE
填写如下表格，试用AnyLogic PLE版本

名*	电话*
姓*	选区域* China
组织*	选择操作系统*
专业领域*	您在什么领域使用仿真? *
部门	您是如何知道AnyLogic? *
商务邮件*	☑ 注册获取每月快讯、学习材料及产品资讯

下载

图 7-2　下载界面 2

（3）双击下载完成的安装程序以启动安装。如图 7-3 所示，单击"I Agree"。

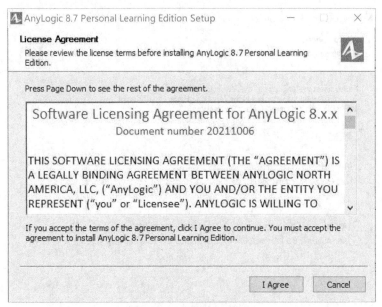

图 7-3 安装程序步骤 1

（4）单击"Customize"，如图 7-4 所示。

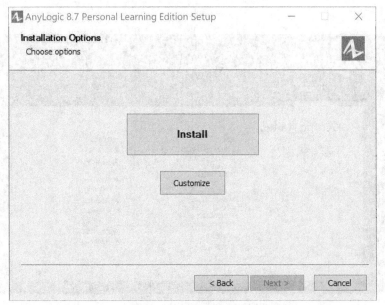

图 7-4 安装程序步骤 2

（5）选择语言"Chinese"，选择相应的安装路径，并单击"Install"进行安装，如图 7-5 所示。

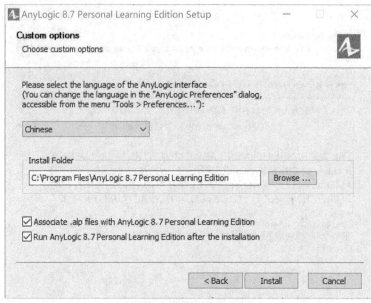

图7-5　安装程序步骤3

（6）安装完成后，程序将会自动跳转到软件打开时的欢迎界面，如图7-6所示。

图7-6　欢迎界面

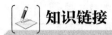 **知识链接**

安装完成后如何设置软件的语言？

答：打开软件，在菜单栏依次选择"工具""偏好"，在弹出的对话框中选择"常规"，找到"语言"选项，根据自己的习惯选择中文或者英文。

第二节　AnyLogic 用户界面与主菜单

打开 AnyLogic，欢迎界面如图 7-6 所示。通过单击"创建新模型"进入如图 7-7 所示的工作界面，即可开始仿真建模。

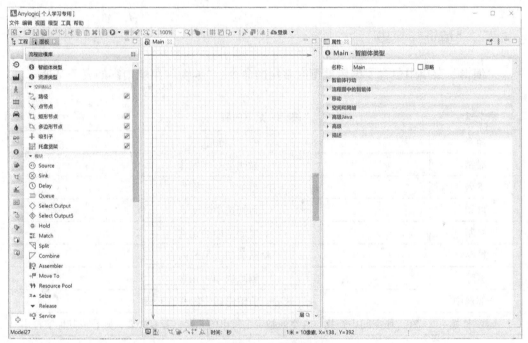

图 7-7　工作界面

一、"文件"菜单

"文件"菜单中包含了 AnyLogic 的基本操作命令。"文件"菜单内容如表 7-1 所示。

表 7-1 　　　　　　　　　　　"文件"菜单内容

命令	功能
新建	创建一个新模型
打开	打开已有模型
最近打开的模型	按照先后顺序显示用户近期打开过的模型
保存	保存选中模型中的所有修改
另存为	将选中模型另存为其他路径及其他名字
保存所有	保存当前空间中所有打开的模型
关闭	关闭选中模型
关闭所有	关闭当前空间中所有打开的模型
退出	退出 AnyLogic

二、"编辑"菜单

"编辑"菜单中包含了编辑模型时常用的命令。"编辑"菜单内容如表 7-2 所示。

表 7-2 　　　　　　　　　　　"编辑"菜单内容

命令	功能
撤销	撤销上一步操作
重做	重复上一步操作
剪切	剪切选中的元素
复制	复制选中的元素
粘贴	粘贴剪切板中的内容
删除	删除选中的元素
全部选中	选中当前编辑器中的所有元素
查找/替换	在工作空间中查找包含空间指定字符串的元素，若有必要，则替成其他字符串

三、"视图"菜单

"视图"菜单中包含了用于操作当前工作空间中已打开的视图的命令。"视图"菜单内容如表 7-3 所示。

表 7-3 　　　　　　　　　　　"视图"菜单内容

命令	功能
工程	打开或关闭工程视图

命令	功能
属性	打开或关闭属性视图
面板	打开或关闭面板视图
控制台	打开或关闭控制台视图
问题	打开或关闭问题视图
搜索	打开或关闭搜索视图
日志	打开或关闭日志视图

四、"模型"菜单

"模型"菜单中包含了操作模型时需要用到的命令。"模型"菜单内容如表 7-4 所示。

表 7-4   "模型"菜单内容

命令	功能
构建	构建选中的模型
运行	运行下拉列表中选中的模型
停止	停止当前运行的模型

五、"帮助"菜单

"帮助"菜单中包含了打开帮助信息等命令。"帮助"菜单内容如表 7-5 所示。

表 7-5   "帮助"菜单内容

命令	功能
欢迎	打开 AnyLogic 欢迎页面
AnyLogic 帮助	打开 AnyLogic 的帮助窗口
关于 AnyLogic	查看 AnyLogic 的版本等信息

第三节 AnyLogic 的主要功能

一、代码提示功能

AnyLogic 提供了方便的代码提示功能,有了这项功能,在输入函数、变量及参数的时候就不用输入它们的全名了，可以大大减少代码输入的工作量。可以使用代码提示向导输入变量名或者函数名。

代码提示向导类似于一个下拉列表，其中包含了变量、参数和函数名称，按照字母顺序排序，只需要从列表中选择想要输入的变量、参数或函数名称，它就会被自动插入代码中，十分方便。

代码提示向导快捷键设置操作如下。

（1）依次单击菜单栏中的"工具""偏好"选项。

（2）在弹出的对话框中选择"组合键"选项，右侧即显示代码完成命令的键序。

注意：由于系统默认的组合键被占用，因此，打开"工具"，选择"偏好"，选择"组合键"，光标停留在系统默认的组合键上，同时按"Alt+X"键，保存设置。

利用代码提示向导插入名称的具体操作如下。

（1）把光标移动到将要插入名称的位置。

（2）同时按"Alt+X"键，代码提示向导将会弹出，如图7-8所示，其中列出了当前模型中的所有变量和函数。

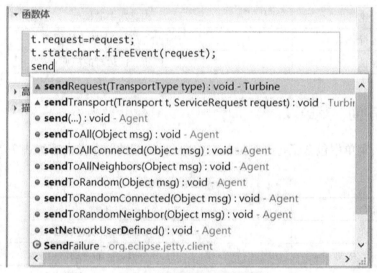

图7-8　代码提示向导示意

（3）移动滚动条，找到想要插入的名称或者输入名称的前几个字母，直到该名称位于代码提示向导列表中的顶部。

（4）单击想要插入的名称。代码提示向导将会在弹出的文本框中显示该名称对应对象的细节描述。

（5）双击该名称即可将需要的代码插入。

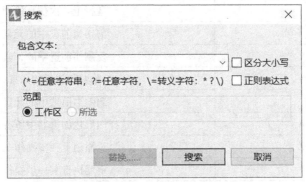

二、文本搜索功能

AnyLogic 支持在工作台内进行文本搜索。具体操作如下。

（1）单击工具栏中的 ✐ 按钮，AnyLogic 会弹出"搜索"窗口，如图7-9所示。

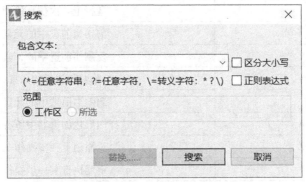

图7-9　"搜索"窗口

（2）在文本编辑框中输入想要搜索的字符串。在下拉菜单中可以选择最近执行过的搜索记录，或者对其进行调整。在输入字符串表达式时，还可以使用以下通配符。

"＊"：代替任意长度的字符串，包括空字符串。

"？"：代替一个字符。

"＼"：转义字符，如果在搜索表达式中本身包含了"＊""？""＼"，需要在这些字符前输入一个转义字符，以表示这些字符不作为通配符使用。

（3）如果在搜索时需要区分大小写，可以选中"区分大小写"选项。

（4）如果在搜索时需要指定匹配规则，可以选中"正则表达式"选项。

（5）使用"范围"单选按钮指定搜索范围。范围可以是整个工作空间，也可以是当前选中的模型元素。

（6）单击"搜索"按钮，搜索完成后，搜索结果将会出现在搜索视图中。

三、快捷键功能

AnyLogic 提供了大量的快捷键，以使用键盘代替鼠标执行某些命令。

此外，AnyLogic 还支持标准的 Windows 快捷键。在对话框中按"Alt"键和带有下划线的字符能够激活相应控件，还有一些键可以用来改变鼠标的动作，例如，在图形化编辑器中拖拽某个对象时，按住"Ctrl"键不放，鼠标原先的移动操作就变成了复制操作。快捷键及对应功能如表7-6所示。

表 7-6　　　　　　　　　　　　　　　　快捷键及对应功能

快捷键	功能
Alt+F4	退出 AnyLogic
F1	打开 AnyLogic 帮助窗口
F7	构建所有模型
F5	运行上一次仿真模型
Ctrl+X	剪切当前选中的元素
Ctrl+C	复制当前选中的元素
Ctrl+V	粘贴剪切板的元素
Del	删除当前选中的元素
Ctrl+A	选择图形化编辑器中所有元素
Ctrl+Z	撤销上一步操作
Ctrl+Y	重复执行上一步操作
Ctrl+F	查找与替换
Ctrl+N	创建新模型
Ctrl+O	打开现有模型
Ctrl+S	保存当前选中的模型
Ctrl+Shift+S	保存所有打开的模型

四、帮助功能

AnyLogic 的帮助系统，可以浏览、查找、标注及打印帮助文档。AnyLogic 的帮助文档是按照内容的相关性进行组织的。帮助系统还提供了文本检索功能，以便通过短语或者关键词快速查找需要的内容。此外，上下文相关帮助功能能够给出与当前正在使用的功能相关主题的帮助。

在使用 AnyLogic 的帮助系统时，既可以在工作台的"帮助"视图中打开，也可以在独立的窗口中打开，它们显示的内容是相同的。

1. "帮助"窗口

"帮助"窗口中显示了使用 AnyLogic 的相关帮助。"帮助"窗口与"帮助"视图中的内容是相同的，可以在主菜单中选择"帮助"，单击"AnyLogic 帮助"打开该窗口。打开"帮助"窗口后首先看到的是"内容"页面，该页面为帮助文档的目录。单击其中任意的一个链接，就可以打开文档的导航树。

可以使用 AnyLogic 自带的浏览器打开"帮助"窗口。

"帮助"窗口由两个子窗口组成：左侧为导航子窗口，右侧为主题子窗口，窗口顶部还提供了在浏览帮助系统时可供使用的功能按钮。

2. 上下文相关的帮助

在实际使用 AnyLogic 完成项目时，如果遇到了问题，可以使用上下文相关帮助功能获取帮助。选中想得到帮助的元素（通过鼠标单击或者按"Tab"键），然后按"F1"键。

五、模型操作功能

AnyLogic 的工作单元称为模型（Model），它是用于建立 AnyLogic 仿真模型的工作空间，是工程视图的工程树结构中的最顶层元素。

1. 创建新模型

（1）单击工具栏中的"新建模型"按钮，或者在主菜单中依次选择"文件""新建模型"，或者按"Ctrl+N"键，弹出"新建模型"对话框。

（2）在"模型名字"文本框中输入模型的名字。

（3）单击"浏览"按钮可以修改文件保存位置。

（4）如果有必要可修改 AnyLogic 将要创建的 Java 包名称。

（5）上述操作完成后，单击"完成"按钮创建新的模型。

2. 打开模型

AnyLogic 允许同时打开多个模型，每打开一个模型之后，AnyLogic 将把该模型添加到当前的工作空间中。每次启动时，AnyLogic 都将打开工作空间中的所有模型。

AnyLogic 还提供了快速访问最近打开的模型文件的功能。可以在"文件"菜单最下方的最近打开的模型文件列表中选择希望再次打开的模型。

（1）单击工具栏中的"打开"按钮，或者在主菜单中依次选择"文件""打开"，或者按"Ctrl+O"键，弹出"打开"对话框。

（2）在资源管理器中找到想打开的模型文件，双击该文件，或者选中该文件后单击"打开"按钮。

3. 保存模型

（1）保存当前模型。

单击工具栏中的"保存"按钮，或者在主菜单中依次选择"文件""保存"，或者按"Ctrl+S"键进行当前模型的保存。

（2）另存当前模型。

在主菜单中依次选择"文件""另存为"，弹出"另存为"对话框，这里可以修改模型的名称和保存位置，最后单击"保存"按钮。

（3）保存所有模型。

单击工具栏中的"保存所有"按钮 ，或者在主菜单中依次选择"文件""保存所有"进行保存。

4. 关闭模型

可以随时从当前的工作空间中移除某个已经打开的项目。在主菜单中依次选择"文件""关闭"，关闭模型。

5. 管理模型中的元素

如果需要的话，可以将模型中的某些元素和（或）它们的名字从演示界面中移除，而不必将这些元素从模型中删除。

（1）在演示界面中显示/隐藏模型中元素的名称。

在图形化编辑器中选中该元素，在属性视图的"工程"页面中选中或者取消"演示"复选框。

（2）添加/排除模型元素。

临时将元素从模型中排除这个功能在对模型进行调试的时候十分有用，因为在设计模型时，可以通过排除某个元素来调整模型的结构。排除后的元素仍然会在图形化编辑器中显示，并且如果需要的话可以随时添加回模型中。

在图形化编辑器中选中该元素，在属性视图的"工程"页面中取消或者选中"可见"复选框。

6. 创建模型文档

类似于编程中的注释，为了使模型便于理解，AnyLogic 允许为模型中的每个元素添加一段描述性的文字。为了将来能够方便地利用已有模型元素，建议在创建模型元素时对其进行注释，这些注释信息应当尽可能简单、灵活并且与其他元素保持独立。

添加模型元素的描述信息步骤如下。

（1）在图形化编辑器中选中一个元素。

（2）在属性视图的"名称"页面中输入该元素的描述信息。

第四节　AnyLogic 视图

一、"工程"视图

在"工程"视图中，用户可以访问工作区中打开的 AnyLogic 项目，利用工程树可方便查看各模型及模型中的元素。默认情况下，模型本身为最顶层，Main、Simulation

及添加的相关智能体类型为第二层。模型中包含的智能体类型 Main—🟢 **Main**，为默认的视图区域；还包括实验 Simulation—⊗ Simulation: Main、内置数据库—🗄 数据库（默认为空）、运行配置元素—☁ 运行配置: Main，这几部分允许在将模型的输入和输出上传到 AnyLogic 云之前对其进行调优。默认条件下，"工程"视图显示在 AnyLogic 窗口的最左边，如图 7-10 所示。

图 7-10　"工程"视图

二、"面板"视图

"面板"视图由建模所需的库资源和模型元素所组成，如图 7-11 所示。以 AnyLogic Professional Edition 8.7（专业版 8.7）为例，其自带面板有 17 个，分别为：流程建模库（Process Modeling Library）、物流搬运库（Material Handing Library）、行人库（Pedestrian Library）、轨道库（Rail Library）、道路交通库（Road Traffic Library）、流体库（Fluid Library）、系统动力学（System Dynamics）、智能体（Agent）、演示（Presentation）、空间标记（Space Markup）、分析（Analysis）、控件（Control）、状态图（Statechart）、行动图（Actionchart）、连接（Connectivity）、图片（Picture）、三维物体（3D Object）。

图7-11　"面板"视图

三、"属性"视图

　　"属性"视图用于查看和修改当前选中的模型元素的属性，如图7-12所示。当在"工程"视图中或者图形化编辑器中选中某个元素时，"属性"视图中将显示该元素所对应的相关属性。

图7-12　"属性"视图

"属性"视图中包含编辑框、复选框、按钮等控件，用于查看和修改属性。所选对象的类型不同，展示的页面的数量及其外观不同。默认情况下，"属性"视图停靠在AnyLogic窗口的右侧。

四、"问题"视图

AnyLogic支持对类型、参数和图表语法进行实时检查。在AnyLogic工作空间中创建模型时，AnyLogic会自动检测到一些问题或错误。在代码生成和编译期间发现的错误将显示在"问题"视图中。"问题"视图停靠在AnyLogic窗口的下侧（见图7-13）。

图7-13　"问题"视图

显示或隐藏"问题"视图：在主菜单中选择"视图"，单击 问题 。

显示错误位置：双击错误提示行 ⊗ ，响应的错误将会在图形化编辑器中打开并自动定位到相应的代码行；对于绘图错误，双击后会在图形化编辑器中打开相应的图形，并高亮显示无效的图形。

在AnyLogic窗口中双击错误，不一定能够给出准确的错误位置。例如，使用了一个Java无法解析的标识符，这个标识符可以是一个未声明的变量、一个参数或其他任何东西，在这种情况下，AnyLogic会显示一个Java文件，该文件以只读的方式打开，需要用户去查找真正的错误位置。

五、"搜索"视图

"搜索"视图用来显示查询的结果，如图7-14所示。

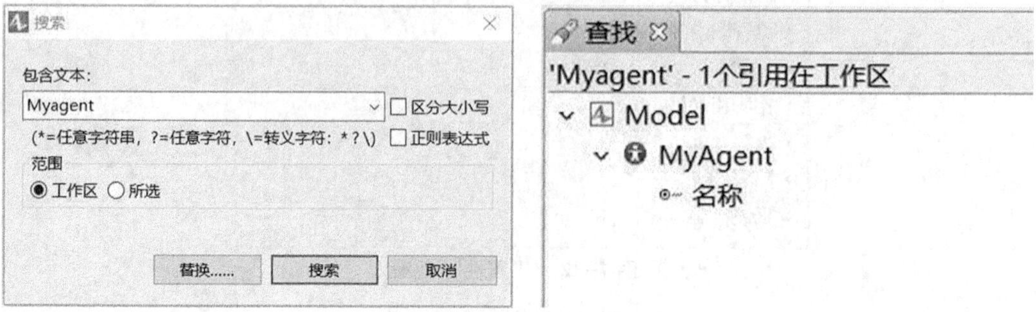

图7-14 "搜索"视图

显示或隐藏"搜索"视图：在主菜单中选择"视图"，单击 🔍 查找 。

搜索结果以树形结构显示，结构树中包含与搜索表达式相匹配的模型元素。双击对应的元素，与搜索表达式相匹配的元素将在结构树中被选中，并且该元素将在打开的搜索视图中突出显示。

六、"控制台"视图

"控制台"视图中显示了模型执行的输出结果，该视图也允许输入必要的控制参数。"控制台"视图能够显示三种类型的文本，分别为标准输出、错误输出和标准输入，每种类型用不同的颜色加以区分，图7-15所示为"控制台"视图（错误输出）。

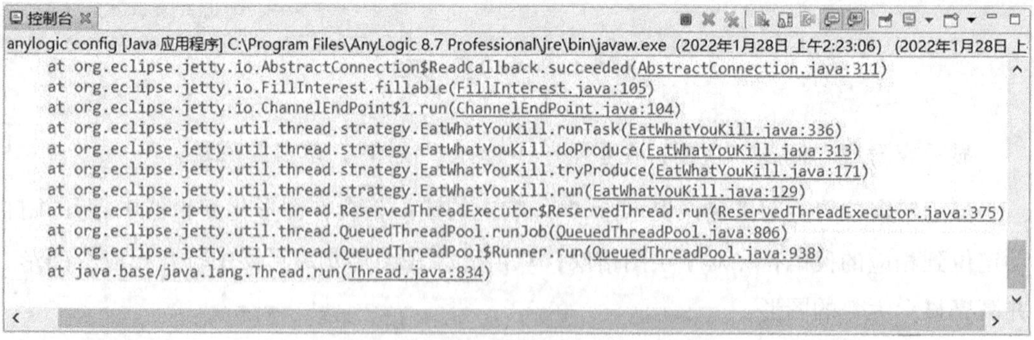

图7-15 "控制台"视图（错误输出）

七、"帮助"视图

"帮助"视图提供 AnyLogic 的在线帮助。该视图由若干个页面组成，每个页面以不同的方式显示帮助信息。可以利用"帮助"视图底部的超链接在各个页面之间切换。另外，单击某个主题后，可以显示其具体内容。

显示或隐藏"帮助"视图：在主菜单中选择"帮助"，单击 ⑦ AnyLogic帮助 。

相关主题页面中列出了与当前工作台内容相关的帮助主题，"帮助"视图如图7-16 所示。"AnyLogic 帮助"部分显示了与当前上下文相关的帮助信息，"FAQ"部分显示了一些可能与当前上下文相关的帮助主题。例如，如果工作台当前活动部分是 Java 透视图中的包浏览器，相关主题页面中将会显示描述"包浏览器视图"或"Java 透视图"相关的主题。相关主题页面中的内容随着当前工作台中的内容的变化而实时更新。

图 7-16　"帮助"视图

八、图形化编辑器

每个活动对象类都有自己所对应的图形化编辑器，可以在图形化编辑器中定义每个活动对象的结构，如图 7-17 所示。

双击工程树中的活动对象，页面中间会展示对应的图形化编辑器。默认状态下，坐标原点（0, 0）位于编辑器的左上角。

单击鼠标可选中几何图形，多选时按住"Ctrl"键，单击鼠标选中（也可按住鼠标左键拖动选中）。

按住鼠标右键，可移动图形化编辑器；单击菜单栏上的 ⌐ 100% ⌐ 或"Ctrl+鼠标滑轮"可以放大和缩小图形化编辑视图。

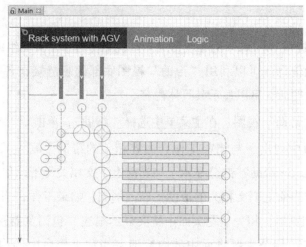

图 7-17　图形化编辑器

课程思政

让我们从认识论的角度来归纳总结本章内容吧。

认识论是探讨人类认识的本质和结构、认识与客观实在的关系、认识的前提和基础、认识发生和发展的过程及其规律、认识的真理标准等问题的哲学学说。

唯物主义认识论坚持从物质到意识的认识路线，认为物质世界是客观实在，强调认识是人对客观实在的反映，声明世界是可以认识的。辩证唯物主义的认识论则进一步把实践作为认识的基础，把辩证法运用于认识论。

结合本章内容，以实践作为认识的基础，谈谈如何认识 AnyLogic。对照常用的办公软件，AnyLogic 包括常见的文件、编辑、视图、帮助等主菜单，提供了菜单项、工具栏等多种操作方式；作为仿真软件，专用主菜单还设有专用的多类模型库、实体及属性。

补充阅读

AnyLogic 强大而灵活，其建模技术都是以 UML-RT、Java 和微分方程等为基础的。AnyLogic 建模语言已经成功应用于对大规模和复杂系统的建模。AnyLogic 模型的主要构建模块是活动对象。活动对象可以用于建模现实世界中类型广泛的各种对象，如加工工作台、资源、人员、硬件、控制器等。一个活动对象即是活动对象类的一个实例。在开发一个 AnyLogic 模型时，实际上是在开发活动对象的类，以及定义这些类之间的关系。我们也可以很方便地使用 AnyLogic 库中的活动对象类。活动对象类被映射到 Java 类上。面向对象的方法给建模带来了显著的益处，使用类进行建模提供了结构分解和活动对象重用的特性，在定义了一个具有所需结构的活动对象类之后，就可以在你的模型中创建此类的多个活动对象，类等级结构允许对上述这些概念进行更进一步的扩展。

专业术语

1. 智能体（Agent）
2. 资源（Resource）
3. 仿真（Simulation）
4. 工程（Project）
5. 面板（Palette）
6. 流程建模库（Process Modeling Library）
7. 分析（Analysis）
8. 状态图（Statechart）

【基础练习】

一、判断题

1. AnyLogic 中显示的流程、布局等内容要放在图形化编辑器内，否则运行仿真时显示不出来。（　　）

2. 安装 AnyLogic 软件后需要定期获取激活码进行软件的激活。（　　）

3. 智能体建模通常关注的是系统中的对象，通过多个对象的行为来反映整个系统的行为。（　　）

4. AnyLogic 软件安装完成后可自动生成桌面快捷方式。（　　）

二、选择题

1. AnyLogic 里（　　）可以修改控件、模型项目的相关参数。

A. "项目"视图　　　B. "面板"视图　　　C. "属性"　　　D. "问题"视图

2. 若想要为模型添加参数或者变量，需要从（　　）选择控件。

A. 流程建模库　　　B. 行人库　　　C. 智能体组件　　　D. 状态图

3. （　　）可以看到工作区中打开的 AnyLogic 项目。

A. "项目"视图　　　B. "面板"视图　　　C. "属性"　　　D. "问题"视图

三、简答题

1. 下载并试用 AnyLogic 软件，AnyLogic 软件与 Flexsim 软件相比具有哪些优点？

2. AnyLogic 软件提供了哪几类仿真方法？这些方法之间可以综合使用吗？

3. AnyLogic 软件提供了哪些物流系统中的实体？

【知识应用】

AnyLogic 软件中给了大量的示例模型，其中物流供应链类的示例模型有 16 个，请打开示例模型库，找到批发商仓库（Wholesale Warehouse）模型，该模型的大体情况如下：仓库分为多个区域，且每个区域有不同类型的员工，在仓库内使用卡车运输托盘，员工将托盘从卡车上卸下并将其运输到接收区，登记人员会将托盘进行标记，之后使用叉车将托盘运往储存区。仓库收到订单后从储存区挑选一个托盘使用叉车将其运往发货区，发货区的管理人员核实订单后卡车驶入仓库将货物运走。请在 AnyLogic 中打开该模型，回答下列问题。

1. 运行该模型，可从运行界面观察到哪些统计数据？更改各类资源的数量，观察区域和人员的利用情况是否会发生改变。

2. 模型中设置了几类智能体？智能体资源又是如何添加的？

3. 在流程模型中选中某个智能体，观察其属性设置，回答流程模型是如何与动画建立联系的？

第八章　AnyLogic 仿真建模类型

[⊙] **学习目标**

知识目标

1. 运用离散事件系统仿真基础知识构建物流系统模型。

2. 掌握 AnyLogic 软件的三类典型仿真建模方法。

3. 熟悉 AnyLogic 软件的用户界面、主菜单、主要功能和视图。

技术目标

1. 能将实际物流工作场景抽象成物流系统模型。

2. 熟练运用 AnyLogic 软件的典型功能。

3. 能根据需要管理 AnyLogic 软件视图。

职业能力目标

1. 培养将实际问题抽象成系统模型的能力。

2. 增强运用计算机进行数据准备分析的能力。

3. 提高在信息世界中构建概念模型的能力。

[+] **物流聚焦**

物流仿真优化：AnyLogic 提升效率

物流产业是国民经济的动脉系统，它连接着国民经济发展的各个部门并使之成为一个有机整体。当前，我国社会物流需求进入中高速发展阶段，社会物流需求保持平稳增长，增速有所趋缓，工业物流需求贡献率进一步趋缓，内需对物流需求增长的拉动作用增强，物流成本增势趋缓，物流效率有所改善，以新产业、新业态和新模式为主要内容的新动能正在快速聚集。然而，物流需求变化成本的压力仍旧不容忽视，物流运行中库存中转的效率也有待提高，需要提升物流企业的专业化服务水平，充分利用新型信息技术，优化物流各个环节，在此过程中，为避免造成更多损失，优化物流系统前进行仿真至关重要。

仿真的过程也是实验的过程，而且是系统地收集和积累信息的过程。针对一些复杂的随机问题，应用仿真技术是提供所需信息的令人满意的方法；针对一些难以建立物理模型和数学模型的对象系统，可通过仿真模型来解决预测、分析和评价等系统问题。通过系统仿真，可以把一个复杂系统降阶成若干子系统以便分析，能启发新的思想或产生新的策略，还能暴露出原系统中隐藏着的一些问题，而 AnyLogic 是一款应用广泛的，可对离散事件系统、系统动力学、智能体和混合系统进行建模和仿真的软件，可以解决上述问题。

本章主要介绍三类典型仿真建模方法：离散事件系统仿真建模、系统动力学仿真建模以及智能体仿真建模。通过三个实验熟悉 AnyLogic 软件的基本操作，掌握仿真建模的基本步骤。

第一节　离散事件系统仿真建模

离散事件系统就是指状态变量在某些离散的时间点瞬时变化的系统。排队系统就是一个离散事件系统，因为状态变量（顾客人数）只有当有顾客到达或者离开时才会发生变化。按照系统仿真的术语称状态的瞬间变化为事件，将发生事件的时刻称为事件时间。如果事件时间是一些非均匀离散时点，这样的事件称为离散事件，相应的系统称为离散事件系统。在系统仿真中，凡提到离散系统时，如不特别说明，则是指离散事件系统。在工程和计划管理中有许多离散事件系统，例如，经济管理系统、物流配送系统、库存系统、通信系统、计算机系统、道路交替系统等。这些系统一般规模庞大、结构复杂，很难用解析法求得结果，因此，一般用计算机仿真技术来进行系统分析和设计。

1961 年由 IBM（国际商业机器公司）的工程师发明的 GPSS 软件，是公认的第一款离散事件系统建模软件。时至今日，包括新版 GPSS 在内的许多软件，都能实现离散事件系统模型的构建。

可对离散事件系统模型进行的主要操作包括延时，各种资源服务、流程分支的选择和分离等。只要智能体对有限资源进行竞争，并导致时间延迟，其队列将成为离散事件系统模型的一部分。

离散事件系统模型可被图形化地描述为一个流程流图，其中的各个模块表示各种操作。流程流图通常以 Source 模块开始，Source 模块产生智能体并将其放置到流程中，智能体经过各个流程后最终进入 Sink 模块，并从模型中消失。

智能体最初在 GPSS 软件中被称为事物，在其他仿真软件中被称为实体。智能体可以表示客户、病人、来电、纸板或电子文档、部件、产品、托盘、计算机进程、车辆、任务、工程、想法等。资源可以表示职员、医生、服务器、处理器、计算机存储器、运输等。

　　服务时间和智能体到达时间通常是随机的，由于其时间通常取自概率分布，从而使离散事件系统模型具有一定的随机性。简而言之，表示离散事件系统模型在生成有意义的输出参数之前，必须运行一段指定的时间或完成指定数量的运行次数。

　　典型的离散事件系统模型输出参数包括：资源利用率；智能体在全部或部分系统中的停留时间；等待时间；队列长度；系统吞吐量；瓶颈。

一、银行排队系统模型背景

　　假设一个银行里面有一台ATM机（自动取款机），银行内的业务流程如下：平均每小时有45人到达银行；进入银行后，一半人去ATM机，另一半去柜台；ATM机的业务办理时间最短1min，最长4min，最常见2min；柜台业务办理时间最短3min，最长20min，最常见5min；用完ATM机后，有30%的人继续往柜台办理业务，70%的人直接离开银行；银行柜台共有4名员工，所有等待办理业务的人共用一条队列；柜台业务办理结束后，顾客离开银行。我们希望通过建立银行排队系统模型得到员工的利用率、ATM机前的平均排队长度、顾客在银行里花费的时间分布。

二、创建简单模型

　　（1）单击工具栏中的"新建模型"按钮，或者在主菜单中依次选择"文件""新建模型"，或者按"Ctrl+N"键，弹出"新建模型"对话框。在"模型名"文本框中输入模型的名字，将模型命名为Bank，模型时间单位改成分钟，如图8-1所示。

图8-1　新建银行排队系统模型

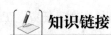

知识链接

流程建模库

AnyLogic 流程建模库中的模块允许用户使用智能体、资源和流程的组合创建真实世界系统中以流程为中心的模型。下面将以此为基础，将流程定义为包括队列、延时和资源利用在内的操作序列。

（2）打开流程建模库，依次添加 source、queue、delay、sink，如图 8-2 所示。

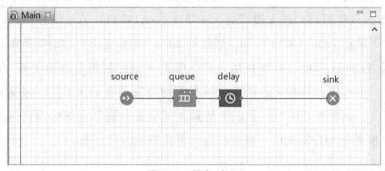

图 8-2　添加流程

（3）打开 source 的属性，定义到达速率为 0.75，此处默认模型仿真时间单位为分钟，可在 source 属性设置中查看修改，如图 8-3 所示。

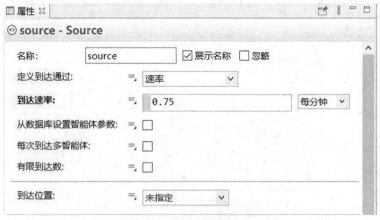

图 8-3　source 属性设置一

（4）打开 queue 的属性，定义 queue 的容量为 15，即队列最多容纳 15 人，如图 8-4 所示。

图 8-4　queue 属性设置

（5）打开 delay 的属性，修改名称为 ATM，延迟时间为 triangular（1，2，4），系统默认的时间单位为分钟，保持容量值不变，因为只有 1 台 ATM 机，如图 8-5 所示。

图 8-5　delay 属性设置

（6）单击"构建"按钮 ，构建无误后单击"运行"按钮 运行模型，使用检查窗口观察仿真情况，如图 8-6 所示。

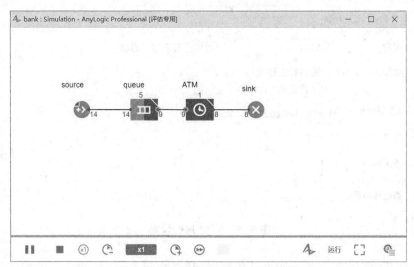

图 8-6　银行排队系统模型运行界面一

📝 **知识链接**

节点和路径是定义智能体位置的空间标记元素：节点是智能体驻留或执行一个操作的位置；路径是智能体在节点之间的运动路线。

三、创建动画

在流程建模库中已经定义了流程，该项可直观地反映银行里实际的业务流程，接下来还需要定义动画。下面将在图上绘制 ATM 机和队列的动画，从而把系统的实时状态显示出来。具体操作如下。

（1）打开流程建模库，选择"点节点"按钮 ✎ 点节点，拖动点节点 point 到图中，表示 ATM 机的动画，定义 point 的颜色为 ATM. size（）>0？red：green，如图 8-7 所示，设置 ATM 的智能体位置为 point，如图 8-8 所示。

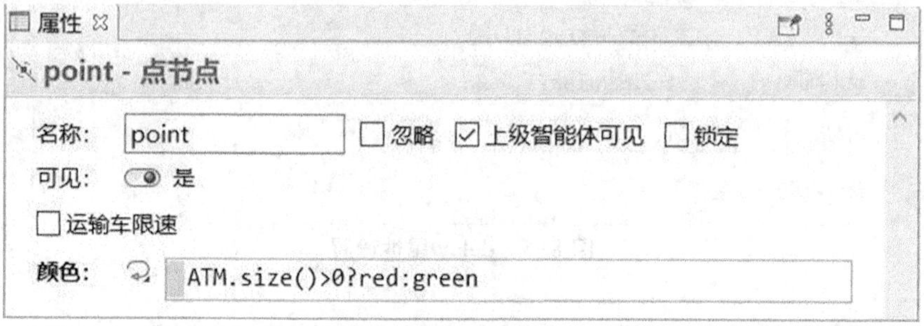

图 8-7　point 属性设置

图 8-8　ATM 属性设置

（2）打开空间标记面板，双击"绘制路径"，表示 queue 的动画，设置 queue 的智能体位置为 path，如图 8-9 所示。

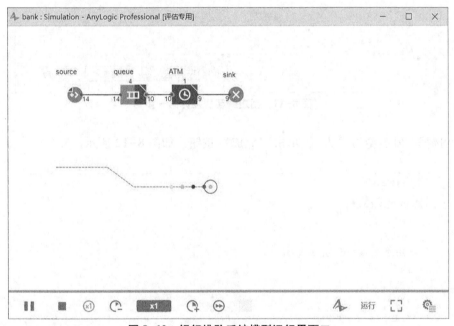

图 8-9　queue 属性设置

（3）再次运行模型，使用检查窗口观察仿真情况，如图 8-10 所示。

图 8-10　银行排队系统模型运行界面二

（4）我们已经创建了 ATM 机和队列的动画，在动画的属性菜单里的高级选项中可以添加三维效果，加入三维窗口然后运行模型，此时，即显示三维动画。

四、添加柜台员工资源

（1）加入 3D 的顾客动画，建立新的智能体类型，可以自由定义形象。

①打开流程建模库，拖动智能体类型元件 到图中，命名智能体为 Customer，单

击"下一步"按钮，如图 8-11 所示。

图 8-11　创建顾客智能体第一步

②选择三维类型为"人"，单击"完成"按钮，如图 8-12 所示。

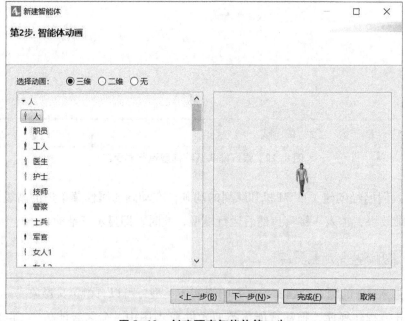

图 8-12　创建顾客智能体第二步

③打开 source 的属性，修改产生的新智能体类型为 Customer，如图 8-13 所示，运行模型，此时运行过程显示二维动画。

图 8-13　source 属性设置二

④单击 按钮打开演示面板，将 三维窗口 元件拖入 Main 画布中。再次运行模型，此时显示三维动画，如图 8-14 所示。

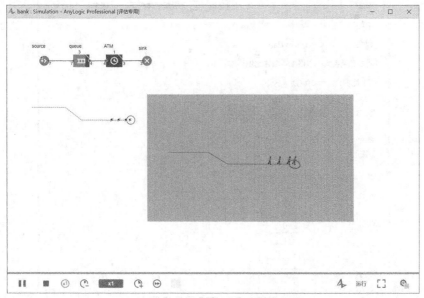

图 8-14　银行排队系统模型运行界面三

（2）为 ATM 机设置 3D 形象，需要修改 ATM 机的方向为面向顾客。

①单击 图标打开三维物体面板，找到"超市"选项里的"自动柜员机"元件，将该元件拖到 Main 画布中的 point 节点上，如图 8-15 所示。

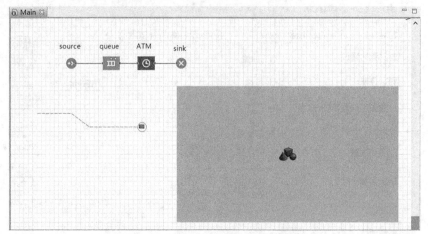

图 8-15　添加"自动柜员机"元件

②在 ATM 属性设置中，修改动画的 Z 轴角度，如图 8-16 所示。运行模型，确认 ATM 机朝向，如图 8-17 所示。

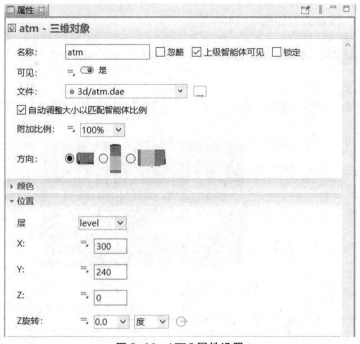

图 8-16　ATM 属性设置

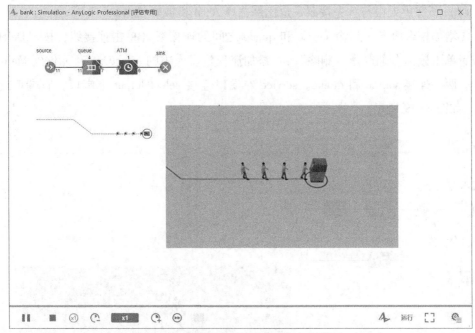

图 8-17　银行排队系统模型运行界面四

（3）增加柜台员工。打开流程建模库，拖动 Service 元件到 Main 画布中，修改 service 的队列容量为 20，延迟时间属性为 triangular（3，5，20），时间单位为分钟，如图 8-18 所示。

图 8-18　增加柜台员工

（4）顾客进入银行首先按照一定比例选择 ATM 机或者柜台。

①增加柜台服务。删除 source 和 queue 之间的连接线（单击连接线，按"Delete"键或者单击鼠标右键选择"删除"），添加流程建模库中的 selectOutput 元件到 Main 画布中，两端连接 source 和 queue。service 左端口连接 selectOutput 下端口，右端口连接 sink，如图 8-19 所示。

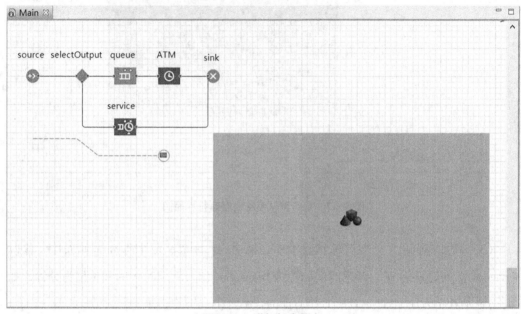

图 8-19　增加柜台服务

②设置顾客选择概率。将 selectOutput 元件命名为"selectOutput"，选择真输出项目，选择"以指定概率［0..1］"，概率为 0.5，如图 8-20 所示。

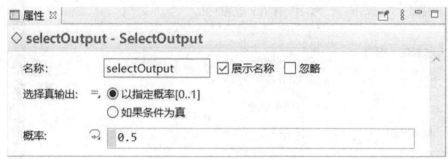

图 8-20　设置顾客选择概率

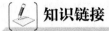 知识链接

资源

资源是智能体用来执行指定行动的对象。智能体必须获取资源，执行相应行动后再释放资源。

资源的一些示例如下。

· 医院模型中的医生、护士、医疗设备。

· 供应链模型中的车厢和集装箱。

· 仓库模型中的叉车和工人。

AnyLogic 中有静态、移动和可携带三种类型的资源。

· 静态资源被绑定在一个指定的位置，它们不能移动或被移动。

· 移动资源可以独立移动。

· 可携带资源可以被智能体或移动的资源移动。

在 AnyLogic 中，流程建模库的 ResourcePool 模块定义了资源池或集合。资源单元可以有个体属性，每个资源都带一个图形化图表，可在其中添加状态图、参数、函数等元素。

本节举例的银行排队系统模型的资源是员工，他们为顾客进行服务。

（5）现在为柜台添加 4 个员工资源。打开流程建模库，拖动 Resource Pool 元件到图中，修改名称为 tellers，容量为 4，如图 8-21 所示。

图8-21　添加员工资源

（6）为柜台指定员工。选中流程图中的 service，单击 按钮为 service 指定资源 tellers，如图 8-22 所示。

图8-22　为柜台指定员工

（7）为顾客指定等待办理柜台业务的区域，如图8-23所示。

①双击流程建模库中的 📭 **矩形节点** 元件，在 Main 画布中绘制一个矩形，命名为 waitingArea，表示顾客等待办理柜台业务的区域。

②同理绘制顾客服务时所在区域，命名为 serviceArea。

③选中 serviceArea，单击 ⟡ 吸引子元件为其指定 4 个吸引子后单击"确定"。

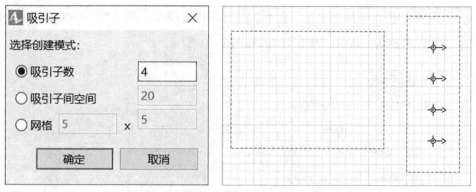

图8-23　为顾客指定等待办理柜台业务的区域

④在 service 元件的智能体位置（队列）和智能体位置（延迟）处分别选择 waitingArea 和 serviceArea，如图8-24所示。

图 8-24　service 属性设置

（8）类似于步骤（7），绘制员工工作区域，命名为 tellersArea，为其指定 4 个吸引子，修改吸引子的方向为 +180.0，关联资源 tellers 和 tellersArea，分别如图 8-25、图 8-26 和图 8-27 所示。

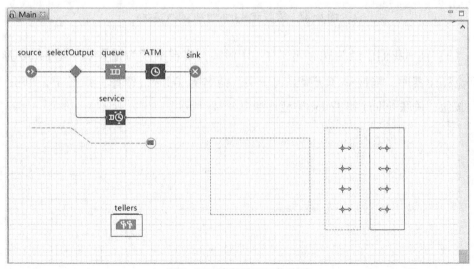

图 8-25　绘制员工工作区域

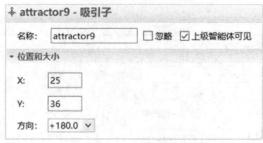

图 8-26　添加吸引子

图 8-27　关联资源 tellers 和 tellersArea

（9）前面我们已经为顾客定义了 3D 形象，现在继续为银行员工添加 3D 形象。打开流程建模库，拖拽 ⊗ 资源类型 到图中，命名为 Teller，选择三维员工，单击"完成"按钮，关联 tellers 和 Teller 类型，如图 8-28 所示。

图 8-28　添加员工的 3D 形象

（10）单击 图标，拖拽 4 个"办公室"分类中的"桌子"到 tellersArea 中的 4 个吸引子处，全选 4 个桌子，旋转方向，如图 8-29 所示。再次运行模型，观察仿真情况，如图 8-30 所示。

图 8-29　添加办公桌 3D 形象

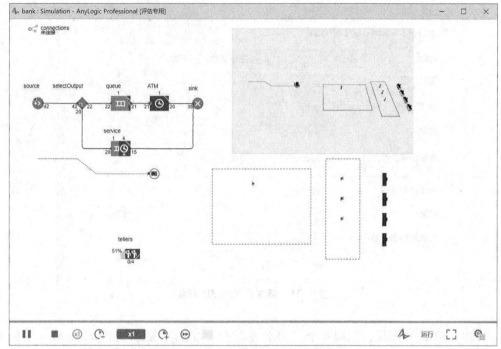

图 8-30　银行排队系统模型运行界面五

（11）修改从 ATM 机处离开的顾客流程。

①在 ATM 和 sink 之间增加新的 selectOutput 元件，命名为 selectOutput1，如图 8-31 所示。

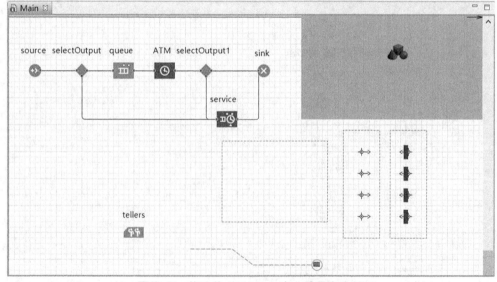

图 8-31　修改从 ATM 机处离开的顾客流程

②设置流程概率，选择概率为 0.7，如图 8-32 所示。

□ 属性 ⊠

◇ selectOutput1 - SelectOutput

名称：　　　　selectOutput1　☑展示名称　□忽略

选择真输出： ⊜以指定概率[0..1]
　　　　　　　○如果条件为真

概率：　　　　0.7

图 8-32　设置流程概率

③运行模型，查看仿真情况，如图 8-33 所示。

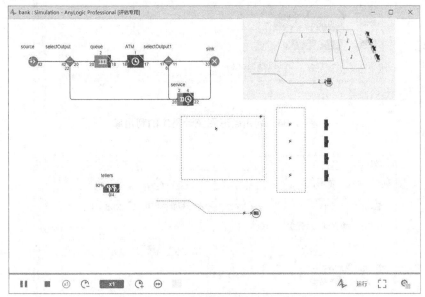

图 8-33　银行排队系统模型运行界面六

五、添加统计数据

（1）利用条形图统计员工的利用率。单击 ▥ 图标打开分析面板，拖拽图表里的 ▥ 条形图 到 Main 画布中，设置数据的标题为 tellersutilization，设置数据的值为 tellers.utilization（），如图 8-34 所示。

（2）利用条形图统计 ATM 机前的队列平均长度。单击 ▥ 图标打开分析面板，拖拽图表里的 ▥ 条形图 到 Main 画布中，设置数据的标题为 ATMqueue，设置数据的值为 queue.statsSize.mean（），设置柱条方向为朝右，如图 8-35 所示。

图 8-34　利用条形图统计员工的利用率

图 8-35　利用条形图统计 ATM 机前的队列平均长度

（3）利用直方图数据统计顾客在银行里花费的时间。这个时间是顾客本身携带的信息，需要往 Customer 智能体里增加时间信息，具体操作如下。

①双击"工程"视图中的 Customer 图标打开 Customer 智能体，单击左侧 图标打开"智能体"面板，拖拽 参数 到 Customer 智能体中，命名参数为 enteredSystem，如图 8-36 所示。

图 8-36　添加参数 enteredSystem

②打开 Main 流程图中的 source 属性，编辑智能体类型为 Customer，如图 8-37 所示。

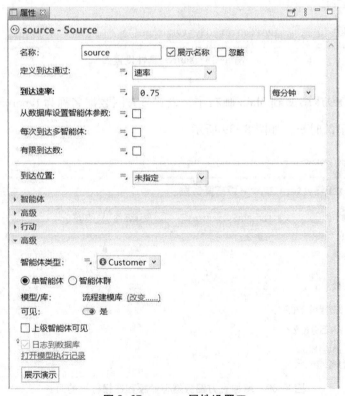

图 8-37　source 属性设置三

③在 source 行动中的"离开时"输入代码"agent. enteredSystem = time（）;"，把当前时间赋值给"agent. enteredSystem"，如图 8-38 所示。

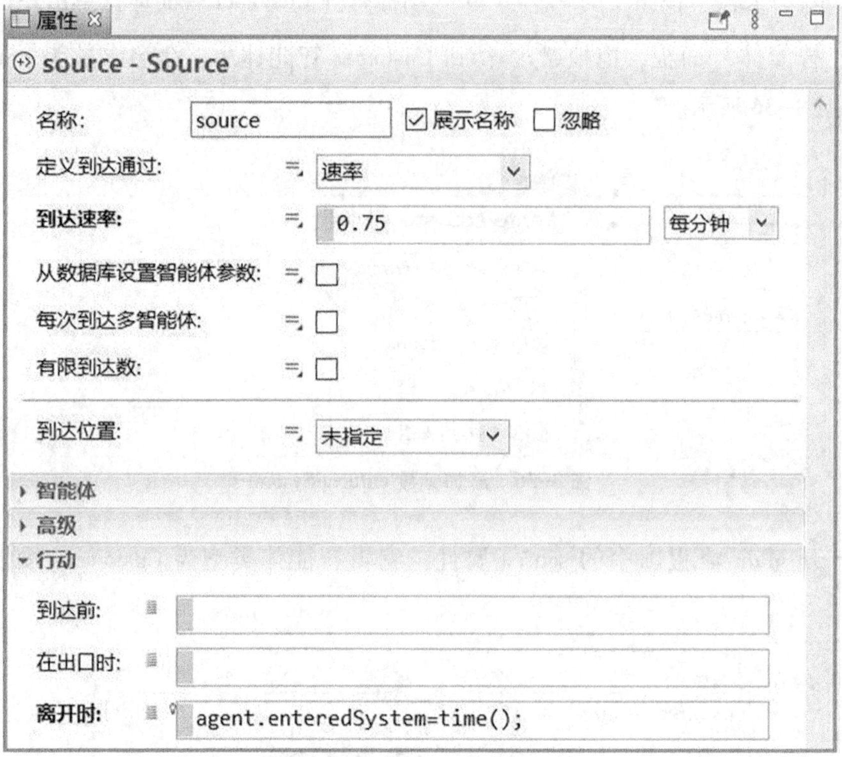

图 8-38　source 属性设置四

④拖拽 📊 **直方图数据** 到 Main 画布中，设置直方图数据名称为 timeInSystemDistr，存储顾客在银行里的时长，如图 8-39 所示。

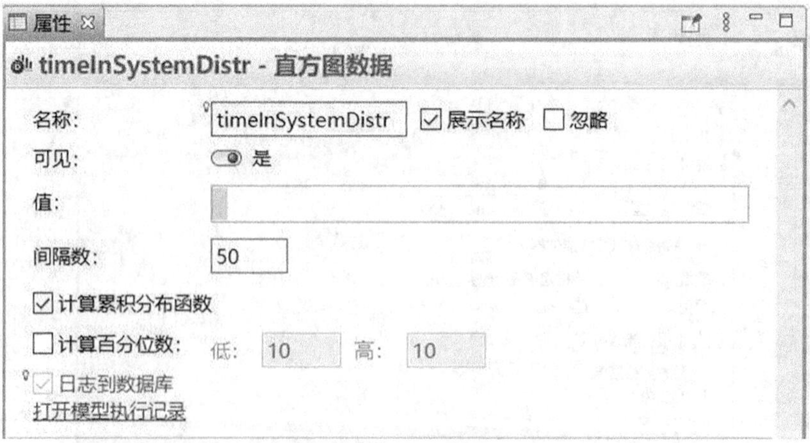

图 8-39　增加直方图数据存储顾客在银行里的时长

⑤在顾客进入 sink 时，计算顾客在系统里的时间，存储到 timeInSystemDistr 直方图数据中，如图 8-40 所示。

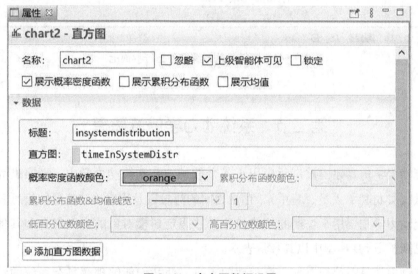

图 8-40　sink 属性设置

（4）利用直方图直观表示顾客在银行内逗留的时间分布。

①打开分析面板，拖拽 直方图 到 Main 画布中。

②设置直方图数据的标题为 insystemdistribution，直方图为 timeInSystemDistr，如图 8-41 所示。

图 8-41　直方图数据设置

③运行模型，查看仿真情况，如图 8-42 所示。

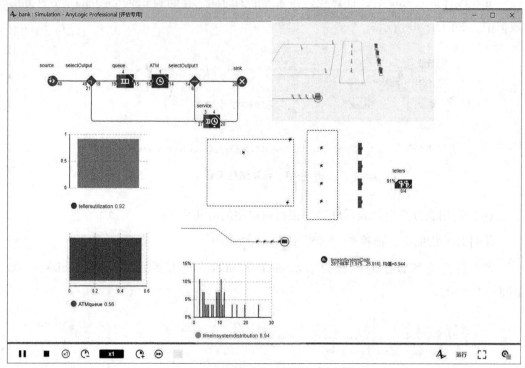

图 8-42　银行排队系统模型运行界面七

第二节　系统动力学仿真建模

系统动力学仿真建模被广泛应用于各个领域。在系统动力学中，真实世界的过程是用存量（如材料、人员、货币）、存量之间的流量以及用以确定流量的信息表示的。

系统动力学主要用于长期的战略模型，并假定建模对象的高级集合和其他离散的项目在巴斯扩散 SD 模型中以其数量表示。

系统动力学是一种观点性、概念性的工具，使我们能够理解复杂系统的结构和态势。系统动力学也是一种严格的建模方法，使用户能够建立复杂系统的正式计算机模拟，从而设计更有效的政策和组织。

知识链接

系统动力学是研究动态系统的方法论。该方法提出以下建议。

（1）将系统模拟为有因果关系的封闭结构，定义其自己的行为。

（2）发掘系统的反馈循环（因果循环），反馈循环是系统动力学的核心。

（3）明确影响它们的存量和流量。

存量通常以数量表示，如人群、库存水平、货币；流量通常用每段时间内的数量表示，如每个月的客户数量、每年的美元流通数量等。

一、SEIR 模型

S、E、I、R 表示传染病流行范围内的四类人群：易感者（Susceptible）、暴露者（Exposed）、感染者（Infectious）、康复者（Recovered），具体解释如表 8-1 所示。

表 8-1   S、E、I、R 的具体解释

类型	解释
易感者	未得病者，但缺乏免疫能力，与感染者接触后易受到感染
暴露者	接触过感染者，但暂无能力传染给其他人的人，对潜伏期长的感染者适用
感染者	染上传染病的人，可以传播给 S 类成员，将其变为 E 类或 I 类成员
康复者	被隔离或因痊愈而具有免疫力的人。如果免疫期有限，R 类成员可以重新变为 S 类成员

本模型为一个显示传染病在大量人群中传播的模型。本示例模型设置人口数为 10000 人，将此值命名为 TotalPopulation，假设人群中有一人被感染。

（1）在感染阶段，每个人每天平均以 1.25 的接触率（Contact Rate Infectious）与其他人发生接触。若感染者与一个易感者接触，则此易感者被感染的概率（Infectivity）为 0.6。

（2）易感者被感染后，平均感染潜伏期（Average Incubation Time）会持续 10 天。在此使用"传染"来描述处于潜伏期的人。

（3）潜伏期结束后，传染阶段开始，此阶段平均病程（Average Illness Duration）将持续 15 天。

（4）康复者对该疾病的二次感染具有免疫力。

二、创建存量与流量图

（1）单击工具栏中的"新建模型"按钮 ，或者在主菜单中依次选择"文件""新建模型"选项，或者按"Ctrl+N"键，弹出"新建模型"对话框。在"模型名"文本框中输入模型的名字，将模型命名为 SEIR，如图 8-43 所示。

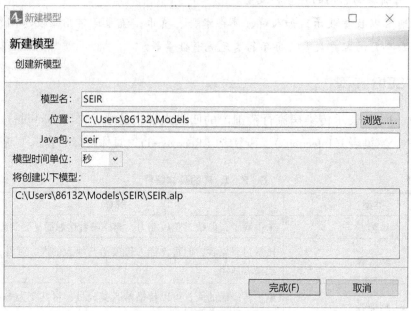

图 8-43　新建 SEIR 模型

（2）分别用四个存量来表示易感者、暴露者、感染者、康复者。

（3）打开系统动力学面板，拖拽□ 存量 图标至图表中，并将其命名为 Susceptible，如图 8-44 所示。

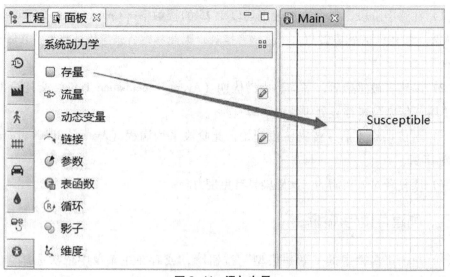

图 8-44　添加存量

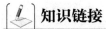

知识链接

存量和流量

存量（stock）是指某一指定的时点上，过去生产与积累起来的产品、资产或负债的结存数量。流量（flow）是指一定时期内发生的某种经济变量变动的数值，它是在一定的时期内测度的，其大小受限于时间维度。

流量可以流出一个存量并流入另一个存量，也可以从任何一个地方流入存量，如图8-45和图8-46所示。

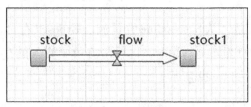

图8-45 流量图1

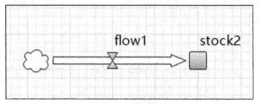

图8-46 流量图2

同理，流量也可以从存量流到任何地方，如图8-47所示。

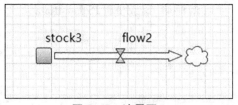

图8-47 流量图3

在本例中，利用存量与流量来表示易感者暴露在病毒环境中变为感染者，然后痊愈。这是一个累进的过程，需要在模型中使用三个流量和四个存量来进行模拟。

（4）再添加三个存量，分别命名为 Exposed、Infectious 和 Recovered，如图8-48所示。

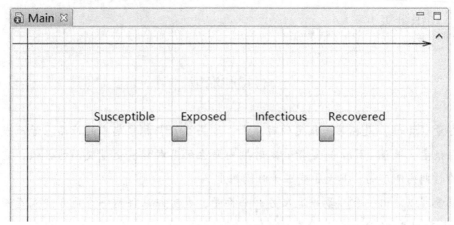

图 8-48　添加三个存量

（5）添加第一个流量，从 Susceptible 存量流入 Exposed 存量，模拟易感者变成暴露者。双击流量要流出的存量 Susceptible，再单击流量要流入的存量 Exposed，将该流量命名为 ExposedRate，如图 8-49 所示。

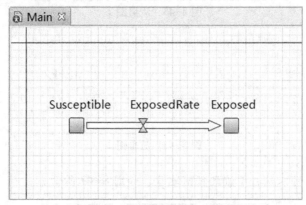

图 8-49　添加流量 ExposedRate

📝 知识链接

存量的公式

AnyLogic 可根据用户设置的存量-流量图自动生成存量公式。

存量值通过计算流量从该存量流入、流出得到。

当前存量值＝原始存量值＋流入值－流出值

在经典系统中，存量公式不可编辑，呈灰色状态，如图 8-50 所示。

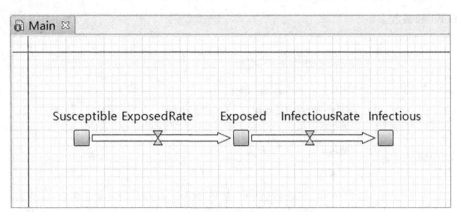

图 8-50　存量公式

（6）添加一个从 Exposed 流向 Infectious 的流量，并将其命名为 InfectiousRate，模拟暴露者变成感染者，如图 8-51 所示。

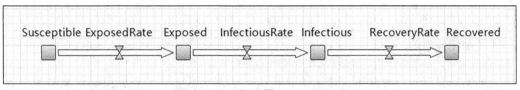

图 8-51　添加流量 InfectiousRate

（7）添加一个从 Infectious 流向 Recovered 的流量，将其命名为 RecoveryRate，模拟感染者康复，如图 8-52 所示。

图 8-52　添加流量 RecoveryRate

（8）定义参数及其相关性。从智能体面板中拖拽 🕐 参数 图标至编辑器中，共添加五个参数，并给其命名，默认值如下。添加五个参数如图 8-53 所示。

TotalPopulation = 10000；Infectivity = 0.6；ContactRateInfectious = 1.25；AverageIncubationTime = 10；AverageIllnessDuration = 15。

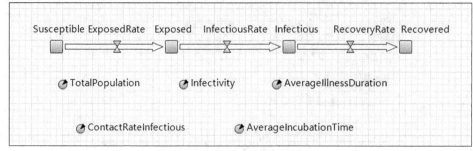

图 8-53　添加五个参数

（9）设置存量 Infectious 的初始值为 1，模拟感染者人数。

（10）设置存量 Susceptible 的初始值为 TotalPopulation−1，如图 8-54 所示。

注意：表达式左侧有红色错误标识，是因为没有创建存量 Susceptible 和参数 Total-Population 的链接。

图 8-54　存量 Susceptible 属性设置

✏️ **知识链接**

在 AnyLogic 中，需使用链接来图形化地定义存量和流量元素之间的附属关系，存量和流量图有两类附属链接。

若元素（存量、流量、辅助变量、参数）在流量或辅助变量中引用，则该类型用实线绘制，如图 8-55 所示。

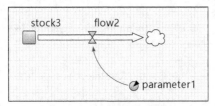

图 8-55　附属链接类型 1

若元素（存量、流量、辅助变量、参数）在初始值中引用，则该类型用虚线绘制，如图 8-56 所示。

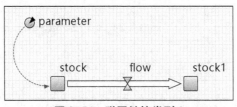

图 8-56　附属链接类型 2

如果参数 parameter 在公式或存量中引用，则需要先建立从参数 parameter 指向存量的链接，并在存量中输入相应的表达式，如图 8-57 所示。

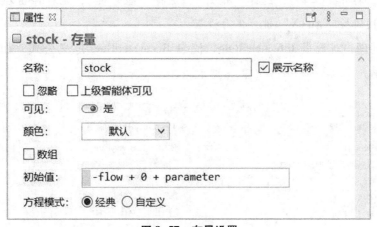

图 8-57　存量设置

（11）绘制存量 Susceptible 和参数 TotalPopulation 的链接。在系统动力学面板中，双击 链接 按钮，单击参数"TotalPopulation"，再单击存量"Susceptible"，链接两端若显示绿色圆点，表示绘制成功，如图 8-58 所示。

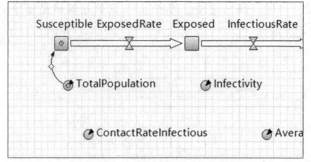

图 8-58　绘制存量 Susceptible 和参数 TotalPopulation 的链接

（12）定义流量 ExposedRate 的公式，如图 8-59 所示。

图 8-59　定义流量 ExposedRate 的公式

注意：可以使用代码完成助手来自动进行代码的补全，由于系统默认的组合键被占用，因此，打开"工具"，选择"偏好"，选择"组合键"，光标停留在系统默认的组合键上，同时按"Alt+X"键，保存设置。

（13）同理，对流量 InfectiousRate、流量 RecoveredRate 定义公式，如图 8-60 和图 8-61 所示。

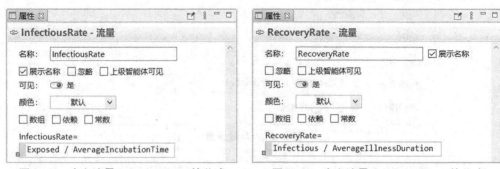

图 8-60　定义流量 InfectiousRate 的公式　　**图 8-61　定义流量 RecoveredRate 的公式**

（14）手动绘制链接较为烦琐，右击流量图形，在弹出的快捷菜单中选择"修复依赖性链接"，然后单击"创建缺失的链接"，可自动生成所有的链接，如图 8-62 所示。

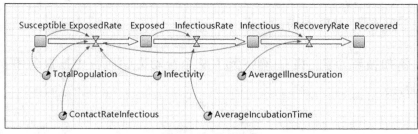

图 8-62 绘制链接

（15）调整编辑器中各链接的外观，选中该链接上面的控制点进行拖动，如图 8-63 所示。

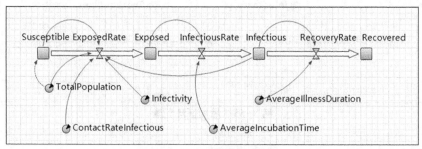

图 8-63 调整链接外观

（16）运行模型，观察存量与流量之间的变化，可在运行界面下方工具栏调整模型运行的速度，可单击具体的存量或流量，后单击 按钮，观察变化的图表情况，如图 8-64 所示。

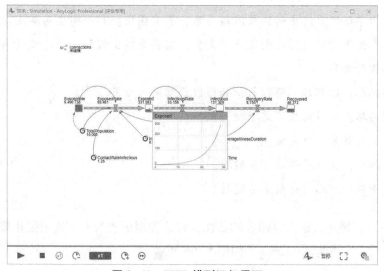

图 8-64 SEIR 模型运行界面一

三、添加统计分析图表

（1）添加循环元素。将 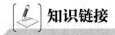 循环 元素从系统动力学面板中拖拽到图表中，如图 8-65 所示。

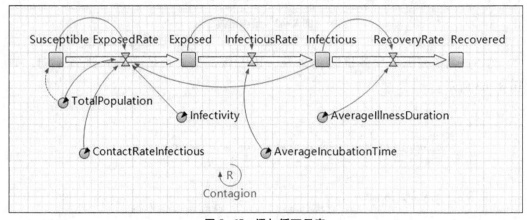

图 8-65　添加循环元素

知识链接

什么是反馈循环？

系统动力学研究系统中的因果依赖关系，共有强化型和平衡型两类反馈循环。

确定一个因果循环是强化型还是平衡型，需要先提出假设，如"变量 N 增加"，并且沿着循环进行观察。

强化型循环：循环后，得到与初始值假设相同的结果。

平衡型循环：所得结果否定了初始假设。

还可以使用另外一个定义。

强化型循环：循环有偶数个负链接。

平衡型循环：循环有奇数个负链接。

（2）单击该循环，进入该循环的属性，将其类型更改为 R（代表强化型），保留默认方向顺时针，文本为 Contagion，如图 8-66 所示。

图 8-66 设置循环属性

（3）将 时间折线图图标从分析面板中拖至图表中，如图 8-67 所示。

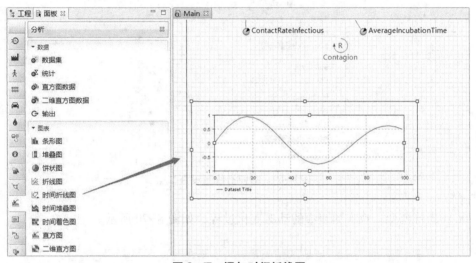

图 8-67 添加时间折线图

（4）打开时间折线图的属性，在数据区域，添加存量 Susceptible 的数据，如图 8-68 所示。

图 8-68 时间折线图设置一

（5）单击 ⊕ 按钮，按照同样的方法，添加其他三个存量的数据，并分别设置各自的标题，如图 8-69 所示。

图 8-69　时间折线图设置二

（6）运行模型，观察图表中的动态变化过程，如图 8-70 所示。

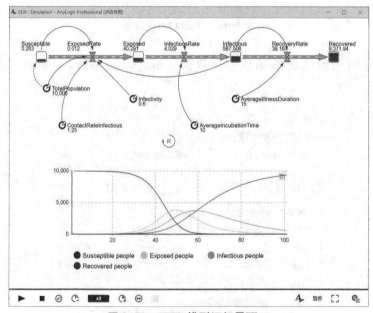

图 8-70　SEIR 模型运行界面二

第三节　智能体仿真建模

与抽象的系统动力学仿真建模方法或以流程为中心的离散事件系统仿真建模方法相比，基于智能体的仿真建模侧重于系统中的各个活跃组件，为建模者提供了另一种观察系统的方式。

通常，用户可能不知道系统行为、无法确定关键变量及其相关性或无法识别一个过程流，但可以洞察系统中对象的行为。在这种情况下，可以通过创建对象（智能体）并定义其行为来建模。然后，连接创建的各个智能体使其互动，或将其放置在具有动态特性的特定环境中。这样，系统的全局行为可以通过大量并发的独立行为得以涌现。

目前，尚没有用于智能体建模的标准语言，现有基于智能体的模型结构主要来源于可视化编辑器或脚本语言。智能体的行为可用多种方式指定，由于智能体通常具有特定的状态，并且其动作和反应都依赖于状态，因此建议通过状态图定义智能体的行为。此外，还有一些智能体的行为是通过执行特定事件的规则进行定义的。

在多数情况下，捕获智能体内部动态性的最佳方法是使用系统动力学建模方法和离散事件建模方法，并将存量和流量图或流程流图放置在智能体内部。而在智能体外部，智能体所处环境的动态性常采用传统方法进行建模。因此，许多基于智能体的模型都是多方法模型。

在智能体模型中，活动实体被称为智能体，需要对它们的行为进行定义。它们可以是与系统相关的人、家庭、设备，甚至是产品或公司，通过建立它们之间的链接，设置环境变量并运行仿真。系统的动态变化则表现为个体行为交互的结果。

学术界关于智能体的属性应该包含的内容一直争论不休，争论的内容包括智能体的主动与被动特性、空间感知能力、学习能力、社交能力、智力等。在基于智能体的建模应用中，智能体的例子多种多样：有的可以相互通信，有的却彻底隔离；有的处于空间中，有的却在空间外；有的可以学习和适应，有的却从不改变。

知识链接

下面的例子有助于读者正确理解智能体及智能体建模。

智能体不是细胞自动机。智能体无须处于离散空间。在很多基于智能体的模型中，并没有空间这一概念。当涉及空间时，大多也是指连续空间，如一个地理地图或设施平面图等。

智能体不一定是人。任何事物都可以是智能体，如设备、项目、想法、组织机构等。在一个钢厂模型中，每一个机器都被建模为一个活动对象，而模拟它们的交互炼钢过程就是一个基于智能体的模型。

绝对被动的对象也可以是智能体。例如，可以模拟一个供水管网，将供水管网段设为智能体，即可研究相关的保养、替换调度、开销等事件。

基于智能体的模型中可以有大量智能体，也可仅有少量智能体。智能体可以是同一类型的，也可以是不同类型的。

一些基于智能体的模型中智能体是不交互的。例如，在健康经济学领域所用到的饮酒、肥胖、慢性病等模型中，个体的动态仅取决于个人特性参数，在部分情况下取决于环境。

一、巴斯扩散模型背景

用智能体建模的方式模拟由潜在消费者变为消费者的过程。

假设一家公司在某个有确定人口的地方开始销售某产品。该市场总人数为 10000 人，不会随时间改变。消费者受广告效应以及口碑效应的影响。这种产品生命周期无限长，没有替代品，无须重复购买。每个消费者只需要一种产品，且所有人的行为方式完全相同。下面是一些其余的已知条件。

在每个时间单元，有 1.7% 的潜在消费者由于广告效应转化为消费者；在每个时间单元，有 1.5% 的潜在消费者由于口碑效应转化为消费者；在每个时间单元，每个消费者能联系其余 100 个人。

二、创建智能体

（1）创建一个新模型，命名为巴斯扩散 AB，单击"完成"按钮，如图 8-71 所示。

图 8-71　新建巴斯扩散模型

（2）新建顾客智能体。

①在 Main 中拖入一个 ![] 智能体，选择智能体群，如图 8-72 所示。

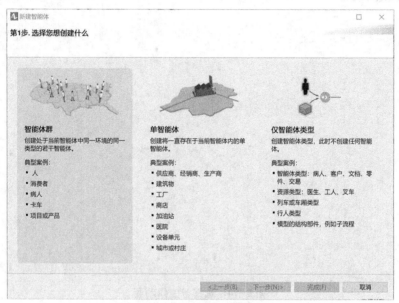

图 8-72　选择智能体群

②单击"下一步"按钮，新类型名为 Person，智能体群名为 people，如图 8-73 所示。

图 8-73　创建新智能体类型

③单击"下一步"按钮，选择动画为无，如图 8-74 所示。

图 8-74　选择智能体动画

④单击"下一步"按钮，选择"创建初始为空的群，我会在模型运行时添加智能体"，如图 8-75 所示。

图 8-75　设置群大小

⑤单击"完成"按钮，之后我们可以看到在 Main 中有一个叫 people 的智能体群。

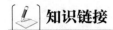 **知识链接**

智能体的环境

Main 为 people 智能体群提供了环境。由于环境定义了智能体所需的空间布局、网络和通信，接下来需要环境安排智能体演示，模拟智能体交互时的"口碑效应"。

（3）拖拽 参数到 Main 中，在面板右侧属性栏的名称项目中输入总人口，类型设置为 int，如图 8-76 所示。

图 8-76　参数总人口的属性设置

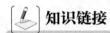 **知识链接**

属性视图

属性视图是元素属性环境相关的视图。

修改元素的属性，在图形化编辑器或工程视图中选中并单击该元素，利用属性视图修改选中元素的属性。

属性视图由若干个区域构成，单击任意一个区域的标题，可将该区域展开或关闭。

①拖入一个 ⚙ 参数 起名为广告作用率，类型为速率，单位为每天，默认值为 0.017，如图 8-77 所示。

图 8-77　参数广告作用率的属性设置

②拖入一个 ⚙ 参数 起名为口碑作用率，类型为 double，默认值为 0.015，如图 8-78 所示。

图 8-78　参数口碑作用率的属性设置

③拖入一个 ⏱ 参数起名为接触人数，类型为速率，单位为每天，默认值为100，如图8-79所示。

图 8-79　参数接触人数的属性设置

④拖入两个 Ⓥ 变量 ，一个为潜在消费者，另一个为消费者，其类型都为 int，初始值为空，如图8-80和图8-81所示。

图 8-80　变量潜在消费者的属性设置

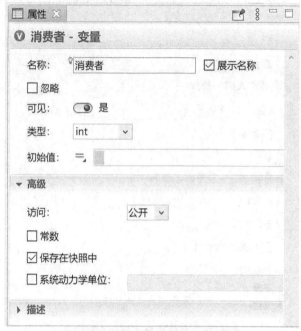

图 8-81　变量消费者的属性设置

三、潜在消费者变为消费者

继续开发本示例模型，定义消费者的特性和行为，定义行为的最佳方法是使用状态图。

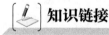**知识链接**

状态图

状态图是描述事件驱动或时间驱动行为的最先进的概念。对于对象，其操作的事件和时间顺序非常普遍，使用状态变迁图（状态图），能够更好地描述其行为。

状态图包括状态和变迁。状态图的状态具有选择性，即对象在同一时间只能处于一个状态之中。变迁的执行可以导致状态的变更，激活一组新的变迁。状态图的状态可以是分层的，即可能包含其他的状态和变迁。

一个智能体可以有若干状态图以描述智能体行为的各个独立的部分。

（1）双击"people"进入 Person 页面，在 Person 页面中拖入 🖊 状态图进入点 并在后面连接一个 ⬭ 状态 ，起名为潜在消费者。在进入行动处输入代码"main. 潜在消费者++;"，在离开行动处输入代码"main. 潜在消费者--;"，如图 8-82 所示。

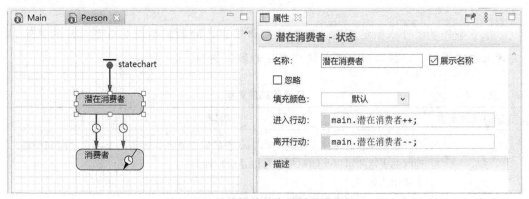

图 8-82 智能体的状态图及相关设置一

注意：应在 Person 页面中绘制状态图，而不是在 Main 页面中绘制状态图。

（2）在此状态后加入一条 🖊 变迁，起名为广告。其触发通过为速率，单位为每天，速率的值为"main. 广告作用率"，如图 8-83 所示。

图 8-83 智能体的状态图及相关设置二

注意：状态图起始点、初始状态指针和变迁外观类似，容易混淆。

变迁的触发类型

很多事件类型可以触发变迁。表 8-2 列出了变迁的触发类型及与之对应的显示在变迁上方的图标，以帮助用户理解这些变迁的触发类型。

表 8-2　　　　　　　　　　　　　变迁的触发类型

变迁的触发类型	描述
到时	变迁发生从状态图进入变迁"源"状态的时刻开始，经历一个指定的时间间隔。到时的表达式可以是随机的也可以是确定性的。 主要用途如下。 延时：在一个状态中停留指定的时间后离开。 到时：若其他等待的事件在指定的时间间隔内没有发生则更改状态
速率	用于实现分散的状态随已知的平均时间变化。按照与到时触发变迁同样的方法执行，但其时间间隔服从以给定速率为参数的指数分布
条件	变迁监视一个指定的布尔型条件，为"真"时执行。条件可以是任意的布尔型表达式，可以取决于整个模型中任意对象连续或离散的状态。 注意，条件只在模型中某些事件发生时检查。为保证不会错过状态转换的时刻，建议用户在智能体内部添加一个循环事件，使其经常发生以保证不会错过变迁条件变成"真"的时刻
消息	对其他智能体的消息做出反应。消息能够模拟人与人之间的通信、对机器输入指令等。用户可在变迁的属性中定义消息模板，且只有与此模板匹配的消息才能触发变迁
智能体到达	对智能体到达其目的地做出反应。 注意，变迁只有在该运动通过调用智能体的函数"moveTo（）"进行初始化时做出反应

（3）再拖入一个　　变迁，起名为口碑，触发通过为消息，触发变迁为特定消息时，在消息处输入如图 8-84 所示的代码。

图 8-84　智能体的状态图及相关设置三

（4）在这两个变迁后加一个 ◯ 状态，起名为消费者，在其进入行动处输入代码 "main. 消费者++；"，离开行动处输入代码 "main. 消费者--；"，如图 8-85 所示。

图 8-85　智能体的状态图及相关设置四

（5）在消费者这个状态内部加一条 ✎ 变迁，其触发通过为速率，单位为每天，速率的值为 "main. 口碑作用率 * main. 接触人数"，在行动处输入如图 8-86 所示的代码。

图 8-86　智能体的状态图及相关设置五

知识链接

内部变迁

内部变迁是一个状态内部的循环变迁，内部变迁的始点和终点均位于该状态的边缘。

由于内部变迁不会离开闭合的状态，在此状态外部的状态图中不起作用，该变迁发生时不会执行状态的进入行动或离开行动，且不会离开此状态中的当前简单状态。

四、添加统计表观察数据变化

（1）在 Main 中拖入一个 ☑ 时间折线图 ，在数据项目下值的位置输入潜在消费者，然后单击 ⊕ ，并在其值的位置输入消费者，如图 8-87 所示。

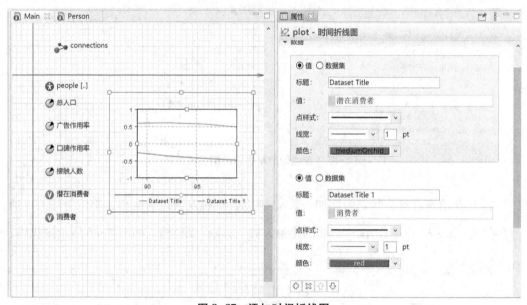

图 8-87　添加时间折线图

数据更新项目下的复发时间改为 0.1，单位为天。比例项目下的时间窗改为 10，如图 8-88 所示。

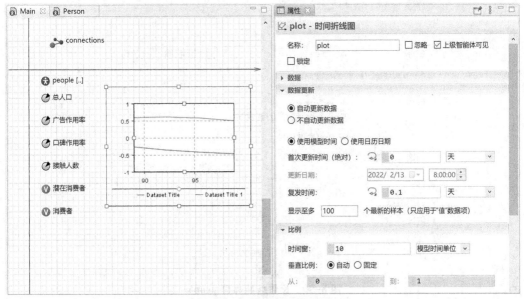

图 8-88 时间折线图设置

（2）单击 ![工程] 下的 ![巴斯扩散AB] 模型，把模型时间单位改为天，如图 8-89 所示。

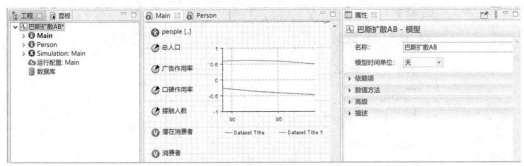

图 8-89 修改模型时间单位

（3）单击 Main 中的 people，选中"包含给定数量的智能体"，初始智能体数为总人口，如图 8-90 所示。

物流系统仿真（第2版）

图 8-90　设置智能体群 people

（4）双击 工程 下的 Simulation: Main ，在其页面中拖入一个 V 变量 ，起名为总人口，类型为 int，如图 8-91 所示。

图 8-91　添加变量总人口

①向 Simulation 界面拖入一个 滑块 ，勾选属性中的"链接到"，选择"总人口"，设置最小值为 0，最大值为 10000，如图 8-92 所示。

— 200 —

图 8-92　滑块的属性设置

②单击 ❌ Simulation: Main ，在其属性下总人口的位置输入总人口，如图 8-93
所示。

图 8-93　Simulation 属性设置

（5）单击 ▶ 按钮，运行模型后单击 ■ 按钮停止模型，调节滑块，将总人口设置为
最大值 10000，如图 8-94 所示。

图 8-94　调节滑块

再单击 ▶ 按钮重新运行模型，观察图像变化，如图 8-95 所示。

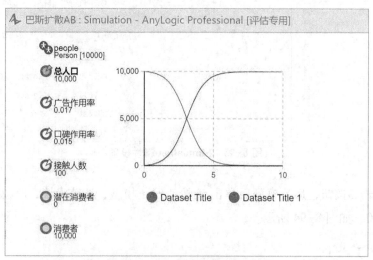

图 8-95　巴斯扩散模型运行界面

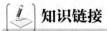 **知识链接**

<h1 style="text-align:center">控制模型的执行按钮</h1>

▶：从当前状态运行。

［模型未运行时可见］开始运行仿真或在仿真被暂停时恢复仿真运行。

‖：暂停。

［模型正在运行时可见］暂停仿真。任何时间都可以恢复一个被暂停的仿真。

■：终止执行当前运行模型。

⊙：设置真实时间比例×1。

⊙：减速运行。

[x1]：模型时间单位每真实秒，通过⊙和⊙进行调节。

⊙：加速运行。

⊙：尽可能快地运行模型（虚拟时间模式）。

课程思政

参照上章，尝试从实践论的角度来归纳总结本章内容吧。

实践是认识的来源和推动认识发展的动力。实践论提醒人们要注意行动的后果。实践不仅是一种行动，还包括行动的后果。人们需要在实践中认真考虑自己的行为对他人、社会和自然的影响，从而更好地掌控自己的行为。

结合本章内容，通过每节实验多个步骤的操作，是否建成了预定的仿真模型？这个模型能不能正常运行？建议完成阶段性可运行成果后就运行测试下当前模型，这样在出现问题的情况下更容易找出原因。同时，思考自己的实践操作是否能与理论知识结合起来，将结合起来的知识点记下来或与身边朋友交流。

补充阅读

除本章介绍的三大类仿真建模类型外，AnyLogic 还提供其他建模方法，比如连续建模和混合建模。

（1）连续建模。

在 AnyLogic 中，离散逻辑关系用状态图、事件、时钟和信息来描述，而连续过程则用微分方程表示不断变化的变量。这些变量可以放在活动对象的外面与其他对象连接。AnyLogic 支持一般的微分方程、代数方程以及两者的结合。方程中的变量类型可以是标量或矢量。仿真器的多种数学计算方法可以处理简单或复杂的系统，此外用户还可以使用外部的数学库文件，仿真器还可以自动检查方程的正确性，调整计算方法，监测并打断数学循环。

（2）混合建模。

事实上，我们周围的世界是混合的，时间连续的过程中又包含离散事件。在许多真实的系统中，离散和连续类型的行为相互依赖，这就需要在仿真建模时使用特殊的方法。传统的工具往往只支持完全离散或完全连续的建模，也有的工具将两者结合，但笨拙不易使用。

AnyLogic 是一款可混合建模的商用仿真工具。它的离散建模和连续建模能力都非常强，尤其是当两种行为紧密结合的时候。AnyLogic 混合建模最显著的特点体现在混合状态图上。在混合状态图中，用户可以将方程与状态图结合起来，状态的转移可以引发连续行为的改变。用户也可以在连续变化的变量上定义条件，触发状态的转移，这样，连续的过程就能驱动离散的逻辑关系了。AnyLogic 将 UML 加以简单扩展，自然地将两种类型的行为结合在一起，因此，所建的混合系统模型简洁而高效。

 专业术语

1. 离散事件系统仿真（Discrete Event System Simulation）
2. 基于智能体的仿真（Agent-based Simulation）
3. 系统动力学仿真（System Dynamics）
4. 排队系统（Queuing System）
5. 存量（Stock）
6. 流量（Flow）
7. 状态（State）
8. 变迁（Transition）

【基础练习】

一、判断题

1. 若想看到 3D 动画效果，添加三维窗口即可实现。（　　）
2. 巴斯扩散实验中的动态变量需要通过链接才能与存量联系起来。（　　）
3. 只要不人为暂停，巴斯扩散实验可以一致继续下去。（　　）

4. 利用条形图统计 ATM 机前的队列平均长度时，设置数据的值为 queue. utilization. mean。（　　　）

二、选择题

1. 实验仿真中，（　　　）为模型制定整体的运行时间。

A. 复发时间　　　　　　B. 时间窗　　　　　　C. 模型时间　　　　　　D. 运行时间

2. 在银行排队系统实验中，Delay 元件的作用是（　　　）。

A. 顾客排队　　　　　　B. ATM 机　　　　　　C. 等待区域　　　　　　D. 延迟

3. 想要实现顾客进入银行后，50% 去 ATM 机，50% 去柜台，可使用（　　　）元件。

A. delay　　　　　　　B. queue　　　　　　C. selectOutput　　　　D. split

4. 若元素（存量、流量、辅助变量、参数）在流量或辅助变量中引用，则该类型用（　　　）绘制。

A. 实线　　　　　　　　B. 虚线　　　　　　　C. 点画线　　　　　　　D. 箭头

5. 巴斯扩散 AB 实验智能体 Person 中的状态图从潜在消费者到消费者的变迁的触发类型有（　　　）两种。

A. 速率和条件　　　　　B. 速率和消息　　　　C. 条件和消息　　　　　D. 消息和到时

三、简答题

1. 银行排队系统常用的输出参数有哪些？在本章第一节的实验中统计了哪些参数？如何统计的？

2. 根据本章完成的三个实验，请简要归纳创建智能体的基本步骤，并给出创建完成后的修改方法。

3. 什么是参数？参数和属性的区别是什么？

4. 存量与流量的区别是什么？

【知识应用】

本章分别给出了离散事件系统仿真建模、系统动力学仿真建模以及智能体仿真建模的实验案例。银行排队系统模型实验中创建了流程模型和动画模型，SEIR 模型实验中创建了存量与流量图模型，巴斯扩散模型实验创建了众多智能体，请根据这三类实验总结利用 AnyLogic 进行仿真的大体步骤。

第九章　AnyLogic 综合仿真实验

📍 **学习目标**

知识目标

1. 运用三类典型建模方法探索现代物流的应用。

2. 掌握 AnyLogic 软件中多种功能综合应用的方法。

3. 熟悉 AnyLogic 软件中流程、智能体等常见实体的使用。

技术目标

1. 理解基于物流系统构建仿真模型的能力。

2. 掌握运用 AnyLogic 软件主要功能的能力。

3. 具备根据目的利用 AnyLogic 软件进行结果分析的能力。

职业能力目标

1. 培养构建可计算的仿真模型的能力。

2. 增强运用计算机解决离散事件系统问题的能力。

3. 提高仿真结果数据筛选和分析处理的能力。

⊕ **物流聚焦**

数字孪生：为供应链创造一个虚拟副本

当今世界外部环境越来越复杂，突发事件造成的不利影响、危害性也较以往更加严重，比如新冠感染疫情造成了诸如供应短缺、采购受限、物流延误、需求锐减、决策失衡等重大影响，这些无不凸显出供应链的复杂和脆弱，智慧供应链的建设迫在眉睫。

数字孪生技术：数字孪生是指物理产品在虚拟空间中的数字模型，这个数字模型不仅与真实空间中的物理产品相似（包含产品规格、几何模型、材料性能、仿真数据等信息），还能模拟物理产品实际运行，相较于传统的产品生命周期管理和仿真技术，数字孪生有着双向、持续和开放的特点。

数字孪生供应链：数字孪生供应链是供应链体系的数字孪生系统，以供应链为载体，将预测技术（时间序列、机器学习）、决策工具（人工智能、运筹优化）等与数字孪生技术相结合，形成基于数字孪生技术的决策支持系统。数字孪生帮助企业打通不同职能部门和数据孤岛，时时刻刻感知客户的需求，驱动高效、互联、以客户为中心的运营模式，提升产品体验，降本增效，推动增长。

数字孪生的技术探索及业务应用：目前顺丰科技成功构建了中转场数字孪生分拣线，建立了高度逼真的物流自动化设备孪生体及数字孪生平台，为物流中转场提供了端到端的高度逼真的孪生验证环境，通过优化运营策略，提高了产能，降低了成本，解决了业务中的实际问题，实现了物流中转场的智能运维。据顺丰科技数字孪生负责人江生沛介绍，通过构建高度真实的虚拟数字孪生体对场地的真实分拣情况进行仿真模拟，平台依靠数据与算法输出了更优的分拣计划，大大提升了中转场地的分拣验证效率。以小件分拣计划为例，过去传统做法是由经验丰富的资深管理人员人工制订分拣计划，但受限于验证环境的缺乏、验证周期较长、耗费人力物力等原因，人为制订分拣计划的优化效果存在较大上限。而现在基于数字孪生的全新优化方法，可以在逼真度达99%以上的虚拟孪生体中每天验证数千次，既高效可靠又突破了优化的瓶颈，分拣效果更优。在现实中转场小件分拣机的多个作业班次上验证，可增加超8%的半圈落格的件数，且在相同件数下可缩短超10%的分拣时长，在固定分拣时长下可实际提升超8%的平均产能。

数字孪生技术将现实物理世界与虚拟世界紧密连接，仅需对虚拟世界进行参数调整，就可以验证相关策略在现实物理世界的可行性与有效性，快速提高生产运营的效率、灵活性和响应能力。作为工业4.0核心组成部分的智能物流是降低社会仓储物流成本的终极方案，在工业4.0的智能工厂框架中，智能物流是连接制造端和客户端的核心环节。

本章主要介绍如何用AnyLogic软件实现离散事件系统、多智能体结合的建模仿真及分析，利用"将系统转换为流程"的思路对离散事件系统进行仿真，同时通过具体模型介绍如何利用AnyLogic实现外部数据、GIS地图导入以及智能体的状态和函数定义等操作。

本章内容主要包括基于AnyLogic软件的物流与供应链管理、洗衣机工厂加工组装及人群疏散的建模仿真分析。建议同学们在熟练掌握第七章、第八章中关于AnyLogic的基础内容后再进行本章的学习。本章第一节中的物流与供应链管理模型为评价物流系统对象（配送中心、零售商店）整体能力提供了一种新的方法；第二节主要是模拟工厂运作流程，通过仿真实现工厂生产瓶颈的可视化；第三节则是模拟在公共场所发生一些特殊情况时人群紧急疏散的过程，从而为紧急情况下的逃生疏散提供有效指导。

第一节　物流与供应链管理模型

假设存在一个由配送中心和零售商店组成的二级供应链，零售商店向配送中心发出送货订单，配送中心进行货物配送。

一、导入数据和地图

（1）创建新模型。

新建一个模型，命名为物流与供应链管理实验，修改模型时间单位为分钟，然后单击"完成"按钮，如图 9-1 所示。

图 9-1　创建新模型

（2）建立数据库。

数据库中的表用于存放坐标数据，建立名为 distribution 和 retailer 的两个工作表。

①在 工程 面板下，鼠标依次单击"数据库""新建""数据库表"，得到如图 9-2 所示的界面，选择"创建空表"。

图 9-2 创建数据库表

②对创建的表进行编辑。更改其中一个表的名称为 distribution，列名依次是 name、经度、纬度（用经纬度表示坐标数据），各列的类型分别为 String、double、double，如图 9-3 所示。

③更改另一个表的名称为 retailer，列名依次是 name、经度、纬度（用经纬度表示坐标数据），各列的类型分别为 String、double、double，如图 9-4 所示。

图 9-3　数据库表 distribution 设置

图 9-4　数据库表 retailer 设置

表格内容即 distribution 和 retailer 的名字和经纬度，这里我们通过在地图上拾取相关地点的坐标来填充。或者在 Excel 中根据已有数据建一个表，这个表包含 distribution 和 retailer 两个工作表，再在图 9-2 所示界面中选择"导入数据库表"。

（3）导入 GIS 地图。

①添加 GIS 地图。单击 ⊞面板下的 ⊗空间标记模块，将 ⊕GIS地图拖入 Main 界面，如图 9-5 所示。

②右击 GIS 地图，选择"编辑地图"，通过拖动界面找到需要的地图区域（比如图 9-6 所示的成都），再次右击 GIS 地图，选择"完成地图编辑"。（注意：此处需要连接网络）

（4）拾取坐标。

在 GIS 地图上添加几个 📍GIS点 作为配送中心和零售商店，在右侧属性栏中获取这些点的经纬度数据，如图 9-7 所示，填充至 distribution 和 retailer 两个工作表中。拾取完成后删除这些 📍GIS点 即可。

取 3 个配送中心、4 个零售商店（可根据自身情况设置数量）填充至 distribution 和 retailer 两个工作表。填充结果如图 9-8 和图 9-9 所示。

图 9-5　添加 GIS 地图

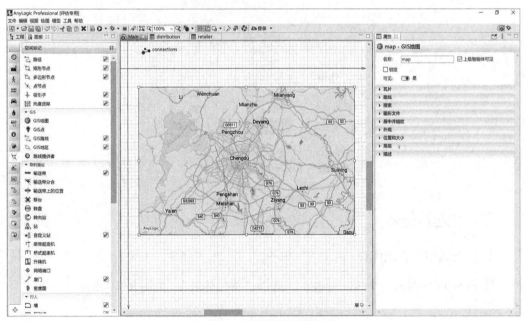

图 9-6　编辑 GIS 地图

图 9-7　拾取坐标

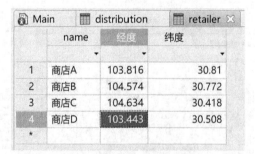

	name	经度	纬度
	▼	▼	▼
1	仓库A	103.541	31.107
2	仓库B	104.436	31.177
3	仓库C	103.931	30.323
*			

图 9-8　distribution 填充结果

	name	经度	纬度
	▼	▼	▼
1	商店A	103.816	30.81
2	商店B	104.574	30.772
3	商店C	104.634	30.418
4	商店D	103.443	30.508
*			

图 9-9　retailer 填充结果

二、创建智能体

（1）配送中心智能体。

①在 Main 中拖入一个 👤 智能体，选择"智能体群"，如图 9-10 所示。

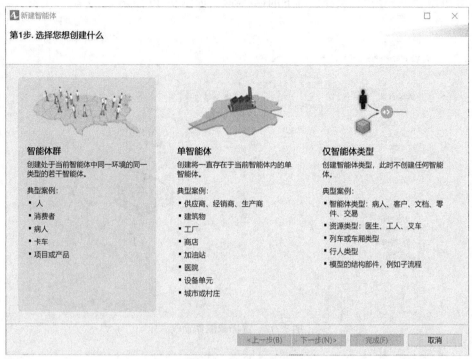

图9-10　创建智能体群

②单击"下一步"，该智能体新类型名为 Distribution，如图9-11所示。

图9-11　创建新智能体类型

③单击"下一步"，选择二维下的 仓库，如图 9-12 所示。

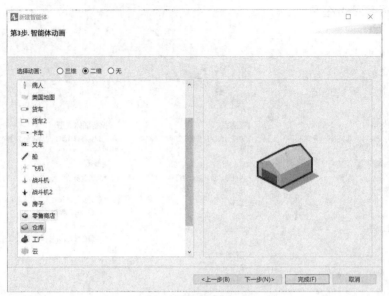

图 9-12　选择智能体动画

④单击"下一步"，再单击"下一步"，选择"创建初始为空的群，我会在模型运行时添加智能体"，如图 9-13 所示，最后单击"完成"。

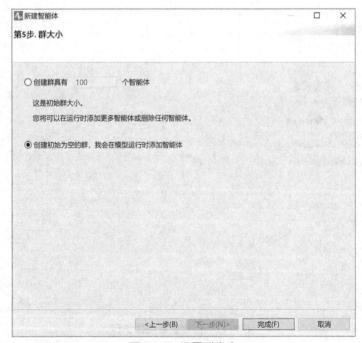

图 9-13　设置群大小

⑤单击 distributions 智能体群，在右侧属性栏中，选择群是"从数据库加载"，表选择"distribution"，如图 9-14 所示。

distributions - Distribution

名称：　distributions

☑ 展示名称　☐ 忽略

○ 单智能体　◉ 智能体群

群是：　　○ 初始空
　　　　　○ 包含给定数量的智能体
　　　　　◉ 从数据库加载

表：　　　distribution ▾

选择条件：
➕ ▣ ✕ ⬆ ⬇

模式：　◉ 每个数据库记录一个智能体
　　　　○ 每个记录多个智能体

图 9-14　distributions 智能体群属性设置

⑥双击 distributions 智能体群，进入智能体编辑页面，添加一个 ⏾ 参数，名称为 name，类型为 String，如图 9-15 所示。

🗔 属性 ✕

⏾ **name - 参数**

名称：　　name　　　　　☑ 展示名称

☐ 忽略

可见：　　◉ 是

类型：　　String ▾

默认值：　=▸

☐ 系统动力学数组

▸ 值编辑器

▸ 高级

▸ 描述

图 9-15　为 distributions 智能体群添加参数 name

⑦回到 Main 界面，再次选中 distributions 智能体群，对其智能体参数映射部分添加如图 9-16 所示的设置（单击表格空格部分，即可选择相应的参数）。

图 9-16　智能体群 distributions 添加参数映射

（2）零售商店智能体（与新建配送中心智能体的操作流程一样）。

①向 Main 中拖入一个 智能体，选择"智能体群"。

②单击"下一步"，选择"我想创建新智能体类型"，如图 9-17 所示。

图 9-17　新建零售商店智能体

③单击"下一步",该智能体新类型名为 Retailer。

④单击"下一步",选择二维下的 零售商店 。

⑤单击"下一步",再单击"下一步",选择"创建初始为空的群,我会在模型运行时添加智能体",最后单击"完成"。

⑥单击 retailers 智能体群,在右侧属性栏中,选择群是"从数据库加载",表选择"retailer",如图 9-18 所示。

图 9-18　retailers 智能体群属性设置

⑦双击 retailers 智能体群,进入智能体编辑页面,添加一个 参数,名称为 name,类型为 String,如图 9-19 所示。

图 9-19　为 retailers 智能体群添加参数 name

⑧回到 Main 界面，再次选中 retailers 智能体群，对其智能体参数映射部分添加如图 9-20 所示的设置（单击表格空格部分，即可选择相应的参数）。

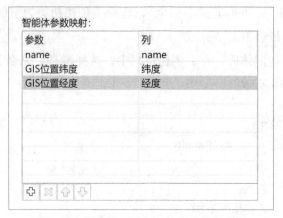

图 9-20　智能体群 retailers 添加参数映射

⑨运行模型，可以看到配送中心和零售商店在 GIS 地图上显示出来。

（3）货车智能体。

①向 Distribution 中拖入一个 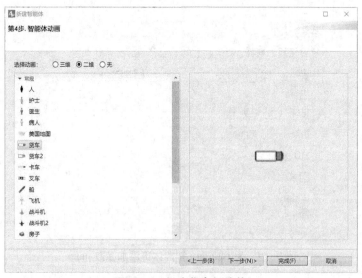 智能体（由于货车属于配送中心，因此该智能体在 Distribution 中创建），选择"智能体群"。

②单击"下一步"，选择"我想创建新智能体类型"。

③单击"下一步"，该智能体新类型名为 Truck。

④单击"下一步"，选择二维下的 🚚 货车，如图 9-21 所示。

图 9-21　新建货车智能体

⑤单击"下一步",再单击"下一步",选择"创建初始为空的群,我会在模型运行时添加智能体",最后单击"完成"。

⑥设置货车数量。回到 distribution 工作表,添加一个名为 num 的列,类型为 int,如图 9-22 所示,用以表示配送中心拥有的货车数量(货车数量随机设置即可)。

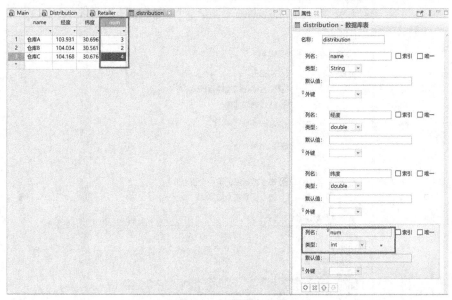

图 9-22 设置货车数量

⑦配送中心添加参数。向 Distribution 页面拖入一个 🕐 参数,名称为 num,类型为 int,如图 9-23 所示。

图 9-23 为 Distribution 添加参数 num

⑧添加映射。回到 Main 界面，选中 distributions 智能体群，在右侧属性栏"智能体参数映射"中，添加参数 num 的映射，添加结果如图 9-24 所示。

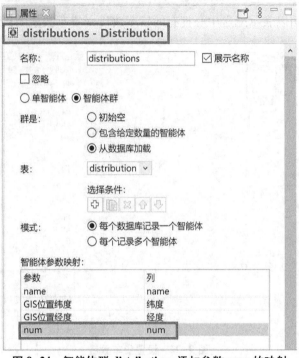

图 9-24　智能体群 distributions 添加参数 num 的映射

⑨代码生成 Truck 智能体。在 Distribution 界面拖入一个 ⓕ 函数，名称为 init，在函数体中输入图 9-25 所示的代码。

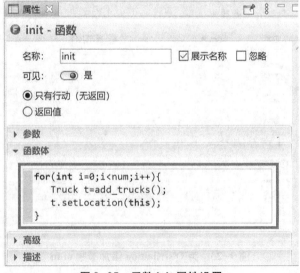

```
for(int i=0;i<num;i++){
    Truck t=add_trucks();
    t.setLocation(this);
}
```

图 9-25　函数 init 属性设置

⑩单击 Distribution 界面任意空白地方，右侧属性栏"启动时"调用 init 这个函数，输入"init（）;"，如图 9-26 所示。

图 9-26　调用函数 init

（4）订单智能体。

①向 Main 中拖入一个 智能体，选择"仅智能体类型"，如图 9-27 所示。

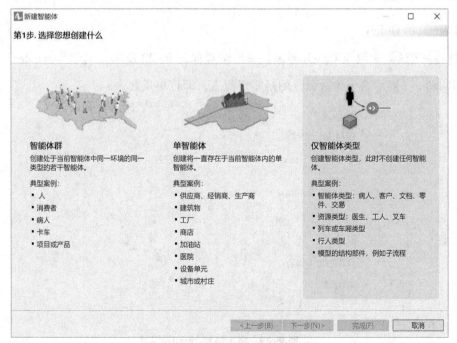

图 9-27　新建订单智能体第 1 步

②单击"下一步"，该智能体新类型名为 OrdeR，如图 9-28 所示。

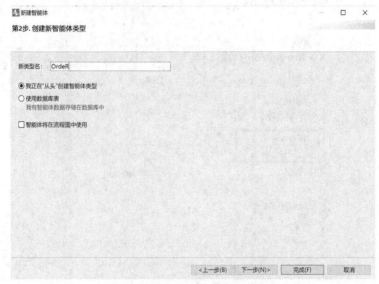

图 9-28 新建订单智能体第 2 步

③单击"下一步"，动画选择"无"。

④单击"完成"。

三、定义智能体行为

（1）订单 OrdeR。

拖拽一个 🕛 参数至 OrdeR 界面，属性设置如图 9-29 所示，名称为 retailer，类型选择 Retailer（表示这个参数保存的是零售商店，即订单发起人）。

图 9-29 添加参数 retailer

（2）零售商店 Retailer（产生订单，并发送给配送中心）。

①拖拽一个 Ⓕ 函数 至 Retailer 界面（函数用以实现产生订单，并发送给配送中心的功能），名称为 generateOrder，函数体中输入图 9-30 所示的代码。

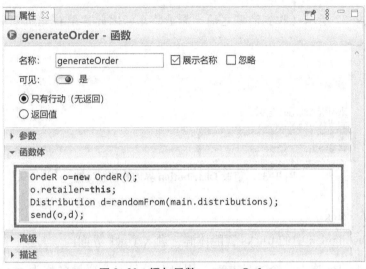

图 9-30　添加函数 generateOrder

②另外，向 Retailer 界面拖入一个 ⚡ 事件，模式选择"循环"，首次发生时间（绝对）为 2 分钟，复发时间为 7 分钟，行动处输入代码"generateOrder（）;"，如图 9-31 所示。

图 9-31　添加事件

（3）配送中心 Distribution。

配送中心 Distribution 通过界面中的 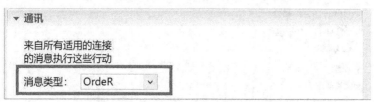 来接收订单。

在 Distribution 界面，选中 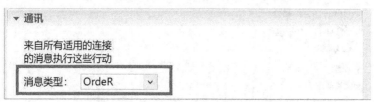，在右侧属性栏中更改消息类型为 OrdeR，如图 9–32 所示（收到消息之后，派遣货车，因此这里首先研究货车的作业逻辑）。

图 9–32   更改 Distribution 界面的消息类型

（4）货车 Truck。

①双击 Distribution 中的 trucks 智能体群，进入 Truck 界面。

②向 Truck 界面拖入一个  变量，用以存放订单。变量名称为 order，类型选择 OrdeR，如图 9–33 所示。

图 9–33   添加变量 order

③按照图 9–34 所示绘制货车智能体的运动状态图。

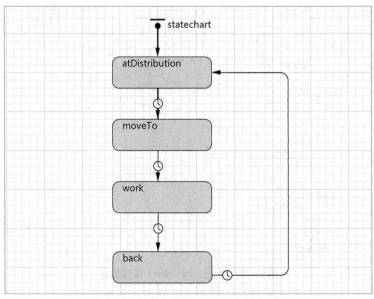

图 9-34　货车智能体的运动状态图

a. 变迁 transition。如图 9-35 所示，变迁 transition 触发通过为消息，消息类型为 OrdeR，在行动处输入代码"order=msg；moveTo（order. retailer）;"。

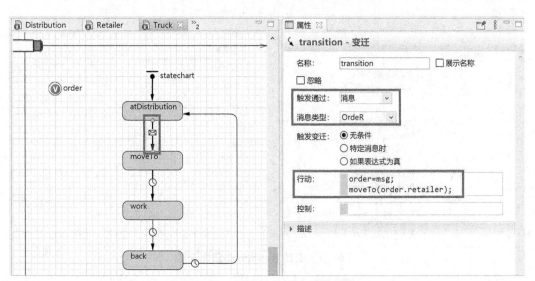

图 9-35　变迁 transition 属性设置

b. 变迁 transition1。如图 9-36 所示，变迁 transition1 触发通过为智能体到达。

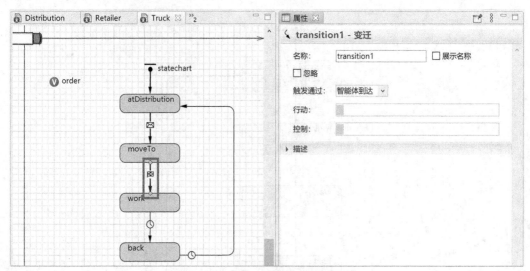

图 9-36　变迁 transition1 属性设置

　　c. 变迁 transition2。如图 9-37 所示，变迁 transition2 触发通过为到时，到时为 8 分钟，在行动处输入代码"moveTo（distribution）;"。

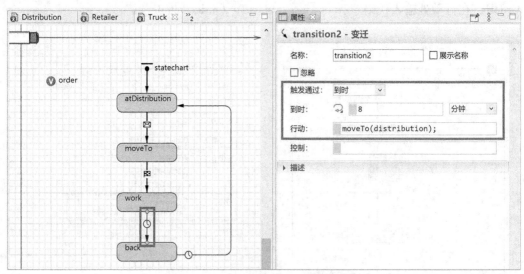

图 9-37　变迁 transition2 属性设置

　　d. 变迁 transition3。如图 9-38 所示，变迁 transition3 触发通过为智能体到达。

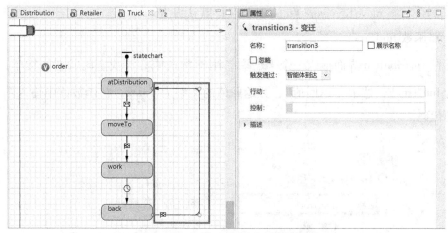

图 9-38　变迁 transition3 属性设置

e. 变量 busy。在 Truck 界面拖入一个  变量，名称为 busy，类型选择 boolean，初始值为 false，如图 9-39 所示。

图 9-39　变量 busy 属性设置

f. 状态 atDistribution。如图 9-40 所示，在状态 atDistribution 进入行动处输入代码"busy=false;"，离开行动处输入代码"busy=true;"。

图 9-40　状态 atDistribution 属性设置

g. 剩余状态 moveTo、work 和 back 都保持默认设置。

（5）函数 findTruck。

①在 Distribution 界面拖入一个 Ⓕ 函数 用于配送中心寻找空闲状态的货车，函数名称为 findTruck，选中"返回值"，且返回值的类型为 Truck，在函数体中输入图 9-41 所示的代码。

图 9-41 函数 findTruck 属性设置

②选中 Distribution 界面的 connections，在右侧属性栏"接收消息时"处输入图 9-42 所示的代码。

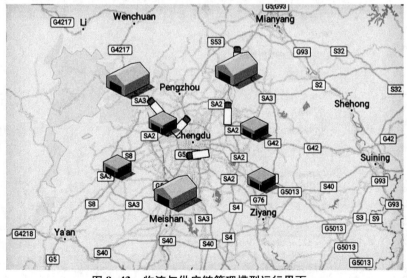

图 9-42　Distribution 界面的 connections 属性设置

（6）运行结果。

可手动调整配送中心、零售商店和货车图形的大小，运行结果如图 9-43 所示。

图 9-43　物流与供应链管理模型运行界面一

四、模型优化

（1）订单排序（先到先服务）。

①向 Distribution 界面拖入一个 ⚬ 集合，用以保存订单的先后顺序，集合名称为 collectionOfOrder，选择集合类 LinkedList，元素类 OrdeR，如图 9-44 所示。

图 9-44　集合 collectionOfOrder 属性设置

②在 Distribution 界面，选中 ⚬ connections，更改接收消息时的代码为图 9-45 所示的内容。

图 9-45　Distribution 界面的 connections 属性更改一

（2）货车运行流程优化。

在 Truck 界面增加货车的运行流程。返程时，如果货车所属配送中心没有订单，则回到 atDistribution 状态；否则继续工作，进入 moveTo 状态。完善后的货车运动状态图如图 9-46 所示。

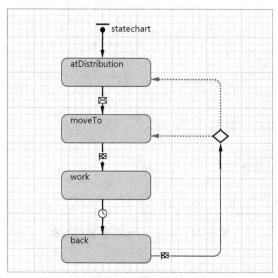

图 9-46　完善后的货车运动状态图

①变迁 transition4（表示返程时如果配送中心没有订单需要配送，则货车返回配送中心休息）。

如图 9-47 所示，在变迁 transition4 的属性栏中选择"条件"，条件的内容为"distribution. collectionOfOrder. size（）＝＝0"。

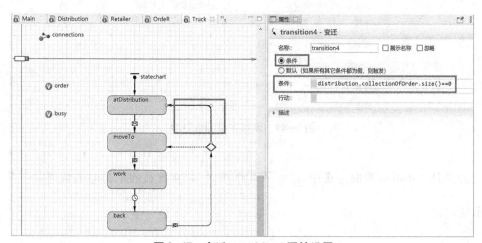

图 9-47　变迁 transition4 属性设置

②变迁 transition5（表示返程时如果配送中心有订单需要配送，则货车仍然是工作状态）。

在变迁 transition5 的行动处输入的代码如图 9-48 所示。

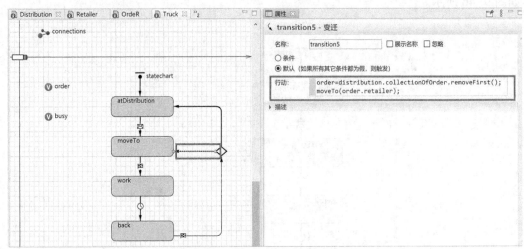

图 9-48　变迁 transition5 属性设置

（3）配送中心优化。

①进入 Distribution 界面，拖入一个 ⓥ 变量 ，用于表示配送中心总共收到的订单数，变量名称为 numOfO，类型选择 int，如图 9-49 所示。

图 9-49　添加变量 numOfO

②在 Distribution 界面，选中 ⟜ connections，更改接收消息时的代码为图 9-50 所示的内容。

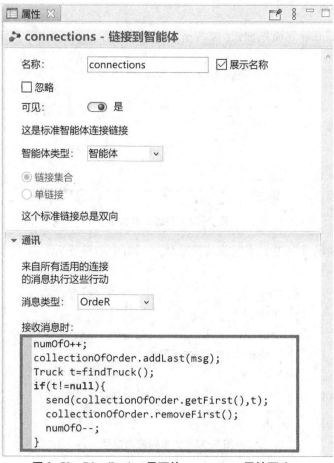

图 9-50　**Distribution 界面的 connections 属性更改二**

③进入 Truck 界面，选中变迁 transition5，更改右侧属性栏中行动处的代码为图 9-51 所示的内容。

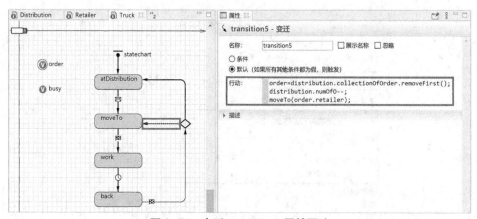

图 9-51　**变迁 transition5 属性更改**

④添加文本显示。

a. 在 Distribution 界面拖拽 Aa 文本至二维仓库上方，如图9-52所示。

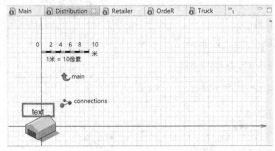

图 9-52　添加文本显示

b. 单击右侧属性栏中文本框前的符号 =，如图9-53所示。

图 9-53　文本框前的符号

c. 向框内输入文本 "name+numOfO"，同时还可调整字体大小、颜色等，如图9-54所示。

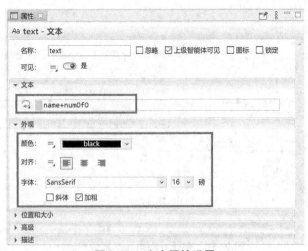

图 9-54　文本属性设置

（4）运行界面。

运行结果如图9-55所示。

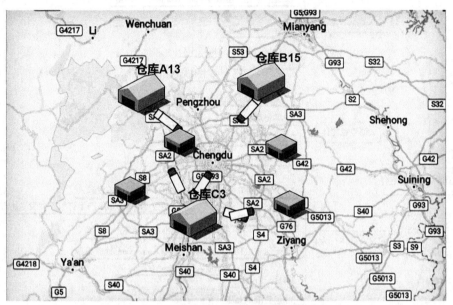

图9-55 物流与供应链管理模型运行界面二

五、思维导图

思维导图是一种表达放射性思维的图形工具，通过运用一些线条、符号、词汇和图像来把一长串枯燥的信息，变成彩色的、容易记忆的、有高度组织性的图。

思维导图可以充分运用左右脑的机能，利用记忆、阅读、思维的规律，协助人们在科学与艺术、逻辑与想象之间平衡发展，从而开发人类大脑的潜能。

下面通过思维导图的方式，将仿真实验的逻辑与主要步骤展示出来，读者可根据思维导图来快速掌握实验的操作步骤，了解实验的逻辑。与此同时，读者可在此基础上进行扩展，将思维导图继续扩充，直至将整个实验的操作步骤展示出来。

物流与供应链管理模型思维导图如图9-56所示。

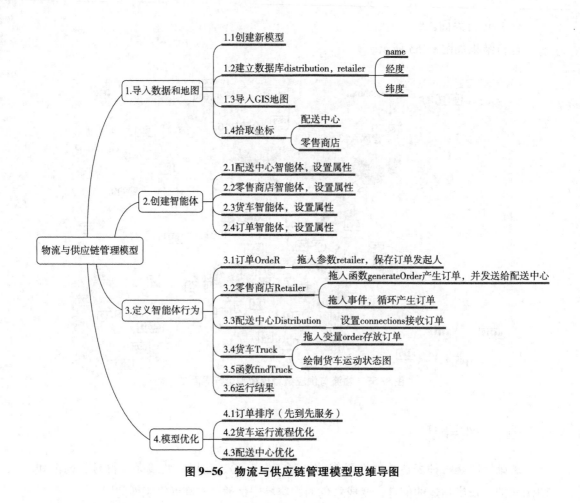

图9-56　物流与供应链管理模型思维导图

✎ **知识链接**

　　一个离散事件系统包括五个基本要素：实体、属性、事件、活动和进程。

　　请思考：基于AnyLogic软件平台，离散事件系统的模型函数中哪些变量是有所体现的？

第二节　洗衣机工厂加工模型

　　本节建立一个洗衣机工厂的离散事件模型——洗衣机工厂加工模型。该厂将洗衣机的机身和机盖组装成洗衣机。零件到达工厂的间隔时间呈指数分布，零件到工厂以后通过传送带抵达集装站。组装机器人将机盖安装到机身上装配成洗衣机，装配好的洗衣机继续经传送带运送至装箱站，由工人将其装箱。随后，运输卡车将装好的洗衣机以十个一组运送出厂。建立模型要通过五个阶段，每个阶段都是一个可独立运行的模型。在此模型中，除了逻辑部分，我们还需添加对应的二维、三维展示窗口以及数据统计部分。

一、利用流程建模库建模

（1）新建模型。

单击工具栏中的"新建模型"按钮▣，或者在主菜单中依次选择"文件""新建模型"，或者按"Ctrl+N"键，弹出"新建模型"对话框。在"模型名"文本框中输入模型的名字，将模型命名为洗衣机工厂加工实验，如图9-57所示。

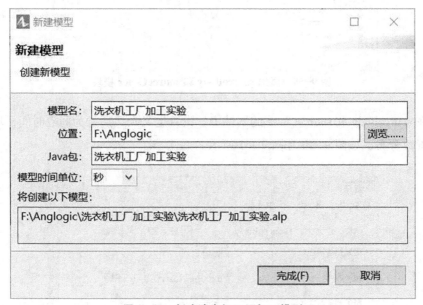

图9-57 新建洗衣机工厂加工模型

注意：此模型的运行时间单位为"分钟"，可在模型的属性中进行设置，如图9-58所示。

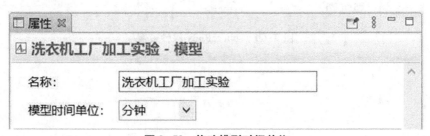

图9-58 修改模型时间单位

（2）添加两个 Source 模块。

①打开流程建模库，拖拽两个 Source 模块，分别表示机盖与机身，分别命名为 sourceBody 和 sourceCover，如图 9-59 所示。

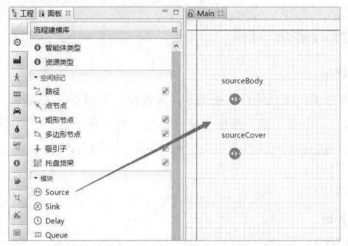

图 9-59　添加 sourceBody 和 sourceCover 模块

②在 sourceBody 和 sourceCover 的属性中，设置定义到达通过为间隔时间，均值为 3 分钟的指数分布，如图 9-60 和图 9-61 所示。

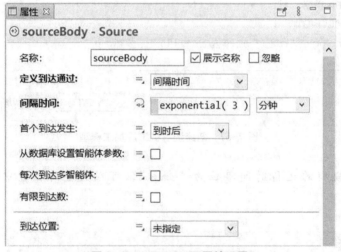

图 9-60　sourceBody 属性设置

图 9-61　sourceCover 属性设置

（3）搭建模型逻辑流程。

①机身 sourceBody 通过传送带传递至集装站，因此依次拖拽 Queue 和 Conveyor 模块，连接在 sourceBody 模块后面，分别命名为 bodies 和 conveyorBodies，如图 9-62 所示。其中，bodies 模块模拟了实体在进入下一个模块之前的暂存区，此模块用来暂存机身，并使其等待传送带的提取；conveyor Bodies 模块以给定的速度沿着特定路径移动实体，在此模型中，用来表示传输机身的传送带。

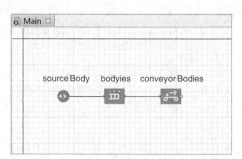

图 9-62　添加 bodies 和 conveyorBodies 模块

②同理，拖拽一个 Queue 模块连接在 sourceCover 模块后面，用来表示机盖的暂存区，将其命名为 covers，如图 9-63 所示。

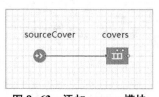

图 9-63　添加 covers 模块

③下一流程是将两个零件进行组装。因此，在流程建模库中拖拽一个 Assembler 模块来表示组装，并将其命名为 assembler。将 sourceBody 分支与 sourceCover 分支依次连接到 assembler 模块的第一个和第二个输入端口上，如图 9-64 所示。

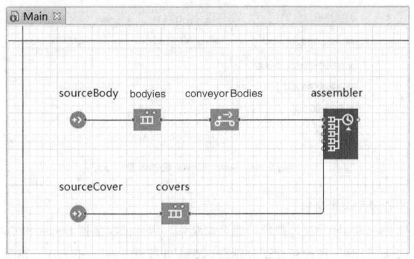

图 9-64　添加 assembler 模块

④组装完成后，洗衣机经由传送带进入打包环节，因此在 assembler 模块后再添加一个 Conveyor 模块来运输洗衣机，命名为 conveyor1。洗衣机在传送带运输完成后，需要进入暂存区等待包装处理，包装完成后需进行十个为一组的打包，然后离开整个流程。因此，我们依次拖入 Queue、Service、Batch 及 sink 模块，分别命名为 queue、service、batch 和 sink，如图 9-65 所示。

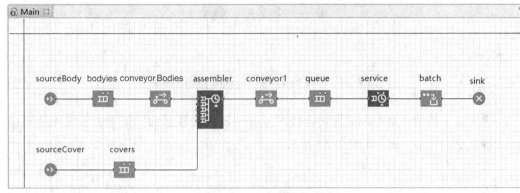

图 9-65　完善组装流程

二、底图设计与空间标记

（1）导入图片作为模型的运行底图。

①在演示 🚶 面板中拖拽一个 ▣ 图像 至编辑视图中，在弹出的窗口中双击选择要插入的图片，如图 9-66 所示。

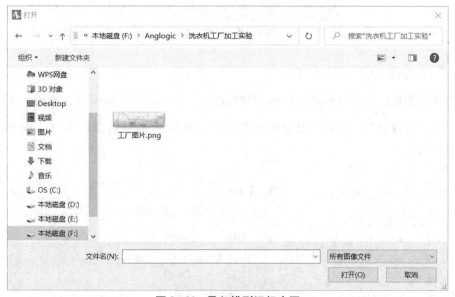

图 9-66　导入模型运行底图

②调整图片大小，各区域标注如图 9-67 所示。

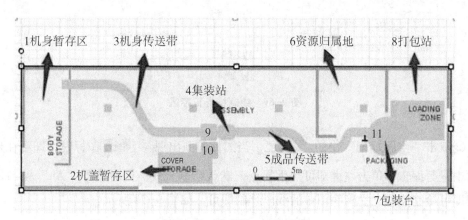

图 9-67　洗衣机工厂各区域

③为方便在图片上操作，右击图片，选择"锁定图形"，如图 9-68 所示。

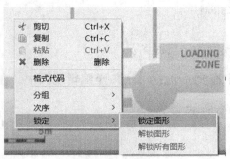

图 9-68　锁定图形

（2）在底图上添加空间标记。

①锁定图形后，从流程建模库的"空间标记"中拖拽 矩形节点到图 9-67 标注的"1 机身暂存区"，调整矩形来匹配该区域，将此矩形节点命名为 AreaBodies，如图 9-69 所示。

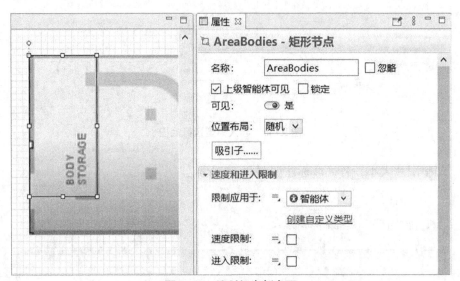

图 9-69　绘制机身暂存区

②双击"空间标记"中的 路径，当图标前面出现 路径 图标时，即可在建模界面中进行编辑，单击左键即可产生拐点，默认绘制直线。同时按下"Alt"键与鼠标左键即可绘制曲线，沿着底图中的线段绘制即可，如图 9-70 所示。

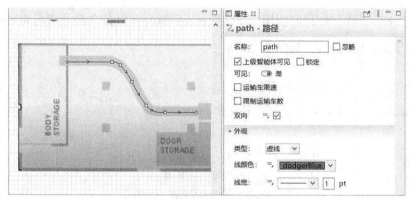

图 9-70　绘制机身传送带

③选择该路径，将其类型改为输送带，改完之后路径即可呈现传送带的形象，将其命名为 conveyorBodies，如图 9-71 所示。

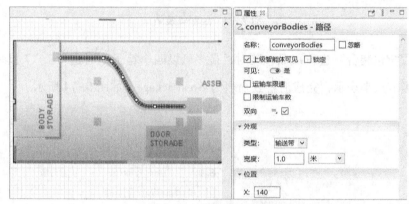

图 9-71　路径属性设置

④绘制"2 机盖暂存区"的标记图形，方法参考"1 机身暂存区"标记图形的绘制，完成后将其命名为 AreaCover，如图 9-72 所示。

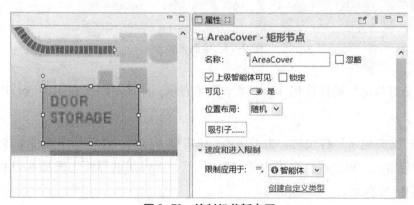

图 9-72　绘制机盖暂存区

⑤在 "4 集装站" 处我们使用 点节点表示机身和机盖在此处进行组装，完成后
将其命名为 pointAssembly，如图 9-73 所示。

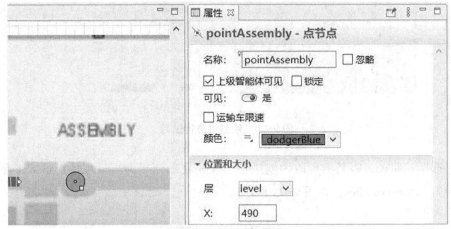

图 9-73 绘制集装站

⑥在 "7 包装台" 进行成品包装时，最多可以四个箱子同时进行，"7 包装台" 使
用 矩形节点来表示，完成后将其命名为 AreaPackage，如图 9-74 所示。

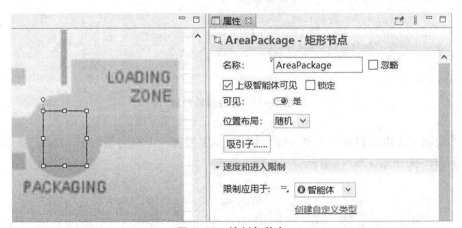

图 9-74 绘制包装台

⑦ "8 打包站" 同样使用 矩形节点来表示，完成后将其命名为 AreaBatch，如
图 9-75。

⑧在 "8 打包站" 打包时，为了使箱子可以整齐排列，在矩形节点中添加吸引子：
选中该矩形节点，单击属性列表中的 "吸引子"，在弹出的界面中添加 4×3 的网格排
布，如图 9-76 所示。

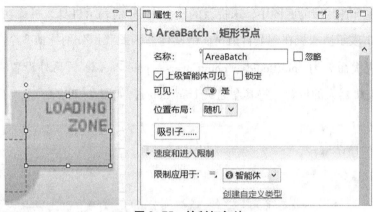

图 9-75　绘制打包站

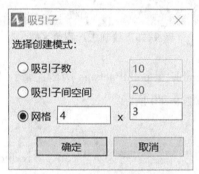

图 9-76　为打包站添加吸引子

⑨ "6 资源归属地" 同样使用 矩形节点来表示资源的归属区域，完成后将其命名为 AreaResource，如图 9-77 所示。为使包装工人在此区域中可以均匀规律排列，在矩形节点中设置 "吸引子"：选中该矩形节点，单击属性列表中的 "吸引子"，添加 2×2 的网格排布，如图 9-78 所示。

图 9-77　绘制资源归属地

图 9-78　为资源归属地添加吸引子

⑩在标注有各区域的底图中，未提及的 9 和 10 分别表示机身、机盖在集装站前排队的实体，11 表示洗衣机在包装台前排队的实体。因此我们分别拖拽 3 个 点节点到对应位置，依次命名为 pointBodies、pointCovers、pointPackage，另外设置一个 点节点来表示组装机器人的位置，将其命名为 pointRobot，如图 9-79 所示。

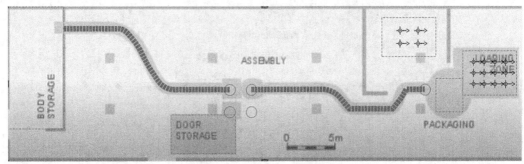

图 9-79　绘制工厂剩余区域

⑪绘制一条从 pointAssembly 至 pointPackage 的传送带，来运输组装好的洗衣机，将其命名为 conveyProduct，如图 9-80 所示。

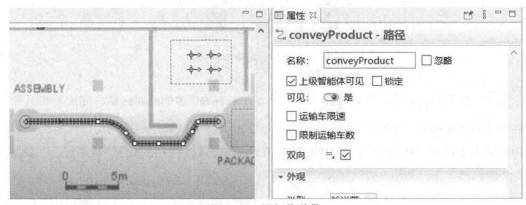

图 9-80　添加传送带

注意：路径和节点相连出现绿点时表明连接成功，否则连接失败。

三、创建智能体

（1）创建 Body、Cover、Machine 智能体，并设置形象。

①依次从流程建模库中拖拽 3 个 智能体类型到建模窗口中，分别命名为 Body、Cover、Machine，暂时先不设置展示形象，也不添加参数，单击"完成"即可，如图 9-81、图 9-82、图 9-83 和图 9-84 所示。

图 9-81　添加 Body、Cover、Machine 智能体

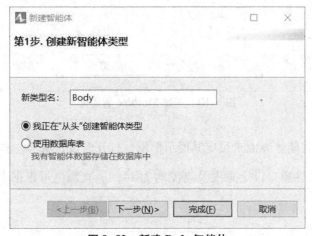

图 9-82　新建 Body 智能体

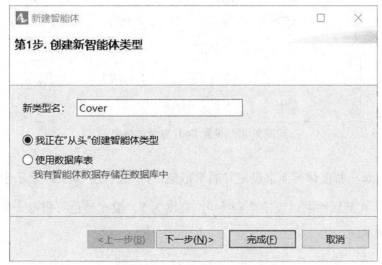

图 9-83　新建 Cover 智能体

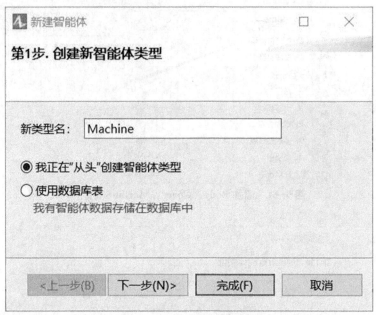

图 9-84　新建 Machine 智能体

②进入 Body 智能体界面来设定其展示形象，打开面板，从 🏃 演示中拖拽□矩形到原点处，在其属性窗口设定宽度及高度均为 14，填充颜色可根据个人喜好选择，如图 9-85 所示。

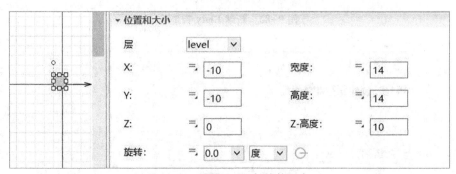

图 9-85　设置 Body 智能体形象

③进入 Cover 智能体界面来设定其展示形象，打开面板，从 🏃 演示中拖拽 ○ 椭圆到原点处，在其属性窗口设定半径为 6，高度为 5，填充颜色可根据个人喜好选择，如图 9-86 所示。

图 9-86 设置 Cover 智能体形象

④由于洗衣机是由机身与机盖组装起来的，所以智能体 Machine 所展示的动画可以将 Body 和 Cover 的动画组合起来：复制 Body 和 Cover 的动画，粘贴到 Machine 的原点处。从 演示中拖拽 组到编辑器中，将其命名为 machinePres，如图 9-87 所示。

图 9-87 添加 machinePres

⑤依次右击矩形和椭圆，将其添加至 machinePres 中即可生成智能体 Machine 的包装前展示形象，如图 9-88 所示。

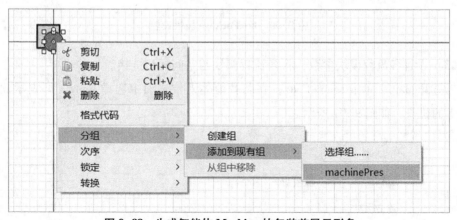

图 9-88 生成智能体 Machine 的包装前展示形象

（2）定义箱子包装后的形象。

从"面板"中拖拽 三维物体中的 盒1关，如图9-89所示。将其命名为boxPackage，可适当调整其大小，设置其初始状态为不可见，如图9-90所示。

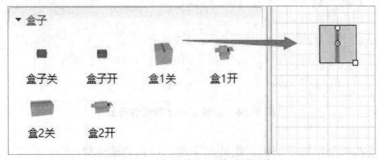

图 9-89　定义箱子包装后的形象

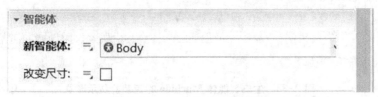

图 9-90　boxPackage 属性设置

（3）设置各流程模块参数，将各流程模块与空间标记链接。

①打开 Main，单击 sourceBody，在新智能体下拉选项中选择 Body，即表示此源模块产生的机身，如图9-91所示。

图 9-91　sourceBody 属性设置

②单击 bodies，在其属性中设置智能体位置为 AreaBodies，如图 9-92 所示。

图 9-92 bodies 属性设置

③机身传送带 conveyorBodies 模块的属性设置，如图 9-93 所示。

图 9-93 conveyorBodies 属性设置

④单击 sourceCover，在新智能体下拉选项中选择 Cover，即表示此源模块产生的机盖，如图 9-94 所示。

图 9-94 sourceCover 属性设置

⑤单击 covers，在其属性中设置智能体位置为 AreaCover，如图 9-95 所示。

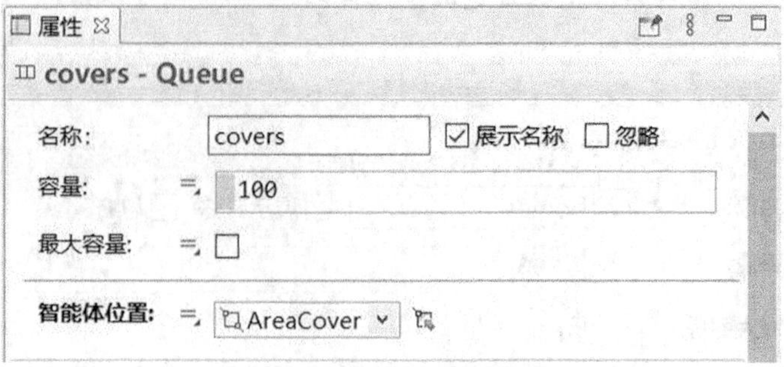

图 9-95　covers 属性设置

⑥单击 assembler，在其属性中设置相关参数，在新智能体下拉选项中选择 Machine，如图 9-96 所示；在"动画"处设置组装的智能体的位置为网络/GIS 节点，节点为 pointAssembly，如图 9-97 所示。

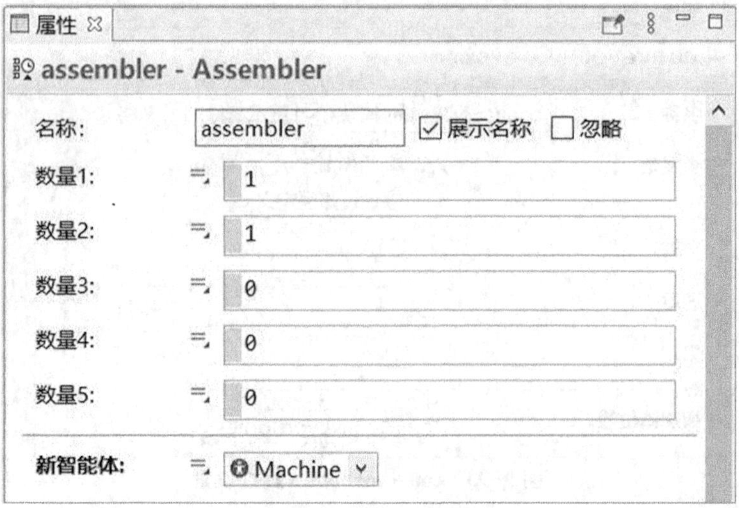

图 9-96　assembler 属性设置一

图 9-97　assembler 属性设置二

（4）添加机器人资源，并定义状态行为。

①在 Main 中添加机器人资源来服务组装过程，从流程建模库中拖拽 ⚙ 资源类型到建模窗口，命名为 Robot，如图 9-98 所示。

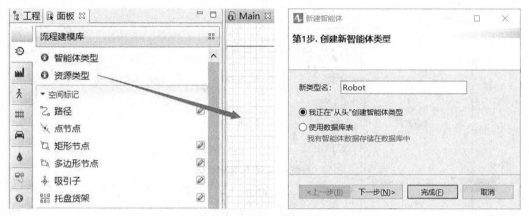

图 9-98 添加机器人资源

②单击"下一步",为智能体添加动画,选择制造中的 🖉 机器人 1,单击"完成"即可进入 Robot 界面,如图 9-99 所示。

图 9-99 设置机器人动画

③选中原点处的机器人形象,命名为 robotFailure,附加比例设置成 400%,如图 9-100 所示。接下来添加机器人状态,选中机器人形象,单击右键复制出一个机器人,将其命名为 robotWorking,MA_Beige_1 颜色修改为 teal,移动至原点处,如图 9-101 所示。

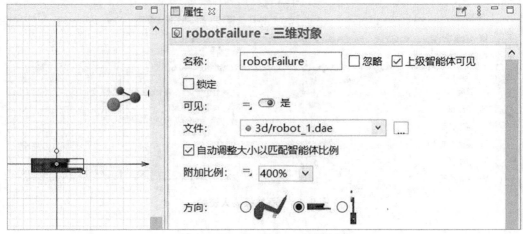

图 9-100　robotFailure 属性设置

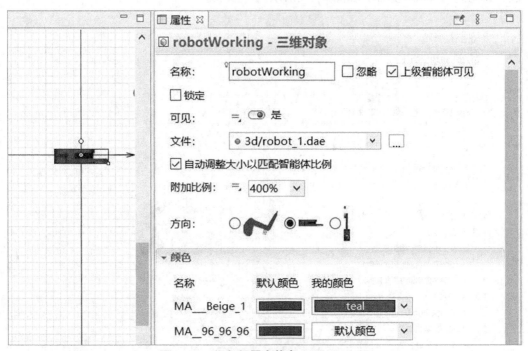

图 9-101　添加机器人状态 robotWorking

④机器人存在为两个状态，即工作状态和故障状态，产生规律为每工作 7 天会出现 1 天的故障修理时间，因此我们使用状态图来表示其状态变迁。单击"面板"，将智能体中状态图的 🗲 状态图进入点、◯状态、🗲 变迁拖拽到建模界面，依次命名为 statechart、Working、Crash、Failure、Repair，如图 9-102 所示。在变迁 Crash 的属性处勾选展示名称，如图 9-103 所示。

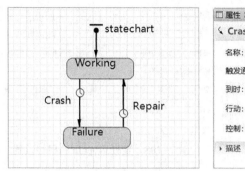

图 9-102 机器人运动状态图

图 9-103 变迁 Crash 的属性设置一

⑤设置变迁条件，由于故障的触发方式为按时间间隔触发，每工作 7 天会有 1 天的故障时间，因此对于两个变迁我们均选择"到时触发"，具体通过设置两个参数来表示。从"智能体"面板中，拖拽出两个 🕐 参数，分别命名为 MTTF（Mean time to Failure）和 MTTR（Mean time to Repair），如图 9-104 所示，数值分别设为 7 * day（）和 1 * day（），如图 9-105 和图 9-106 所示。

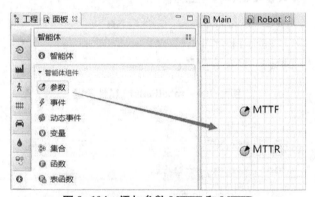

图 9-104 添加参数 MTTF 和 MTTR

图 9-105 参数 MTTF 的属性设置

图 9-106 参数 MTTR 的属性设置

⑥对变迁 Crash 和变迁 Repair 的属性进行设置，如图 9-107 和图 9-108 所示。

图 9-107　变迁 Crash 的属性设置二　　　　图 9-108　变迁 Repair 的属性设置

⑦对于机器人 Robot 来说存在两个状态，即 Failure 和 Working，使用前面设置的两个动画 robotFailure 和 robotWorking 来表示这两个状态。首先选中形象 robotFailure，在可见处输入 inState（Failure），即此形象仅在 Robot 处于 Failure 状态的时候此动画才可见，如图 9-109 所示。同理，对于形象 robotWorking 也是此方法，如图 9-110 所示。

图 9-109　robotFailure 属性设置

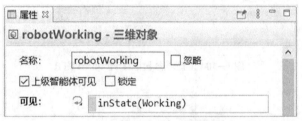

图 9-110　robotWorking 属性设置

四、打包过程建模

（1）添加资源并调用。

①打开 Main 函数界面，从流程建模库中拖拽一个 🎎 Resource Pool 模块放到 assembler 模块下方，命名为 resourceRobot，如图 9-111 所示。

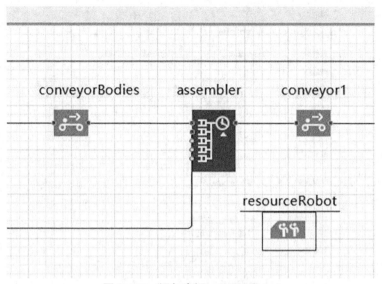

图 9-111　添加资源 resourceRobot

②打开 resourceRobot 的属性，对其进行设置，如图 9-112 所示。

图 9-112　resourceRobot 的属性设置

③在 assembler 模块的属性中，选择要调用的资源 resourceRobot，数量设为 1，延迟时间设为 triangular（0.5，1，1.5）*2 分钟，如图 9-113 所示。

图 9-113   **assembler** 的属性设置

④设置 conveyor1 的属性，其智能体位置为 conveyProduct，如图 9-114 所示。

图 9-114   **conveyor1** 的属性设置

⑤经过 conveyProduct 运输后，实体（洗衣机）到达 Packaging 包装台进行包装，设定最多同时可以包装 4 台洗衣机，对于多余的实体（洗衣机）设定在传送带末端的节点处进行排队，如图 9-115 所示。

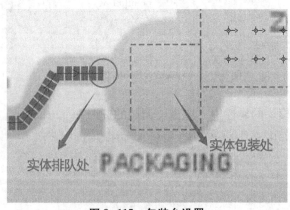

图 9-115   包装台设置

⑥在 queue 属性中，设置智能体位置为 pointPackage，如图 9-116 所示。

图 9-116　queue 的属性设置

（2）设置工人三维环境中的动画形象。

①设置有 4 个工人在包装台进行包装操作，定义一个资源类型 Resource，形象为三维的工人，单击"完成"即可（注意这里设置的是 3D 形象），如图 9-117 和图 9-118 所示。

图 9-117　新建工人智能体第一步

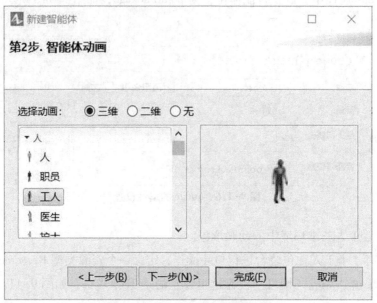

图 9-118　新建工人智能体第二步

②进入 Resource 界面，在原点处可以看到刚设置的工人形象，将其命名为 workerI-dle，接下来进行属性设置，如图 9-119 所示，即仅在闲置时的三维环境中显示此形象。

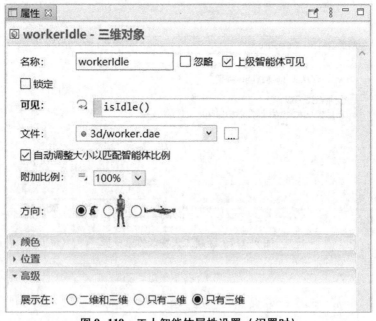

图 9-119　工人智能体属性设置（闲置时）

③复制出一个工人形象，命名为 workerBusy，按图 9-120 所示设置。

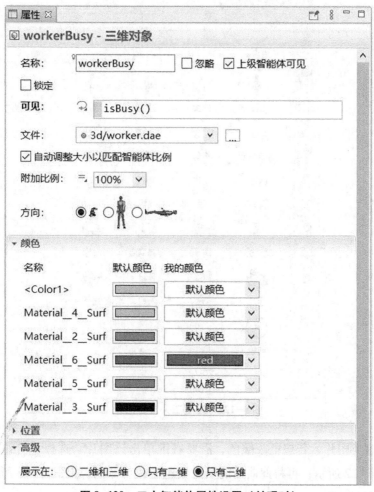

图 9-120 工人智能体属性设置（忙碌时）

Material_6_surf 改为 red，与闲置状态进行区分；可见处输入 isBusy（）；仅展示在三维环境。

（3）设置工人在二维环境中的动画形象。

①在"面板"中拖拽 ▮ 图片，如图 9-121 所示。

图 9-121　设置工人二维形象

　　②对于这类图片，若想更改颜色，需要右键单击该图片，选择"分组""取消分组"，如图 9-122 所示；再将此曲线的填充颜色更改为 red，如图 9-123 所示；最后将其重新添加到现有组 person 中，如图 9-124 所示。

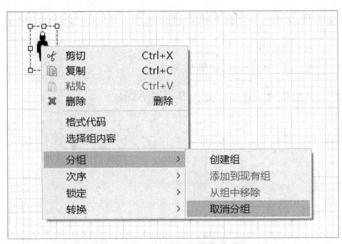

图 9-122　修改图片颜色步骤一

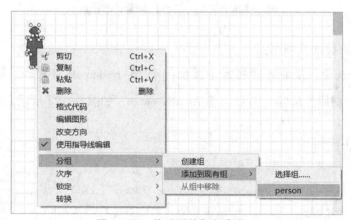

图 9-123 修改图片颜色步骤二

图 9-124 修改图片颜色步骤三

③将颜色改变后的动画形象重新命名为 personBusy。仅在忙碌时可见，因此在可见处输入 isBusy（），如图 9-125 所示。

图 9-125 工人（二维）忙碌状态设置

④接下来还需要生成资源闲置时的工人形象，可复制 personBusy 这个形象，参考上面的方法将其变成绿色，重新命名为 personIdle，并在可见处输入 isIdle（），仅展示在二维，如图 9-126 所示。

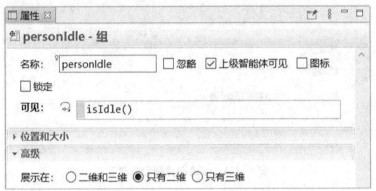

图 9-126　工人（二维）闲置状态设置

（4）添加资源池并调用。

①返回 Main 中，从流程建模库中添加一个  resourcePool 模块，资源类型为移动，容量为 4，归属地位置（节点）为 AreaResource，如图 9-127 所示。

图 9-127　添加资源池 resourcePool

②该资源池由 service 模块调用，表示调用工人来为箱子进行包装，按图 9-128 所示进行设置。

图 9-128　service 属性设置

注意：箱子离开 service 模块时就已经包装完成，因此形象应是 boxPackage，将此形象设为可见，未包装的箱子形象设为不可见，具体如图 9-129 所示。

图 9-129　箱子形象设置

③单击打包模块 batch，属性中设置 10 个为一批进行打包，并指定智能体位置为 AreaBatch，如图 9-130 所示。

图 9-130　batch 的属性设置

④至此，模型搭建已基本完成，编译运行模型，如图 9-131 所示。

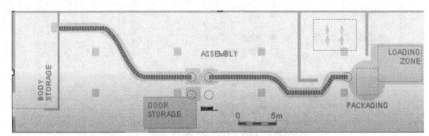

图 9-131　洗衣机工厂加工模型运行界面一

五、建立三维动画

从"面板"的 演示中拖拽一个 三维窗口来展示三维环境，运行模型，如图 9-132 所示。

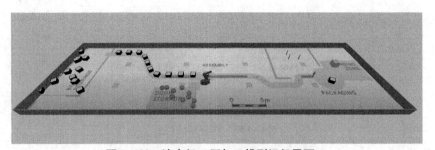

图 9-132　洗衣机工厂加工模型运行界面二

注意：为了使三维视图美观，可打开"面板"中的行人库，双击 墙，当显示 墙时，进入绘图模式。绘制完成后，可在属性中调整墙的高度、颜色等属性，如

图 9-133 所示。

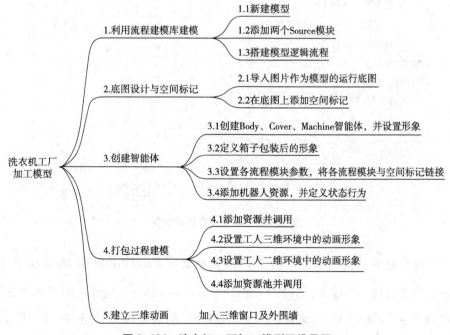

图 9-133　墙的属性设置

六、思维导图

洗衣机工厂加工模型思维导图如图 9-134 所示。

洗衣机工厂加工模型

1.利用流程建模库建模
- 1.1新建模型
- 1.2添加两个Source模块
- 1.3搭建模型逻辑流程

2.底图设计与空间标记
- 2.1导入图片作为模型的运行底图
- 2.2在底图上添加空间标记

3.创建智能体
- 3.1创建Body、Cover、Machine智能体，并设置形象
- 3.2定义箱子包装后的形象
- 3.3设置各流程模块参数，将各流程模块与空间标记链接
- 3.4添加机器人资源，并定义状态行为

4.打包过程建模
- 4.1添加资源并调用
- 4.2设置工人三维环境中的动画形象
- 4.3设置工人二维环境中的动画形象
- 4.4添加资源池并调用

5.建立三维动画　加入三维窗口及外围墙

图 9-134　洗衣机工厂加工模型思维导图

知识链接

　　个体行为和反应与其状态密切相关，通过状态图定义行为是最常见的方法。Any-Logic 中的状态图扩展了传统状态流图的功能，提供了一种可视化建模工具来定义对象的事件驱动和时间驱动的行为。

第三节　人群疏散模型

　　本实验主要模拟在公共场所发生一些特殊情况时人群紧急疏散的过程。模型基于银行疏散人群构建，模拟在银行中发生紧急情况时，人群的疏散情况，模型通过简单的代码，使人群从离自己最近的门逃出（银行有三道门）。

一、利用行人库进行建模

　　（1）新建一个模型起名为人群疏散，单击"完成"，如图 9-135 所示。

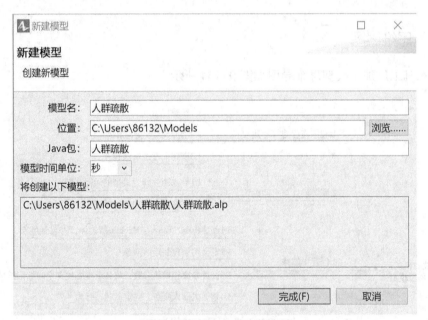

图 9-135　新建人群疏散模型

　　（2）设置服务分流。单击 🏃 行人库面板拖动 ⊛ Ped Source 到 Main 画布中，在 pedSource 后面连接一个 ⬦ Ped Select Output ，pedSelectOutput 属性里的"概率 2""概率 3""概率 4"的值为 0，"概率 1"和"概率 5"的值为 0.5，如图 9-136 所示。

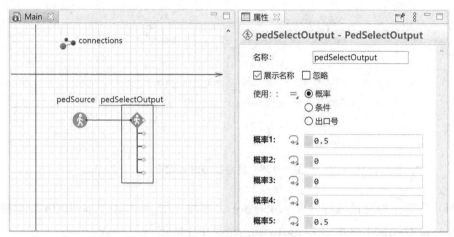

图 9-136 设置服务分流

（3）添加服务。拖动两个 ⁀ Ped Service 到 Main 画布中，分别连接在 pedSelectOut-put 第一个口和第五个口的后面，如图 9-137 所示。其中 pedService 代表 ATM 机，在延迟时间处输入 uniform（2.0，3.0）*3，如图 9-138 所示。pedService1 代表柜台服务，在延迟时间处输入 uniform（2.0，3.0）*10，如图 9-139 所示。

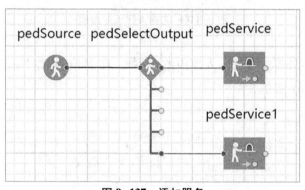

图 9-137 添加服务

图 9-138 ATM 机服务时间设置

图 9-139　柜台服务时间设置

（4）完善人群疏散流程。在 pedService 后连接一个 pedGoTo，pedGoTo 后连接一个 pedSink，pedService1 也连在 pedGoTo 上，如图 9-140 所示。

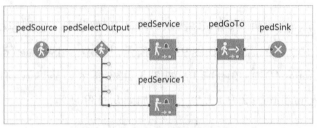

图 9-140　完善人群疏散流程

（5）添加银行外框。双击行人库中的 [墙]，在 Main 画布中用墙简单地画一个银行外框，如图 9-141 所示。

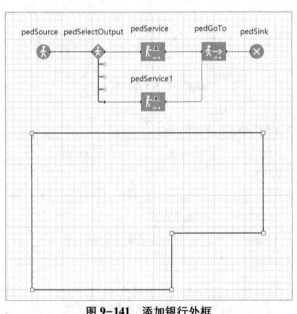

图 9-141　添加银行外框

（6）添加银行大门。双击 ✏️目标线，在底部画一条目标线代表银行大门，并将这个目标线命名为 one，如图 9-142 所示。

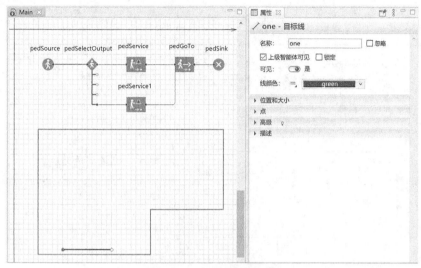

图 9-142　添加银行大门

（7）添加 ATM 机服务队列。拖动 ⋯线服务 到银行外框中，起名为 services，代表 ATM 机，其服务数与队列数均改为 1，如图 9-143 所示。

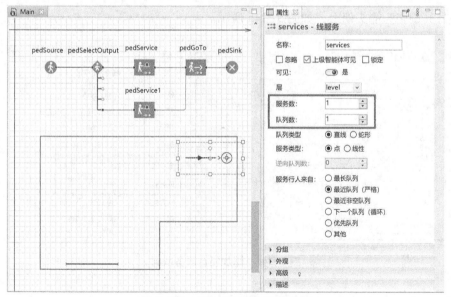

图 9-143　添加 ATM 机服务队列

物流系统仿真（第2版）

（8）添加 ATM 机服务台。单击 打开三维物体面板，拖动"超市"中的 到服务点靠后的位置，并将其 Z 旋转改为 0 度，如图 9-144 所示。

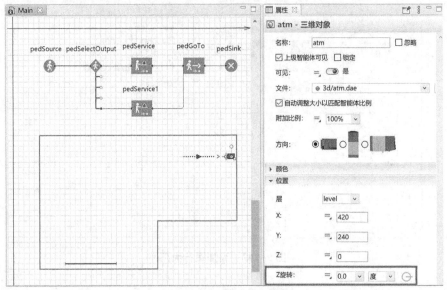

图 9-144　添加 ATM 机服务台

（9）添加柜台服务队列。拖动 线服务 到银行外框内，将其服务数与队列数改为4，并将其旋转为箭头朝上，如图 9-145 所示。

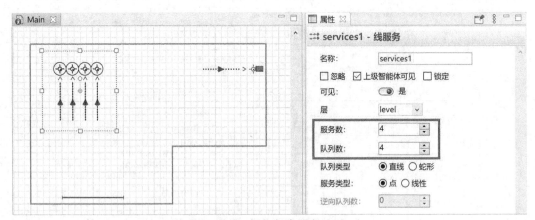

图 9-145　添加柜台服务队列

（10）添加柜台服务台。单击 打开三维物体面板，拖拽 4 个"超市"中的 收银台到服务点的位置，表示柜台，并将其 Z 旋转改为 -90 度，如图 9-146 所示。

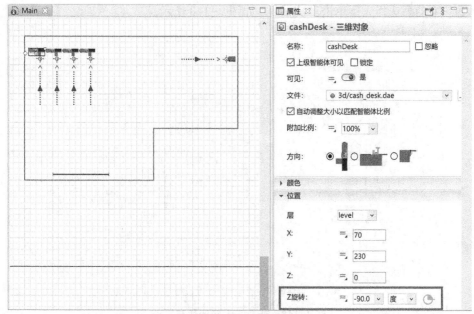

图 9-146 添加柜台服务台

二、创建智能体

（1）创建行人智能体。

①在行人库中拖动  行人类型 到 Main 画布中，单击"下一步"，如图 9-147
所示。

图 9-147 新建行人智能体第一步

②三维动画选择人，单击"完成"，如图 9-148 所示。

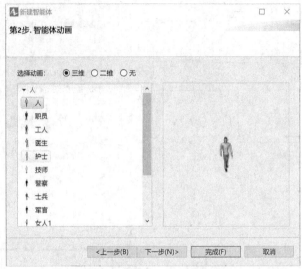

图 9-148　新建行人智能体第二步

（2）在 pedSource 属性中，新行人处选择创建好的智能体 Pedestrian，并将目标线的位置改为 one，如图 9-149 所示。

图 9-149　pedSource 属性设置

（3）将 pedService 属性中的服务改为 services，如图 9-150 所示。

图 9-150   pedService 属性设置

（4）将 pedService1 属性中的服务改为 services1，如图 9-151 所示。

图 9-151   pedService1 属性设置

（5）将 pedGoTo 属性中的目标线改为 one，如图 9-152 所示。

图 9-152   pedGoTo 属性设置

（6）在演示中添加一个 三维窗口到 Main 界面，如图 9-153 所示。

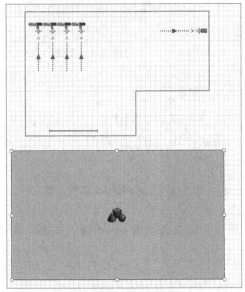

图 9-153　添加三维窗口

（7）运行模型，观察运行效果。可以看到人从银行大门进来之后，会到 ATM 机和柜台两个地方接受服务，服务结束后再从这个门出去，如图 9-154 所示。

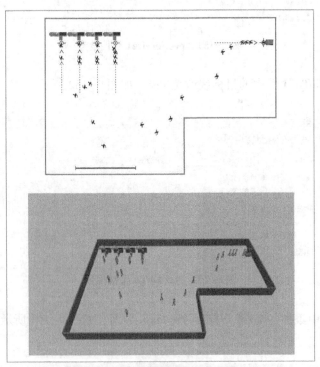

图 9-154　人群疏散模型运行界面一

三、设置紧急疏散方式

（1）添加紧急疏散流程。拖动一个 $\uparrow\rightarrow$ Ped Go To 到 Main 画布中，起名为 pedGo-To1，将 pedGoTo、pedService 以及 pedService1 下方的端口连接到 PedGoTo1，并将 ped-GoTo1 连接到 PedSink，如图 9-155 所示。

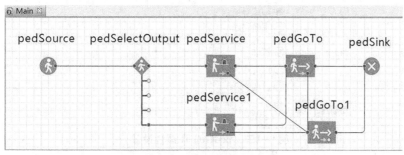

图 9-155　添加紧急疏散流程

（2）添加紧急按钮。单击 打开控件面板，拖一个 按钮 到 Main 画布中，标签位置输入紧急，文本颜色改为 red，代表紧急按钮，在行动中输入图 9-156 所示的代码。

图 9-156　添加紧急按钮

（3）将 pedGoTo1 属性中的目标线改为 one，如图 9-157 所示。

图 9-157　pedGoTo1 属性设置一

（4）运行模型，在运行一段时间后，单击紧急按钮，所有的人都从银行大门疏散了，如图 9-158 所示。

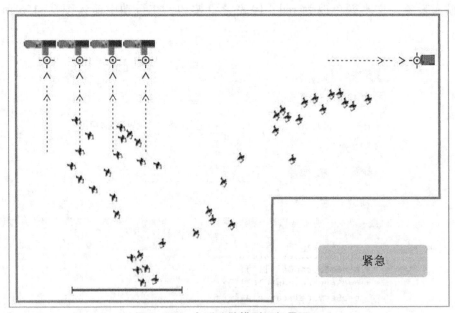

图 9-158　人群疏散模型运行界面二

（5）添加疏散通道。如果有多个门，在发生紧急情况时人们将会选择距离自己最近的门进行疏散。在 Main 画布中添加两条目标线到银行外框内，如图 9-159 所示，分别起名为 two 和 three。

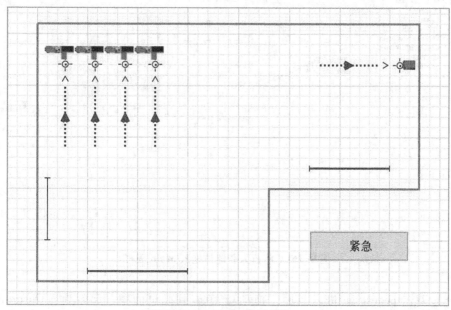

图 9-159　添加疏散通道

（6）添加集合。在智能体面板中拖动一个 集合 到 Main 画布中，其元素类为 TargetLine，将目标线 one、two、three 放到这个集合内，如图 9-160 所示。

图 9-160　添加集合

（7）将行人智能体拖入 Main 画布，如图 9-161 所示。

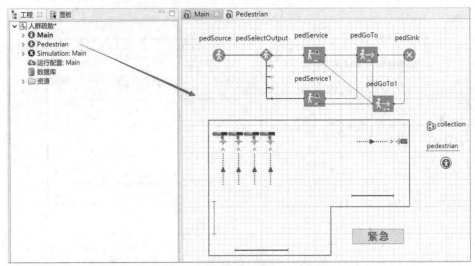

图 9-161　将行人智能体拖入 Main 画布

（8）双击 pedestrian 进入页面，拖动 ⓕ 函数 到此页面中，起名为 getNearestGate，单击此函数，在属性中选择返回值，返回值类型为其他，并在其后输入 TargetLine，在函数体中输入图 9-162 所示的代码。

图 9-162　getNearestGate 的属性设置

（9）回到 Main 画布，打开 pedGoTo1，目标线处输入图 9-163 所示的代码。

图 9-163　pedGoTo1 属性设置二

四、运行模型

运行模型，运行结果如图 9-164 所示。

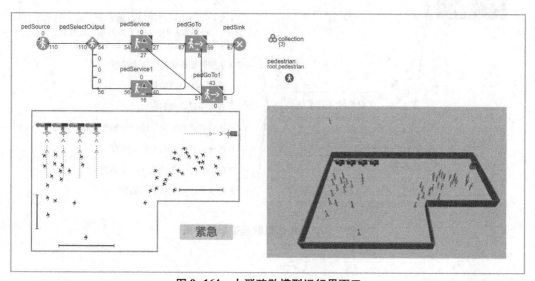

图 9-164　人群疏散模型运行界面三

五、思维导图

人群疏散模型思维导图如图 9-165 所示。

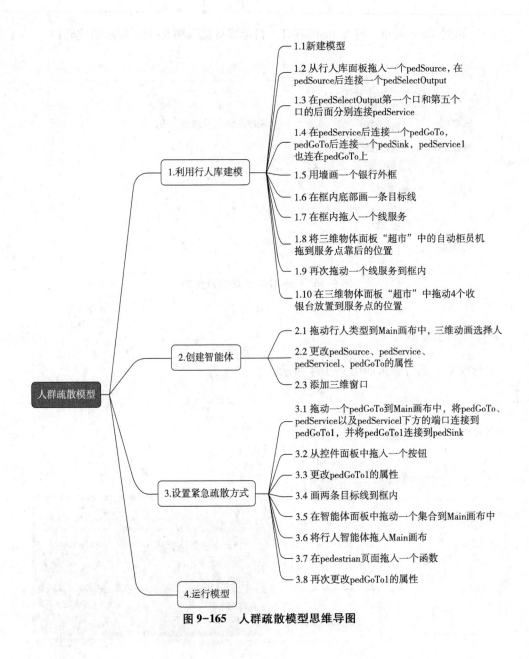

图 9-165　人群疏散模型思维导图

课程思政

参照上章，我们从方法论的角度来归纳总结本章内容。

到这里，对方法论有所了解了吗？方法论是关于人们认识世界、改造世界的方法的理论，它是普遍适用于各门具体社会科学并起指导作用的范畴、原则、理论、方法和手段的总和。

方法论是一种以解决问题为目标的理论体系或系统，通常涉及对问题阶段、任务、工具、方法技巧的论述。方法论会对一系列具体的方法进行分析研究，系统总结并最终提出较为一般性的原则。

　　总结本章内容，AnyLogic 软件其实是多种方法/工具的集成。在建模方法上有离散事件系统、智能体和系统动力学三种，且这三种方法可以综合运用；在建模步骤上，相对简单的是离散事件系统的流程加上动画，复杂的会导入地图、融入智能体及其行为；在建模描述方式上，从图文描述扩展到思维导图。还可以进一步使用什么工具呢？尝试从更多角度去归纳总结。

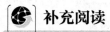

补充阅读

Flexsim 仿真软件

　　FlexSim 是美国 FlexSim 公司开发的世界上第一个在图形环境中集成了 C++IDE（C++为计算机编程语言，IDE 为集成开发环境）和编译器的仿真软件。在该软件环境下，C++不但能够直接用来定义模型，而且不易在编译中出现问题。这样，就不再需要传统的动态链接库和用户定义变量的复杂链接。FlexSim 应用深层开发对象，这些对象代表着一定的活动和排序过程。要应用模板里的某个对象，只需要用鼠标把该对象从库里拖拽出来放在模型视窗中即可。对象可以创建、删除，而且可以彼此嵌套移动，它们都有自己的功能或继承自其他对象的功能。这些对象的参数可以把任何物料处理和业务流程快速、轻易、高效地描述出来。同时 FlexSim 的资料可以与其他软件通用（这是其他仿真软件不能做到的），而且它可以从 Excel 表中读取资料和以 Excel 表的形式输出资料，可以从生产线上读取实时资料以作分析。FlexSim 也允许用户建立自己的实体对象（Objects）。FlexSim 7 以上的版本已经开发出 64 位版本，可以更好调用计算机内存。

专业术语

1. 多智能体（Multi-Agent）
2. 地理信息系统（Geographic Information System，GIS）
3. 合成器（Assembler）
4. 传送带（Conveyor）
5. 打包器（Batch）

6. 行人库（Pedestrian Library）

7. 行人生成器（Pedestrian Source）

【基础练习】

一、填空题

1. 在_____面板下，鼠标依次单击"数据库""新建""数据库表"，可创建空表。

2. 洗衣机工厂加工组装模块中，洗衣机的机身和机盖通过_____模块进行组装。

3. 人群疏散模型中的墙体元素可在_____库中找到。

二、选择题

1. 下列 AnyLogic 中，（   ）能完成货物打包的任务。

A. Selectoutput　　　　B. Batch　　　　C. Source　　　　D. Assembler

2. 在 AnyLogic 实验中，下列（   ）代码可获取智能体进入当前流程的时间。

A. t=time（）；　　B. t=timeIn（）；　　C. t=timeOn（）；　　D. t=timeNow（）；

3. 人群疏散模型中，为实现服务分流采用的模块是（   ）。

A. pedService　　　　B. pedSelectoutput　　　　C. pedGoTo　　　　D. Selectoutput

三、简答题

1. 什么是参数？它与属性的区别是什么？

2. 如何利用不同的资源颜色表示资源占用状态？

3. AnyLogic 控件中的按钮模块与智能体中的事件模块有何异同？

【知识应用】

一个大型分拣系统的局部俯视图如图 9-166 所示。分拣系统的流程描述如下。

（1）利用 Source 模块生成 A、B、C、D 四种货物到达暂存区，暂存区与主传送带相连。其到达频率的分布方式主要包括指数分布、正态分布等。

（2）根据品种的不同，由分拣装置将 4 种货物推入 4 个不同的分拣通道，经各自的分拣通道到达检查包装操作台。

（3）每个检查包装操作台有处理货物的时间。经检查包装后，货物进入出货区。

（4）除传送带的长度外，其余实体的初始参数可设置为默认值。

（5）根据上述流程和系统参数利用 AnyLogic 软件建立仿真模型。

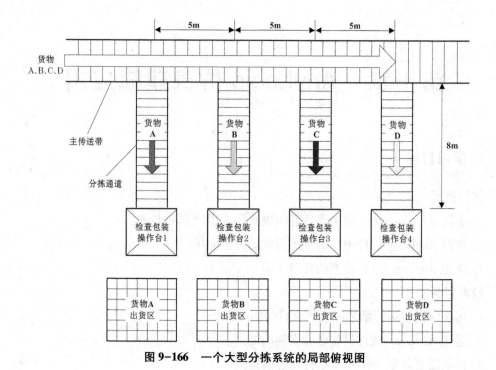

图 9-166 一个大型分拣系统的局部俯视图

第十章 AnyLogic 仿真建模应用

学习目标

知识目标

1. 掌握运用 AnyLogic 的主要功能解决实际应用问题的方法。

2. 掌握 AnyLogic 软件中各类常用实体的灵活应用。

3. 熟悉 AnyLogic 仿真模型的管理策略。

技术目标

1. 用仿真模型运行结果回应仿真目的的能力。

2. 运用 AnyLogic 软件借鉴已有案例的能力。

3. 根据需要规划 AnyLogic 软件功能的能力。

职业能力目标

1. 培养融汇知识、积极探索的能力。

2. 增强运用计算机解决实际应用问题的能力。

3. 提高运用理论知识、操作技能解决实际问题的能力。

物流聚焦

云仿真平台——一种新型的网络化建模与仿真平台

云仿真平台是一种新型的网络化建模与仿真平台，是仿真网格的进一步发展。它以应用领域的需求为背景，基于云计算理念，综合应用各类技术，包括复杂系统模型技术、高性能计算技术、先进分布仿真技术、现代网络技术、虚拟化技术、普适化技术、人工智能技术、产品全生命周期管理（PLM）技术、系统工程技术及其应用领域有关的专业技术等，实现系统/项目中各类资源（包括系统/项目参与单位有关的模型资源、计算资源、存储资源、网络资源、数据资源、信息资源、知识资源、软件资源，与应用相关的物理效应设备及仿真器等）安全地按需共享与重用，实现网上资源多用户按需协同操作，实现系统/项目动态优化调度运行，进而支持工程与非工程领域内已有或设想的复杂系统/项目的论证、研究、分析、设计、实验、运行、评估、维护和报废等（全生命周期）活动（仿真系统工程）。

云仿真平台支持一种新的仿真模式——云仿真模式，它是一种利用网络和云仿真平台按需组织各种仿真资源（仿真云），以提供给用户各种建模与仿真服务的新仿真模式。上述模式的实现涉及云的构造和适用。云由云服务提供商的云和用户注册的云构成。云的应用步骤如下：在安全体系的支持下，各类用户首先通过网络环境中的云仿真平台门户进行仿真任务需求的定义；然后云仿真平台便能按用户需求自动查找和发现所需资源（仿真云），并基于"服务"组合的方式按需动态构造仿真应用系统（仿真云群）；进而该系统将在云仿真平台对资源的动态管理下，进行网络化建模仿真系统的协同运行，完成云仿真。

本章通过库存系统仿真模型、风力涡轮机维修保养模型、野火蔓延模型及巴斯扩散模型四个综合仿真实验，来锻炼学生综合利用理论知识和操作方法解决问题的能力，每一节包含了建模思维导图和建模操作导引等内容。

第一节　库存系统仿真模型

库存系统是离散事件系统中常见的一类系统。在日常生产经营活动中，无论是工厂生产所需的原材料、半成品、成品库存，还是商场所需的产品库存，都需要进行严格的控制和管理，库存过多会造成资金积压，库存过少会影响生产和销售。本实验将建立带有生产的仓储系统模型，分析整个系统的运作情况，进一步熟悉 AnyLogic 流程建模库的操作，加深对库存管理等知识的理解和认识。

某仓库仓储作业流程如下：由货物生产区域发出的货物需排队等待打包，打包后的货物由叉车运送到传送带入口位置（暂存区）卸下，随后由叉车将货物搬运至仓库口，随后货物发往不同的货架，在经过一段延迟后，货物从货架上发送到货物离开区域。仓库布局如图 10-1 所示。

已知条件如下。

（1）左侧暂存区停放 4 辆叉车，叉车停车区域存放 4 辆叉车。

（2）货物生产速率为每分钟 5 个。

（3）排队的队列长度为 100，抓取的队列长度为 50。

（4）货架单元格数为 500 个，货架共 2 层，层高 50，进深位置数为 1。

（5）订单处理延迟时间服从三角分布，参数依次为 0.5、1、1.5，单位为小时。

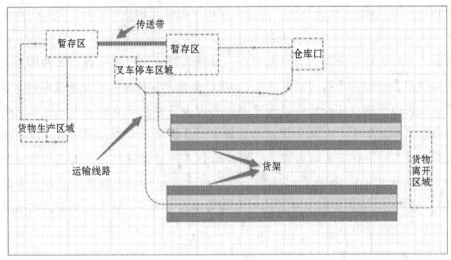

图 10-1　仓库布局

一、思维导图

库存系统仿真模型思维导图如图 10-2 所示。

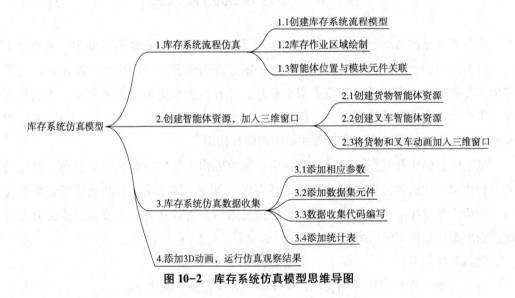

图 10-2　库存系统仿真模型思维导图

二、操作导引

1. 库存系统流程仿真

（1）创建库存系统流程模型。

①创建新模型，命名为库存系统实验，模型时间单位设置为分钟。

②参照仓库的布局图，从流程建模库中拖拽相关模块到 Main 画布中，并按图 10-3 所示顺序连接。

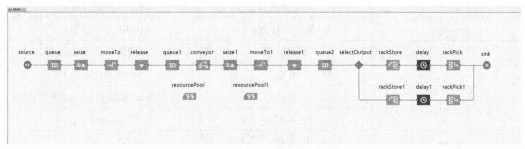

图 10-3　库存系统运作流程

（2）库存作业区域绘制。

打开流程建模库，按照仓库布局图绘制库存系统智能体位置，AnyLogic 相关元件的现实意义如表 10-1 所示。

表 10-1　　　　　　　　　　AnyLogic 相关元件的现实意义

元件	现实意义
矩形节点	暂存区、叉车停车区域等作业区域
路径	智能体的实际移动路线
托盘货架	货架

（3）智能体位置与模块元件关联。

在上一步的基础上，我们需要将智能体位置与模块元件关联，使仿真更符合实际情况。此处关联运用到的属性是各模块属性中的"智能体位置""到达位置""节点""目的地是"等。构建仓库布局相关属性设置如表 10-2 所示。

表 10-2　　　　　　　　　构建仓库布局相关属性设置

模块元件名	属性名	属性值
source	到达位置	网络/GIS 节点
	节点	node（货物生产区域）
queue	智能体位置	node（货物生产区域）
moveTo	到达位置	网络/GIS 节点
	节点	node1（左侧暂存区）
release	释放	给定 Seize 模块获取的所有资源
	Seize 模块	seize

模块元件名	属性名	属性值
queue1	智能体位置	node1（左侧暂存区）
conveyor	智能体位置	path1（传送带）
moveTo1	到达位置	网络/GIS 节点
	节点	node3（仓库口）
release1	释放	给定 Seize 模块获取的所有资源
	Seize 模块	seize1
queue2	节点	node3（仓库口）
selectOutput	选择真输出	以指定概率［0..1］
	概率	0.5
rackStore	托盘货架/货架系统	palletRack
rackStore1	托盘货架/货架系统	palletRack1
delay	延迟时间	triangular（0.5，1，1.5）小时
	容量	500
delay1	延迟时间	triangular（0.5，1，1.5）小时
	容量	500
rackPick	目的地是	node5（货物离开区域）
rackPick1	目的地是	node5（货物离开区域）

2. 创建智能体资源，加入三维窗口

（1）创建货物智能体资源。

拖拽流程建模库中的智能体类型到 Main 画布中，命名为货物，智能体动画为"盒子关"。

（2）创建叉车智能体资源。

拖拽流程建模库中的资源类型到 Main 画布中，命名为叉车，智能体动画为仓储和集装箱码头中的"叉车"。

（3）将货物和叉车动画加入三维窗口。

将 source 的"智能体类型"修改为货物；从流程建模库中拖拽两个 ResourcePool 模块到 Main 画布中，之后对两个 Seize 模块（元件名为 seize 和 seize1）、两个 rackStore 模块（元件名为 rackStore 和 rackStore1）和两个 ResourcePool 模块（元件名为 resource-Pool 和 resourcePool1）进行如表 10-3 所示的设置。

表 10-3　　　　　　　Seize、rackStore 和 ResourcePool 模块属性设置

模块元件名	属性名	属性值
seize	资源集	resourcePool
	附加获取的资源	勾选
seize1	资源集	resourcePool1
	附加获取的资源	勾选
rackStore	使用资源移动	勾选
	资源集	resourcePool1
rackStore1	使用资源移动	勾选
	资源集	resourcePool1
resourcePool	容量	4
	新资源单位	叉车
resourcePool1	容量	4
	新资源单位	叉车

3. 库存系统仿真数据收集

（1）添加相应参数。

打开货物智能体编辑界面，添加两个参数元件，分别命名为 timeIn 和 timeStay。

（2）添加数据集元件。

打开 Main 编辑界面，拖拽统计面板中的数据集、统计、直方图数据元件到 Main 画布中。

注意：数据集元件统计系统中货物个数以及单个货物停留时间；统计元件统计货物平均、最大、最小停留时间；直方图数据元件统计智能体货物停留时间。

（3）数据收集相关代码如表 10-4 所示。

表 10-4　　　　　　　　数据收集相关代码

模块元件名	代码位置	代码
source	进入时	agent. timeIn＝time（MINUTE）；
sink	进入时	agent. timeStay＝time（）－agent. timeIn； dataset. add（self. count（），agent. timeStay）； statistics. add（agent. timeStay）； data. add（agent. timeStay）；

（4）添加统计表。

打开 Main 编辑界面，拖拽统计面板中的饼状图和条形图到 Main 画布中，对各自属

性做如表 10-5 所示的设置。

表 10-5   饼状图和条形图属性设置

模块元件名	属性名	属性值
饼状图	标题	仓库利用率
	值	delay. statsUtilization. mean（）
	标题	仓库空闲率
	值	1-delay. statsUtilization. mean（）
条形图	queue 队长	queue. statsSize. mean（）
	queue1 队长	queue1. statsSize. mean（）
	queue2 队长	queue2. statsSize. mean（）

4. 添加 3D 动画，运行仿真观察结果

拖拽演示面板的三维窗口元件到 Main 画布中，编译无误后运行仿真，观察仿真运行情况。

第二节　风力涡轮机维修保养模型

一批风力涡轮机分布在一个区域内，每个正常的设备会产生运营收入。然而设备有时候会发生故障，需要进行维修，因此需要一些定点维修人员对设备进行维修。每一次的维修都会有相应的维修期限。维修不及时和设备的使用年限都会增加维修失败的可能性。如果设备不能修好，则会用其他新的设备进行替换，维修人员完成当前的工作后会被分配新的维修工作。

因此，该实验需要建立一个维修保养风力涡轮机的模型。现有 10 个风力涡轮机，随机放置在连续的空间中，需要维修保养，主要包括以下两种情况。

1. 定期保养

保养周期为两周，保养人员驾驶卡车到达目的地；每次保养需要 10 小时；在保养人员等待定期保养的时间里，一周内有可能会出现一次故障。

2. 紧急故障维修

故障平均间隔时间是 250 小时，维修人员乘直升机到达维修地点，平均服务时间是 10~20 小时。

风力涡轮机维修中心拥有 2 架直升机和 5 辆卡车。

一、思维导图

风力涡轮机维修保养模型思维导图如图 10-4 所示。

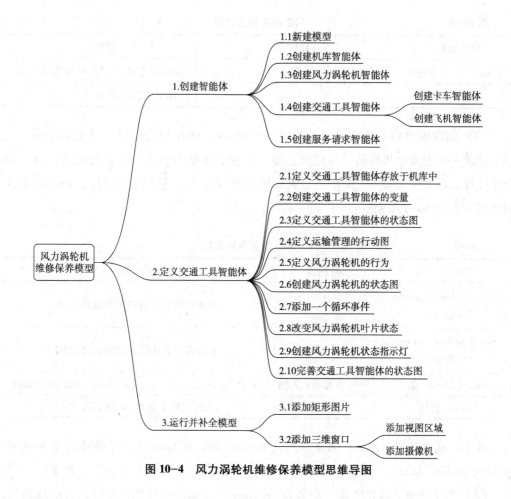

图 10-4　风力涡轮机维修保养模型思维导图

二、操作导引

1. 创建智能体

（1）首先创建一个新模型，将模型命名为风力涡轮机维修保养模型，模型时间单位为小时，单击"完成"即可。在 Main 编辑界面选中比例尺，将其明确指定为 5 像素每千米。

（2）创建机库智能体，命名为 MC，选择单智能体，智能体动画为三维—机库；跳过第四步的智能体参数，在第五步中配置新环境（空间类型—连续、大小—1000*600、网络类型、随机），每个智能体连接设为 2，单击"完成"。调整比例尺大小和三维对象属性，MC 相关属性设置如表 10-6 所示。

表 10-6   MC 相关属性设置

模块元件名	属性名	属性值
Hangar_2-三维对象	—	取消调整大小以匹配智能体比例
Scale-比例	—	比例明确指定为 10 像素每千米

（3）创建风力涡轮机智能体，命名为 Turbine，选择智能体群，智能体动画为三维—能源—风力发电机旋转，跳过第五步创建智能体参数，第六步设置创建群具有 10 个智能体，单击"完成"。设置风力涡轮机的外观大小，选中风车组件，Turbine 相关属性设置如表 10-7 所示。

表 10-7   Turbine 相关属性设置

模块元件名	属性名	属性值
wind_turbine_blades-三维对象	—	取消调整大小以匹配智能体比例
wind_turbine_tower-三维对象	—	取消调整大小以匹配智能体比例
wind_blades-组	位置和大小：Z 轴	14.75 * getScale（）. pixelsPerUnit（KILOMETER）
scale-比例	比例是	比例明确指定为 30 像素每千米

注意：风车是一个组合，需要分别选中 wind_turbine_tower（三维物体的上半部分）和 wind_turbine_blades（三维物体的下半部分），取消"自动调整大小"的设置。

（4）创建交通工具智能体，命名为 Transport，无须创建智能体动画和智能体参数，群大小选择"创建初始为空的群"，单击"完成"。

创建卡车智能体，将其命名为 Truck，选择智能体群，智能体动画为三维—道路运输—货车，跳过第五步创建智能体参数，第六步设置群大小为 5，单击"完成"，调整比例尺大小和三维对象属性，在其属性中设置继承 Transport 智能体，Truck 相关属性设置如表 10-8 所示。

表 10-8   Truck 相关属性设置

模块元件名	属性名	属性值
lorry-三维对象	—	取消调整大小以匹配智能体比例
scale-比例	比例是	比例明确指定为 10 像素每千米
trucks- Truck	初始速度	在 Main 中，初始速度为 70 千米每小时
Truck	继承其他智能体	在工程中选择 Truck 智能体，在高级中选择继承 Transport 智能体

创建飞机智能体，将其命名为 Helicopter，选择智能体群，智能体动画为三维—机场—直升机，跳过第五步创建智能体参数，第六步设置群大小为 2，单击"完成"。调整比例尺大小和三维对象属性，在其属性中设置继承 Transport 智能体，Helicopter 相关属性设置如表 10-9 所示。

表 10-9　　　　　　　　　　　　　　Helicopter 相关属性设置

模块元件名	属性名	属性值
Helicopter-三维对象	—	取消调整大小以匹配智能体比例
scale-比例	比例是	比例明确指定为 10 像素每千米
helicopters- Helicopter	初始速度	在 Main 中，初始速度为 200 千米每小时
Helicopter	继承其他智能体	在工程中选择 Helicopter 智能体，在高级中选择继承 Transport 智能体

（5）创建服务请求智能体，在弹出来的新建向导中选择"仅智能体类型"，将模型命名为 ServiceRequest，模拟风力涡轮机需要定期保养或维修时，寻找车辆或飞机，ServiceRequest 相关属性设置如表 10-10 所示。拖拽一个参数，将其命名为 turbine，类型为 Turbine。

表 10-10　　　　　　　　　　　　　ServiceRequest 相关属性设置

模块元件名	属性名	属性值
智能体参数	参数	type
	类型	选项列表
	创建新类型列表	TransportType
	选项	分两行输入 AUTO，AVIA

注意：构建模型时，如果你的模型有错误，错误将会以列表形式显示在错误窗口中，双击列表中的错误它会自动定位错误位置，修复完成后就能成功构建模型。启动模型，单击运行按钮，选择你要启动的模型。

2. 定义交通工具智能体

（1）使用面板中的行动图来定义交通工具智能体存放于机库中。分别拖拽行动图 ⚲（命名为 setTransportBase）、For 循环 ⚙、代码 ⚟ 至 Main 编辑界面，绘制完成后如图 10-5 所示，根据行动图从上至下的顺序，各元件的相关属性设置如表 10-11 所示。

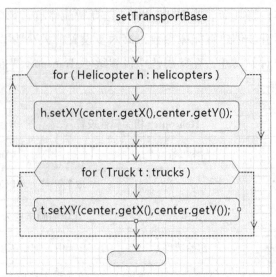

图 10-5　交通工具智能体的行动图

表 10-11　交通工具智能体的行动图相关属性设置

模块元件名	属性名	属性值
For 循环	类型	集合迭代器
	项目	Helicopter h
	集合	helicopters
代码	代码	h. setXY（center. getX（）, center. getY（））;
For 循环	类型	集合迭代器
	项目	Truck t
	集合	trucks
代码	代码	t. setXY（center. getX（）, center. getY（））;

注意：①面板中找不到行动图的，可以从面板最下面的加号中找到；②代码元件插入的位置是 For 循环，不是行动图末尾。

打开 Main 属性中的"智能体行动"部分，在"启动时"输入代码"setTransport-Base（）;"。运行模型，发现飞机和卡车都在机库中。

（2）创建交通工具智能体的变量。

在 Transport 界面拖入两个变量。一个变量名为 type，类型为 TransportType；另一个变量名为 request，类型为 ServiceRequest。

（3）定义交通工具智能体的状态图。

模拟交通工具在机库中、去维修（保养）、维修（保养）中、返回机库四个状态，四个状态名分别为 AtCenter、MovingToMC、Servicing、MovingToTurbine，并设置相应的变迁方式。交通工具智能体的状态图如图 10-6 所示。

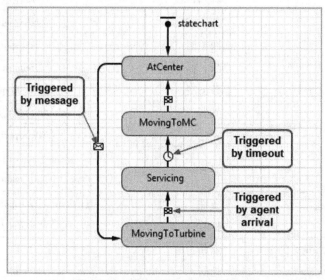

图 10-6 交通工具智能体的状态图

（4）定义运输管理的行动图，模拟风力涡轮机需要定期保养或维修时寻找可用的交通工具。

①打开 MC 界面，拖入两个集合。集合分别命名为 aviaRequests 和 autoRequests，集合类都是 LinkedList，元素类都是 ServiceRequest。

②定义运输管理的行动图。为 MC 界面添加行动图，运输管理的行动图如图 10-7 所示，图内各元件的相关属性设置如表 10-12 所示。

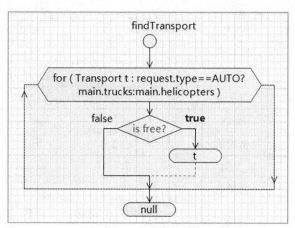

图 10-7 运输管理的行动图

表 10-12   运输管理的行动图相关属性设置

模块元件名	属性名	属性值
findTransport	—	勾选返回值
	返回类型	Transport
	参数名称	request
	参数类型	ServiceRequest
For 循环	类型	集合迭代器
	项目	Transport t
	集合	request. type = = AUTO？ main. trucks：main. helicopters
决断	条件	t. inState（Transport. AtCenter）
	标签	is free？
返回（决断结果为 true）	返回	t
返回（决断结果为 false）	返回	null

（5）定义风力涡轮机的行为。

模拟风力涡轮机正常工作、需要定期保养、需要维修的三个状态，并设置相应的变迁方式。打开 Turbine，拖拽两个参数，命名为 MTTF、serviceTimeout；拖拽两个变量，分别命名为 operating 和 waitingForService；拖拽两个函数，分别命名为 sendTransport、sendRequest。定义风力涡轮机行为的相关属性设置如表 10-13 所示。

表 10-13   定义风力涡轮机行为的相关属性设置

模块元件名	属性名	属性值
MTTF	类型	double
	默认值	250
serviceTimeout	类型	double
	默认值	2
operating	类型	boolean
	初始值	true
waitingForService	类型	boolean
	初始值	false
sendTransport	参数	名称：t 类型：Transport 名称：request 类型：ServiceRequest
	函数体	t. request = request； t. statechart. fireEvent（request）；

模块元件名	属性名	属性值
	参数	名称：type　类型：TransportType
sendRequest	函数体	ServiceRequest r＝new ServiceRequest（type, this）; Transport t＝main. center. findTransport（r）; if（t!＝null） 　　sendTransport（t, r）; else if（type＝＝AUTO） 　　main. center. autoRequests. addLast（r）; else 　　main. center. aviaRequests. addLast（r）;

（6）创建风力涡轮机的状态图。风力涡轮机的状态图逻辑如图 10-8 所示。

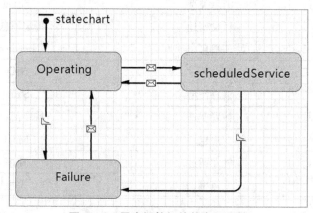

图 10-8　风力涡轮机的状态图逻辑

①三个状态分别命名为 Operating、Failure、scheduledService，相关属性设置如表 10-14 所示。

表 10-14　　　　　　　　　　　风力涡轮机状态图的三个状态设置

模块元件名	属性名	属性值
Operating	进入行动	operating = true; waitingForService = false;

Failure	进入行动	operating = false;
		waitingForService = true;
		sendRequest（AVIA）;

scheduledService	进入行动	operating = true;
		waitingForService = true;
		sendRequest（AUTO）;

②随后设置风力涡轮机状态图三个状态之间传输的逻辑关系，即五个变迁设置，具体如表 10-15 所示。

表 10-15 风力涡轮机的状态图五个变迁设置

模块元件名	属性名	属性值
Operating→ Failure 变迁	触发通过	速率
	速率	1/MTTF（每小时）
Failure→ Operating 变迁	触发通过	消息
	消息类型	String
	触发变迁	特定消息时
	消息	"repaired"
scheduledService→ Operating 变迁	触发通过	消息
	消息类型	String
	触发变迁	特定消息时
	消息	"repaired"
Operating→ scheduledService 变迁	触发通过	消息
	消息类型	String
	触发变迁	特定消息时
	消息	"scheduled"
scheduledService→ Failure 变迁	触发通过	速率
	速率	1（每星期）

（7）在 Turbine 界面下，添加一个循环事件［该事件是当风力涡轮机需要定期保养时从 Operating 到 scheduledService 时触发（根据 serviceTimeout）］，命名为 scheduledRepair，相关属性设置如表 10-16 所示。

表 10-16 循环事件相关属性设置

模块元件名	属性名	属性值
scheduledRepair	触发类型	到时
	模式	循环
	首次发生时间（绝对）	1+getIndex（）（天）
	复发时间	serviceTimeout（星期）
	行动	statechart. fireEvent（"scheduled"）;

（8）改变风力涡轮机叶片状态。用鼠标在图形编辑器中单击选择叶片或打开项目，在扩大的模型树中找到 wind_blades 组，设置其属性，如表 10-17 所示。

（9）创建风力涡轮机状态指示灯。在 Turbine 界面下，双击"椭圆"，围绕风力涡轮机动画绘制半径约为 10 的圆。在所画的圆上右击鼠标，在菜单中选择"次序—置于底层"，椭圆的相关设置如表 10-17 所示。

圆圈就是指示灯，在等待定期保养时显示黄色，正在工作时显示绿色，需要紧急维修时显示红色。

表 10-17　　　　　　风力涡轮机叶片状态和风力涡轮机状态指示灯相关属性设置

模块元件名	属性名	属性值
wind_blades	位置和大小	Z：14. 75 * getScale（）. pixelsPerUnit（KILOMWETER）
	Y 旋转，弧度	operation? time（）：0
椭圆	填充颜色	perating?（waitingForService? yellow：green）：red
	线颜色	无色
	位置和大小	Z：20

现在运行模型。你会看到风力涡轮机有些正在工作（绿色），有些正在等待定期保养（黄色），还有些需要紧急维修（红色）。

（10）完善交通工具智能体的状态图，即完善图 10-6 所示内容。

①设置 AtCenter-状态，具体内容如表 10-18 所示。

表 10-18　　　　　　　　交通工具智能体状态图的状态设置

模块元件名	属性名	属性值
AtCenter-状态	进入行动	LinkedList <ServiceRequest> list = type = =AUTO? main. center. autoRequests：main. center. aviaRequests; if（! list. isEmpty（）） { ServiceRequest r = list. removeFirst（）; Turbine dest =（Turbine）r. turbine; dest. sendTransport（this，r）;}

②设置交通工具智能体状态图的四个状态之间传输的逻辑关系属性，即变迁设置，具体设置如表 10-19 所示。

表 10-19　　　　　　　　　**交通工具智能体状态图的变迁设置**

模块元件名	属性名	属性值
AtCenter→ MovingToTurbine 变迁	触发通过	消息
	消息类型	ServiceRequest
	触发类型	无条件
	行动	moveTo（msg. turbine. getX（）, msg. turbine. getY（））;
MovingToTurbine→ Servicing 变迁	触发通过	智能体到达
Servicing→ MovingToMC 变迁	触发通过	到时
	到时	type＝＝AVIA ? uniform（10, 20）: 10（小时）
	行动	request. turbine. statechart. fireEvent（"repaired"）; moveTo（main. center. getX（）, main. center. getY（））; request＝null;
MovingToMC→ AtCenter 变迁	触发通过	智能体到达

为了在打开模型时默认运行，修改 Main 的"启动时"属性，添加导航命令，输入代码"setTransportBase（）; view3D. navigateTo（）;"。

3. 运行并补全模型

（1）添加一些矩形图片来帮助动画的演示。打开"面板—演示"，双击"矩形"，进入绘图模式，在图形编辑器中画出矩形。选中矩形，在右侧属性栏中找到"外观"，选择填充颜色里的"纹理—绿色"，线颜色为无色，线样式为直线。

由于在这个图形编辑器中加入了矩形图片，在它上面将会显示智能体动画。右击矩形区域，选择"次序—置于底层"，如图 10-9 所示。

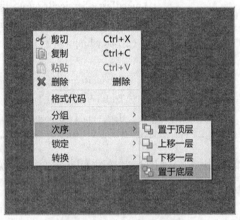

图 10-9　动画次序设置

（2）添加三维窗口，将"面板—演示"中的 ■ 三维窗口拖到图形编辑器中，可在属性中改变其大小或颜色。为三维窗口添加一个 视图区域，命名为 view3D，其他属性保持默认。

为三维窗口添加摄像机，从其他角度来观看模型的运行。在面板中拖入 摄像机，命名为 Camera，如图 10-10 所示，在三维窗口选中摄像机并运行模型，浏览模型，并旋转它，直到获得理想的视图。然后右键单击画布，复制摄像机的位置，选择三维窗口，指定摄像机为 camera，如图 10-11 所示。现在运行模型时，模型将会在你设置的角度打开。

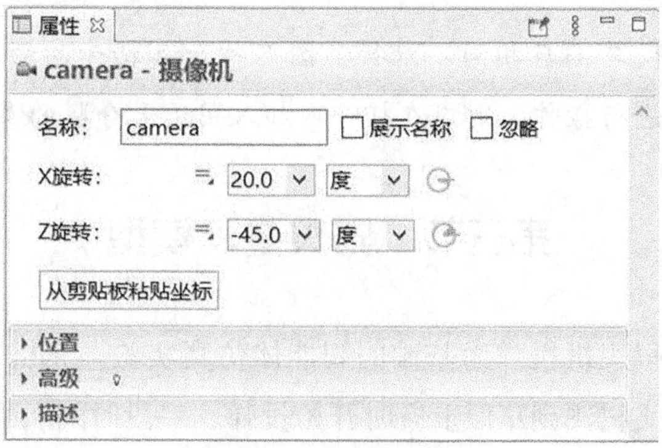

图 10-10　添加摄像机

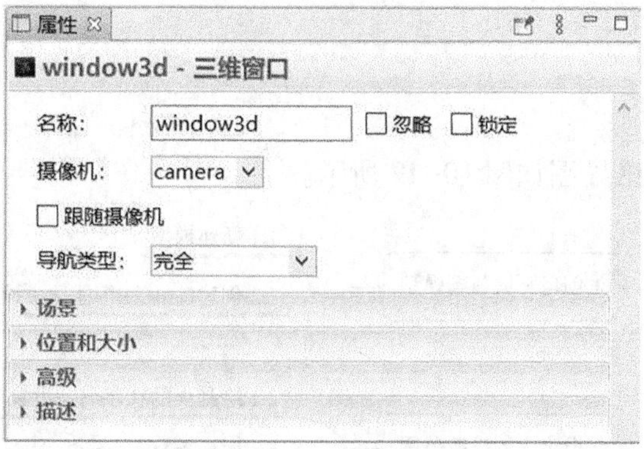

图 10-11　三维窗口摄像机设置

三维窗口操作方法如表 10-20 所示。

表 10-20　　　　　　　　　　三维窗口操作方法

要求	操作方法
移动场景	在三维视图中按住鼠标左键，将鼠标移动到所需方向
旋转场景	单击三维场景窗口，按住"Alt"键和鼠标左键，都不要松开，旋转鼠标到所需的方向

续　表

要求	操作方法
上移/下移场景	滚动鼠标滚轮，调整三维窗口的远近
快速放大/缩小场景	按住"Ctrl"键，滚动鼠标滚轮

知识链接

AnyLogic 行动图定义了行动图的常规属性——返回类型、参数、可访问范围和静止状态。

行动图的调用方式与函数相同，以行动图名称后加括号的形式调用。如果需要对行动图中的一些参数进行操作，则应在括号内加入用逗号分隔的参数值。

第三节　野火蔓延模型

本节将构建一个以飞机投弹为基础的智能体仿真实验。飞机飞行于与离散空间重叠的二维连续空间，飞机飞到草原上空时开始投弹，一段时间后炸弹爆炸将草原点燃，当一个单元燃烧的时候，该单元会点燃邻近的单元，同时也可以通过单击一个单元来引燃最初的火源。

一、思维导图

野火蔓延模型思维导图如图 10-12 所示。

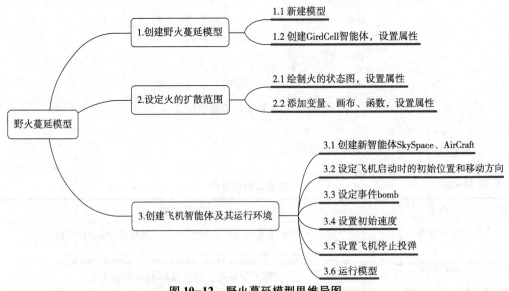

图 10-12　野火蔓延模型思维导图

二、操作导引

1. 创建野火蔓延模型

（1）创建新模型，命名为 Wildfire Model。

（2）创建 GirdCell 智能体，设置属性。

单击智能体面板，拖拽 🔵 智能体 到 Main 编辑界面。

单击"populationofagents（智能体群）—下一步"。智能体类型选择"不适用模板—智能体类名—GridCell"，智能体对象默认为 girdCells，智能体形象选择"none"，可以在后面自行绘制。单击"下一步"，设定智能体数量为 40000。空间类型为离散，并对其大小单元格进行设定。

回到 Main 界面，单击 GridCell 智能体，选择"展示演示"，使主界面能够显示 agent 的动画。

进入 GridCell 的编辑界面，单击面板，拖拽参数到编辑界面，修改名称为 Fuel。

2. 设定火的扩散范围

（1）绘制火的状态图，设置属性。

打开状态图面板，在 GridCell 编辑界面按照"状态图进入点—状态—变迁—状态—变迁—最终状态"拖入相应元件并连接。火的状态图如图 10-13 所示，变迁的属性设置如表 10-21 所示。

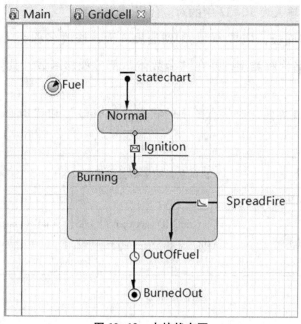

图 10-13　火的状态图

表 10-21   变迁的属性设置

模块元件名	属性名	属性值
Ignition	触发通过	消息
	消息类型	String
	消息	"Ignition"
	控制	Fuel>0
SpreadFire	触发通过	速率
	速率	5（每分钟）
	行动	for（CellDirection dir：CellDirection. values（ ）） { GridCell gc = （GridCell）（getAgentNextToMe（dir））; if（gc !＝ null） if（randomTrue（0.2）） send（"Ignition"，gc）;}
OutOfFuel	触发通过	到时
	到时	Fuel

（2）添加变量、画布、函数，设置属性。

①打开 Main 编辑界面，拖拽变量到编辑页面，修改名称为 canvasScale，类型为 int，初始值为 3，并在高级中勾选"常数"。

②单击面板，在演示中拖拽画布到编辑界面，修改名称为 mapCanvas，并在高级选项中的"点击时"输入表 10-22 中的对应代码。

③单击智能体面板，拖拽 🄵 函数 到编辑界面，修改名称为 setGridCellColor。在"参数"部分添加名称和类型，并在"函数体"部分添加函数，具体设置如表 10-22 所示。

④回到 GridCell 界面，对状态图中的状态"Burning"和"BurnedOut"进行设置，如表 10-22 所示。

表 10-22   火的扩散范围相关设置

模块元件名	属性名	属性值
mapCanvas	点击时	（（GridCell）getAgentAtCell（（int）（clicky / canvasScale）， （int）（clickx / canvasScale）））. statechart. receiveMessage （"Ignition"）;

模块元件名	属性名	属性值
setGridCell Color	参数名称	gridCell
	参数类型	GridCell
	参数名称	color
	参数类型	Color
	函数体	mapCanvas. fillRectangle（gridCell. getC（）* canvasScale, gridCell. getR（）* canvasScale, canvasScale, canvasScale, color）;
Burning	进入行动	main. setGridCellColor（this, red）;
BurnedOut	行动	Color c = lerpColor（Fuel, feldspar, darkGray）; main. setGridCellColor（this, c）;

⑤单击面板，拖拽函数元件到 Main 画布，修改名称为 makeUpInitialFuel。并在"函数体"部分添加函数，函数内容如表 10-23 所示，并在 Main 选项中的"启动时"处输入函数名"makeUpInitialFuel（）;"。

3. 创建飞机智能体及其运行环境

（1）创建新智能体 SkySpace、AirCraft。

工程文件处单击右键，选择创建新智能体并命名为 SkySpace。创建名为 AirCraft 的单智能体，形象为飞机。从工程选项中将 SkySpace 智能体拖拽到 Main 编辑界面中。

（2）设定飞机启动时的初始位置和移动方向。

单击 AirCraft 智能体，设定飞机启动时的初始位置和移动方向，如表 10-24 所示。

（3）设定事件 bomb。

拖拽事件选项到飞机的编辑界面，命名为 bomb，其属性设置如表 10-24 所示。

（4）设置初始速度。

单击 Main 编辑界面空白处，设置初始速度，并在其他智能体的环境中选择 grid-Cells。

（5）设置飞机停止投弹。

回到 AirCraft 智能体的属性设置界面，在"到达目标位置时"输入飞机停止投弹的代码，具体内容如表 10-24 所示。

（6）运行模型，观察仿真运行情况。

表 10–23   函数 makeUpInitialFuel 属性设置

模块元件名	属性名	属性值

makeUpInitial Fuel	函数体	int N = spaceColumns ( ) ;
		for（int n = 0; n < 200; n++）{ //200 seeds
		    int x = uniform_ discr（0, N − 1）;
		    int y = uniform_ discr（0, N − 1）;
		    for（int k = 0; k < 1000; k++）{
		        int i = （x + (int) triangular（−50, 0, 50）+ N）% N;
		        int j = （y + (int) triangular（−50, 0, 50）+ N）% N;
		        （（GridCell）（getAgentAtCell（i, j）））. Fuel += 0.25;}
		}
		for（int n = 0; n < 10; n++）{
		    for（GridCell gc : gridCells）{
		    double sum = gc. Fuel;
		    for（Agent ad : gc. getNeighbors（））
		        sum += （（GridCell）ad）. Fuel;
		    gc. Fuel = sum / (gc. getNeighbors（）. length + 1)；
		    }
		}
		double min = +infinity;
		double max = −infinity;
		for（GridCell gc : gridCells）{
		    double f = gc. Fuel;
		    if（f > max）max = f;
		    if（f < min）min = f;}
		for（GridCell gc : gridCells）{
		    gc. Fuel −= min; //to [0..max−min]
		    gc. Fuel * = 1.5 / （max − min）; //to [0..1.5]
		    gc. Fuel −= 0.2; //to [−0.2..1.3] }
		for（GridCell gc : gridCells）{
		    Color c = lerpColor（gc. Fuel, paleGoldenRod, new
		Color（65, 100, 0））;
		    setGridCellColor（gc, c）;}

表 10–24   飞机智能体及其运行环境相关设置

模块元件名	属性名	属性值
AirCraft	启动时	setXY（0, uniform（400, 600））; moveTo（600, uniform（0, 200））;

续 表

模块元件名	属性名	属性值
bomb	模式	循环
	首次发生时间	0
	复发时间	5

	行动	int c = (int) (getX () / main. spaceCellWidth ());
		int r = (int) (getY () / main. spaceCellHeight ());
		main. getAgentAtCell (r, c) . receive (" Ignition");

AirCraft	到达目标位置时	bomb. reset ();

第四节 巴斯扩散模型

用系统动力学的方式构建巴斯扩散模型模拟由潜在消费者变为消费者的过程。

假设一家公司在某个有确定人口的地方开始销售某产品。该市场总人数为10000，不会随时间改变。消费者受广告效应以及口碑效应的影响。这种产品生命周期无限长，没有替代品，无须重复购买。每个消费者只需要一种产品，且所有人的行为方式完全相同。下面是一些其余的已知条件。

在每个时间单元，有1.5%的潜在消费者由于广告效应转化为消费者；在每个时间单元，每个消费者能联系其他100个人；如果一个消费者联系了潜在消费者，则潜在消费者有1.1%的可能性购买本产品。

一、思维导图

巴斯扩散模型思维导图如图10-14所示。

二、操作导引

1. 利用系统动力学构建模型

（1）创建模型。

创建新模型，命名为巴斯扩散SD。

（2）添加潜在消费者、消费者两个存量，二者之间建立采纳流量。

打开系统动力学面板，添加潜在消费者、消费者两个存量 PotentialClients 和 Clients，从 PotentialClients 到 Clients 创建采纳流量（总销售人数）Sales。

（3）添加广告影响率、总人数两个参数。

创建广告影响率、总人数两个参数 AdEffectiveness 和 TotalPopulation，按要求给出

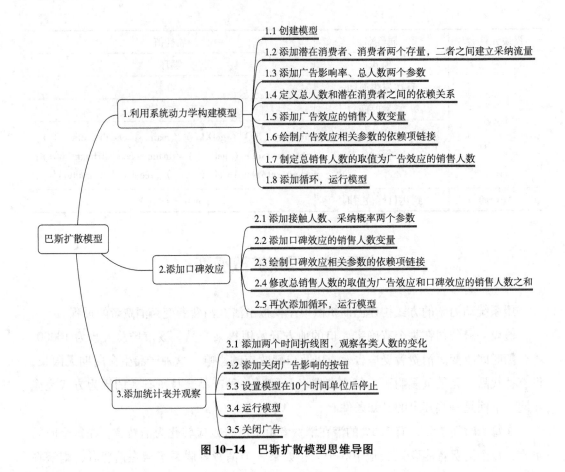

图 10-14　巴斯扩散模型思维导图

默认值，具体如表 10-25 所示。

（4）定义总人数和潜在消费者之间的依赖关系。

绘制一个链接，用于定义 TotalPopulation 和 PotentialClients 的依赖关系，并指定 PotentialClients 的初始值为 TotalPopulation，如表 10-25 所示。

（5）添加广告效应的销售人数变量。

添加广告效应的销售人数变量 SalesFromAd，定义广告效应的采纳人数，如表 10-25 所示。

（6）绘制广告效应相关参数的依赖项链接。

绘制广告效应相关参数的依赖项链接，就是绘制从 SalesFromAd 到 Sales 的链接。

（7）指定总销售人数的取值为广告效应的销售人数。

指定 Sales 的值为 SalesFromAd，具体如表 10-25 所示。

（8）添加循环，运行模型。

添加用来表示由市场饱和造成的平衡因果循环，循环的属性设置如表 10-25 所示。

运行模型，使用检查窗口观察动态。

表 10-25　　　　　　　　　　　　　构建模型相关属性设置

模块元件名	属性名	属性值
AdEffectiveness	默认值	0.015
TotalPopulation	默认值	10000
PotentialClients	初始值	TotalPopulation
SalesFromAd	SalesFromAd =	PotentialClients * AdEffectiveness
Sales	Sales =	SalesFromAd
循环	方向	逆时针
	类型	B
	文本	Market Saturation

2. 添加口碑效应

假设每个人都联系其他人，如果该产品的消费者每联系一个潜在消费者，后者将以采纳概率采纳该产品。

（1）添加接触人数、采纳概率两个参数。

添加接触人数、采纳概率两个参数 ContactRate 和 SalesFraction，按照要求设置默认值，如表 10-26 所示。

（2）添加口碑效应的销售人数变量。

添加口碑效应的销售人数变量 SalesFromWOM，定义口碑效应的采纳人数，如表 10-26 所示。

（3）绘制口碑效应相关参数的依赖项链接。

绘制口碑效应相关参数的依赖项链接，就是绘制从 SalesFromWOM 到 Sales 的链接。

（4）修改总销售人数的取值为广告效应和口碑效应的销售人数之和。

修改 Sales 的值为 SalesFromAd+SalesFromWOM，如表 10-26 所示。

（5）再次添加循环，运行模型。

再次添加循环，循环的属性设置如表 10-26 所示。运行模型，使用检查窗口观察动态。

表 10-26　　　　　　　　　　　　　添加口碑效应相关属性设置

模块元件名	属性名	属性值
ContactRate	默认值	100
SalesFraction	默认值	0.011

模块元件名	属性名	属性值
SalesFromWOM	SalesFromWOM =	Clients * ContactRate * SalesFraction * PotentialClients/TotalPopulation
Sales	Sales =	SalesFromAd+SalesFromWOM
循环	方向	顺时针
	类型	R

3. 添加统计表并观察

（1）添加两个时间折线图，观察各类人数的变化。

①添加时间折线图1，显示潜在消费者和消费者人数随时间变化的规律，时间折线图1的属性设置如表10-27所示。

②再添加时间折线图2，显示总销售人数、广告效应的销售人数和口碑效应的销售人数随时间变化的规律，时间折线图2的属性设置如表10-27所示。

表 10-27　　　　　　　　　　　添加统计表相关属性设置

模块元件名	属性名	属性值
时间折线图 1	标题	PotentialClients
	值	PotentialClients
	标题	Clients
	值	Clients
时间折线图 2	标题	Sales
	值	Sales
	标题	SalesFromAd
	值	SalesFromAd
	标题	SalesFromWOM
	值	SalesFromWOM
按钮	标签	Turn Advertising Off
	行动	AdEffectiveness = 0
Simulation	停止	在指定时间停止
	开始时间	0
	停止时间	10

（2）添加关闭广告影响的按钮。

添加关闭广告影响的按钮，按钮的属性设置如表 10-27 所示。

（3）设置模型在 10 个时间单位后停止。

对 Simulation 的具体设置如表 10-27 所示。

（4）运行模型。

运行模型，并使用折线图观察动态。

（5）关闭广告。

关闭广告，并查看广告是如何影响潜在消费者采纳产品过程的。

课程思政

最后，我们再从认识论、实践论、方法论这三个角度来归纳总结教材内容。

在认识上，还记得前面提过的学习目标吗？可以这样认为，课程乃至专业的学习，目的是提升学习者的认识，包括思维锻炼、素质培养、能力提升等多个方面，通常这些方面的成长与认识的进化相关。

在实践上，课程强调理论与实践相结合，还记得实践主要体现在行动及其结果上吧，一定要去实践，其实书上写的知识、别人分享的感受归根结底是别人的，一定要通过自己的体验和感受形成经验、印证理论，乃至更新知识。

在方法上，通常方法是已有实践经验的总结，形成方法或工具便于共享交流、推广应用，包括离散事件系统仿真的理论和实践这两部分中提及的内容，基于此还可以进一步归纳总结，比如通常在理论上讲一个概念怎么完成？实践部分从繁到简的方式可否借鉴/提升？在当前教育数字化背景下还有哪些新方法？

补充阅读

实验报告简要格式参考

学号：_____　姓名：_____　班级：_____

1. 实验目的

通过学习后，你认为本实验课程的目的是什么？请简要列出。

2. 实验内容与要求

实验内容与要求包括问题描述、系统简介、参数要求等。

3. 仿真模型建立

（1）模型流程示意图。

（2）实体布局与逻辑流向链接。

（3）各实体参数设置。

（4）模型试运行与检验。

4. 仿真模型运行与结果分析

根据前面的问题描述和模型运行的输出结果，分析仿真模型存在的问题，并制定优化方案。

5. 实验总结

总结实验过程和实验结果，分享心得体会，提出改进建议。

 专业术语

1. 货架（Rack）

2. 托盘（Pallet）

3. 叉车（Forklift）

4. 队列（Queue）

5. 行动图（Actionchart）

【基础练习】

一、简答题

1. 请简述 AnyLogic 中状态图的作用。

2. 在 AnyLogic 中，获取某个实体的利用率的 Java 代码是什么？

3. 简述结合元素和数据集元素的区别。

4. 一个离散事件系统的五个基本要素具体指什么？

5. 同样是巴斯扩散模型，利用系统动力学进行模拟和利用智能体进行模拟的异同点是什么？

二、中英文连线题

1.	Actionchart	A.	协方差
2.	Batch	B.	稳态仿真
3.	Statechart	C.	伪随机数
4.	Setup Time	D.	预置时间
5.	Assembler	E.	合成器
6.	Pseudorandom Number	F.	行动图
7.	Discrete Event	G.	随机过程
8.	Stochastic Process	H.	打包器
9.	Covariance	I.	状态图
10.	Steady-state Simulation	J.	离散事件

请将对应的字母填在横线上：

1. ____ 2. ____ 3. ____ 4. ____ 5. ____

6. ____ 7. ____ 8. ____ 9. ____ 10. ____

【知识应用】

某厂房有三条生产线执行生产任务，每隔20s传送一份原材料进厂房，并被分为三份，分别进入三条不同的生产线。

生产线一：原材料经过 S 形输送带到达待加工区，短暂储存后进行加工，加工时间（单位：s）服从均匀分布 uniform（150，30），每 8 份产成品被放置在一个托盘上，并经过后续的输送设备运送到半成品库。

生产线二：原材料经过输送带到达精加工区域，原材料将经过三个加工工序，工序一需要 40s，工序二加工时间（单位：s）服从正态分布 normal（75，10），工序三加工时间（单位：s）服从正态分布 normal（50，10），其中工序二需要一名工作人员参与才能进行。完成全部工序后，运输车辆将产品运送到成品库存放。

生产线三：原材料直接到达堆放区，此堆放区需要积累 10 份原材料才会进行加工，每份材料的加工时间（单位：s）服从均匀分布 uniform（100，60），加工完成的产品会进行产品检验，每件产品的检验耗时（单位：s）服从均匀分布 uniform（40，20）。产品检验合格率应在 80% 左右，合格产品送往成品库，不合格产品由小车送往整修区。

请根据以上描述，使用 AnyLogic 建立厂房生产模型。

参考文献

[1] 彭扬，伍蓓．物流系统优化与仿真［M］．北京：中国物资出版社，2007.

[2] 彭扬，吴承健．物流系统建模与仿真［M］．杭州：浙江大学出版社，2009.

[3] 张晓萍，石伟，刘玉坤．物流系统仿真［M］．北京：清华大学出版社，2008.

[4] 王红卫，谢勇，王小平，等．物流系统仿真［M］．北京：清华大学出版社，2009.

[5]《现代应用数学手册》编委会．现代应用数学手册：概率统计与随机过程卷［M］．北京：清华大学出版社，1999.

[6] 张晓萍，颜永年，吴耀华，等．现代生产物流及仿真［M］．北京：清华大学出版社，1998.

[7] 王红卫．建模与仿真［M］．北京：科学出版社，2002.

[8] LACKSONEN T. Empirical comparison of search algorithms for discrete event simulation［J］．Computers & Industrial Engineering，2001，40（1-2）：133-148.

[9] WHITLEY D. An overview of evolutionary algorithms：practical issues and common pitfalls［J］．Information and Software Technology，2001，43（14）：817-831.

[10] 蒋昌俊．Petri 网的行为理论及其应用［M］．北京：高等教育出版社，2003.

[11] 吴启迪．系统仿真与虚拟现实［M］．北京：化学工业出版社，2002.

[12] 张茂军．虚拟现实系统［M］．北京：科学出版社，2001.

[13] 杨宝民，朱一宁．分布式虚拟现实技术及其应用［M］．北京：科学出版社，2000.

[14] LIU C M. Clustering techniques for stock location and order-picking in distribution center［J］．Computers & Operations Research，1999，26（10-11）：989-1002.

[15] 刘亮．复杂系统仿真的 AnyLogic 实践［M］．北京：清华大学出版社，2019.